书画奇才米芾

襄阳市政协文化文史和学习委员会　编

中国文史出版社

《书画奇才米芾》编委会

作　者：吴新兵

米芾自画像

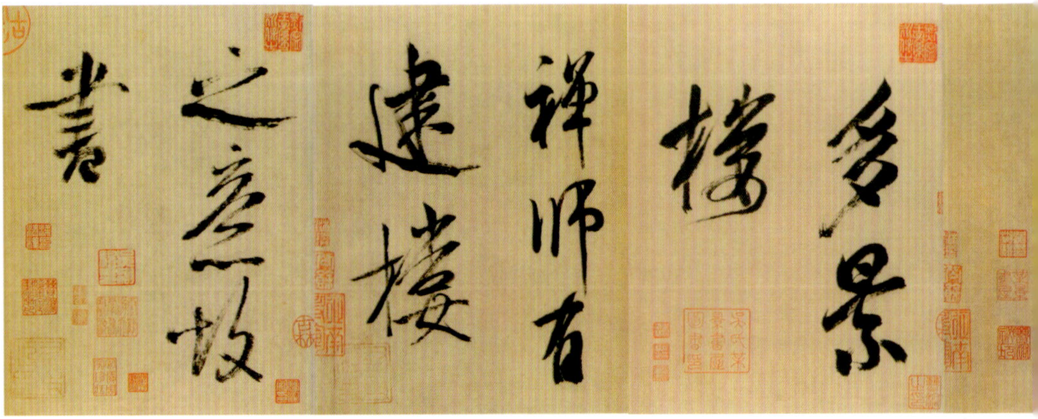

多景楼诗册

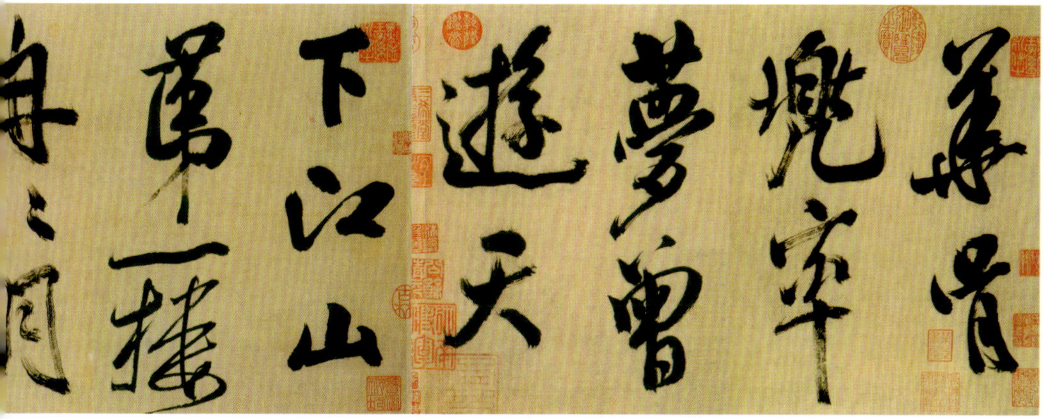

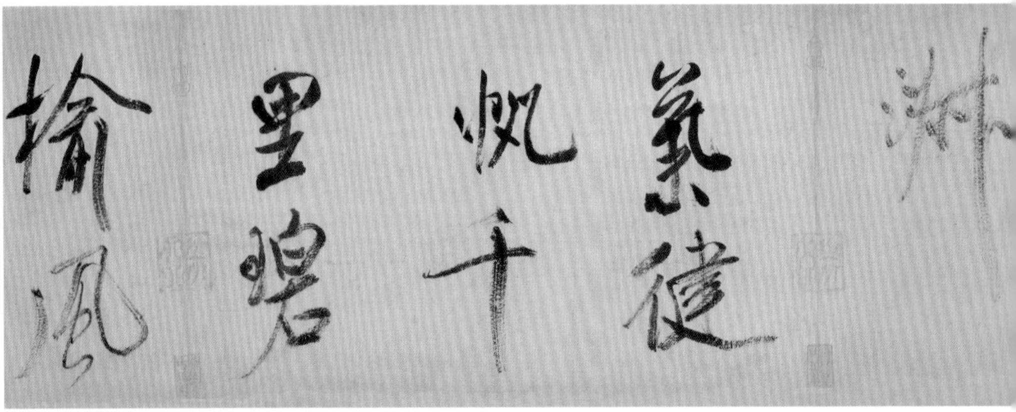

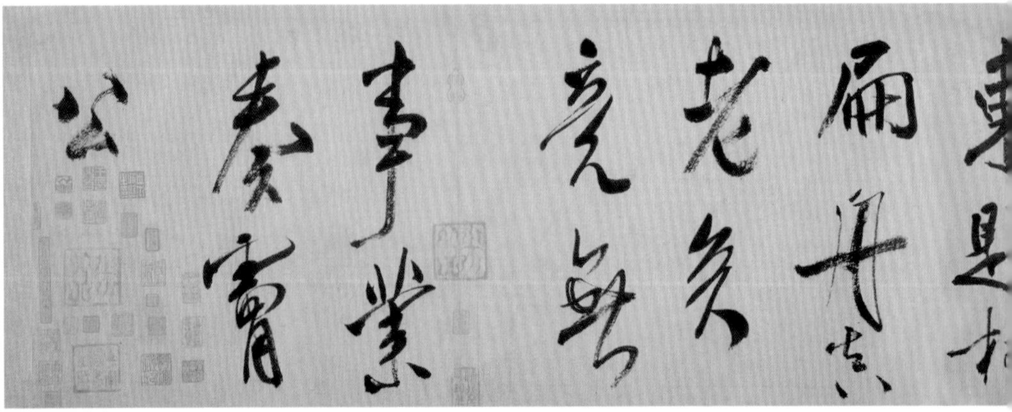

虹县诗帖

虹縣舊題云快霽一

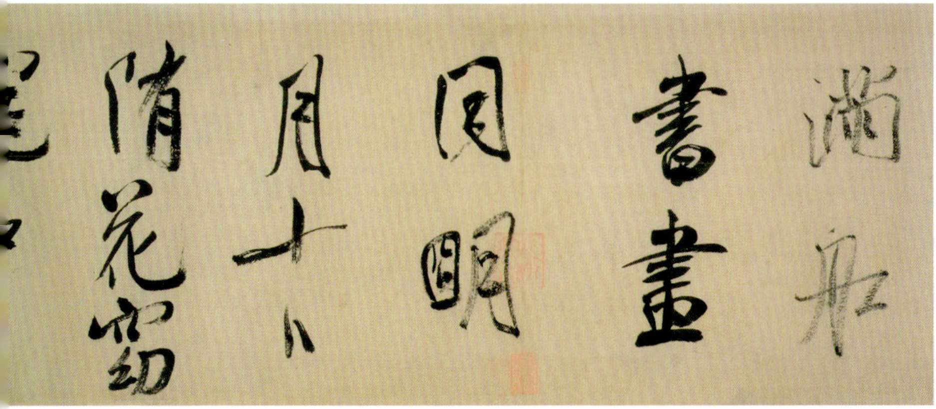
滿舡書畫同明月十八隨花窈

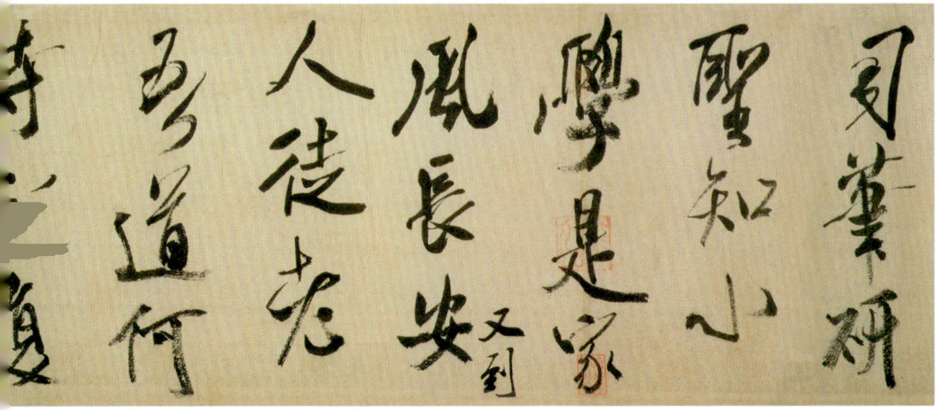
司筆研聖知小學是家風長安又到人徒老吾道何

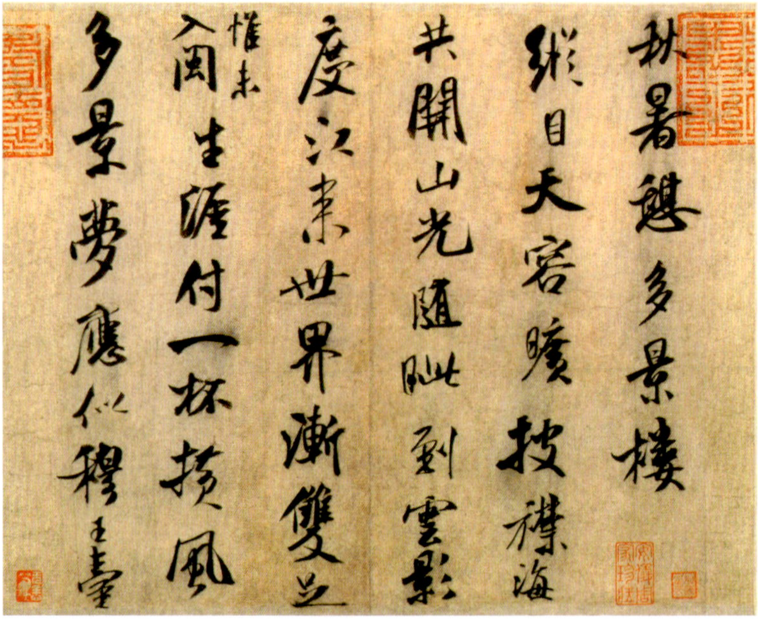

秋暑憩多景楼诗帖

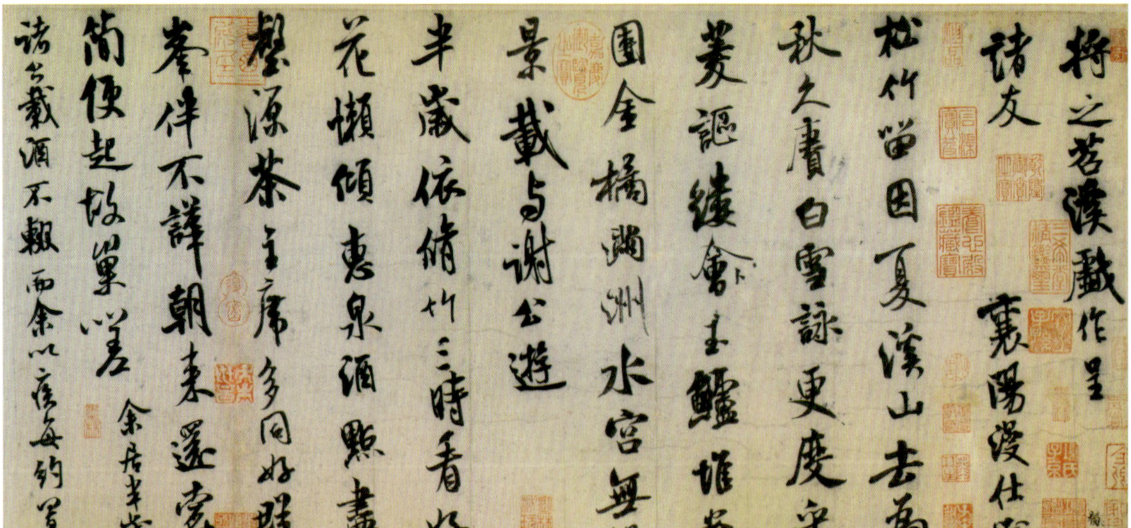

苕溪诗帖

第一山拓片

潇湘奇观图（米芾长子米友仁作）

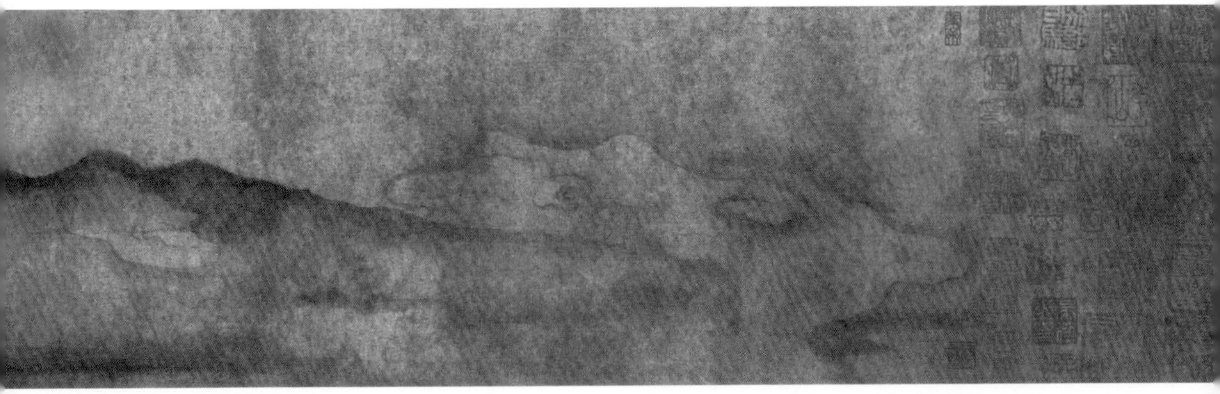

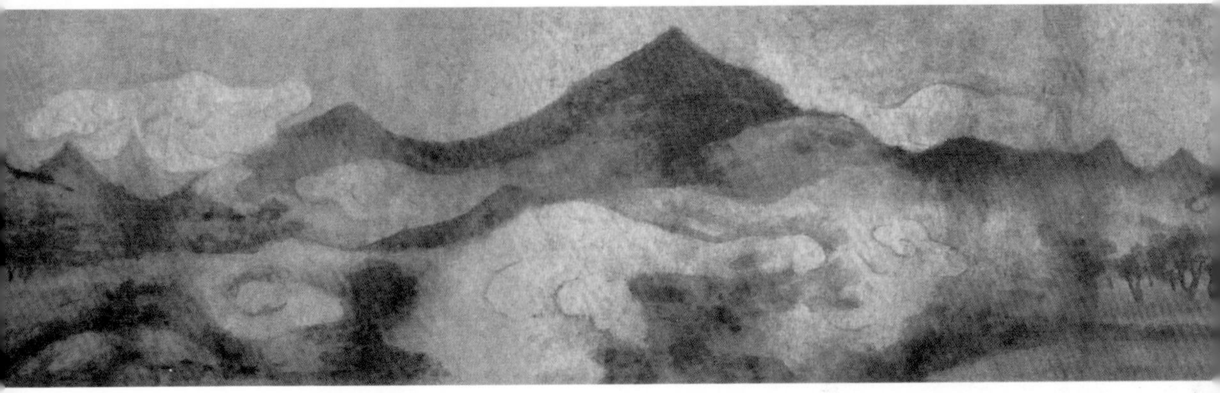

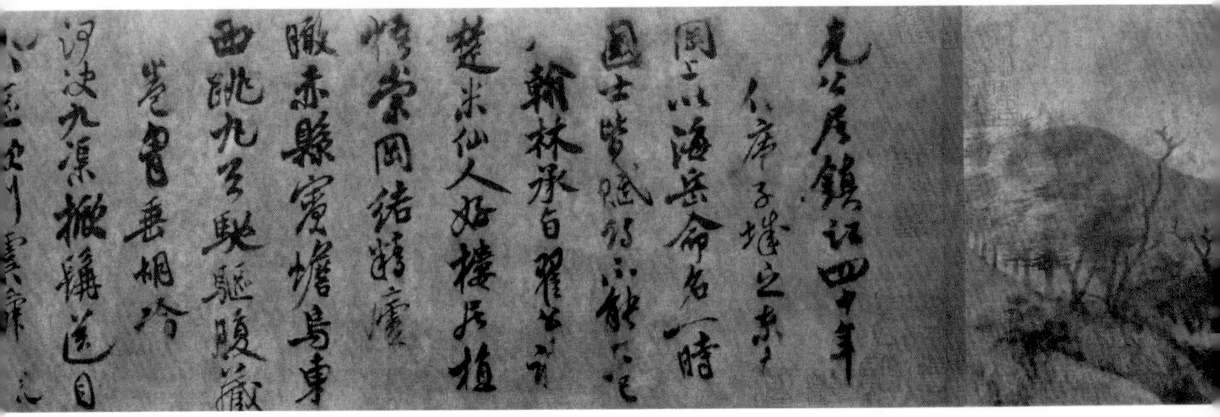

襄阳米公祠

襄阳米公祠内景

襄阳米公祠米芾雕像

清嘉庆时无为米公祠全景图（李念　翻拍）

杞县米芾苏轼雕像（李念　摄）

无为县米公祠宝晋斋

江苏镇江米芾书法公园（李念　摄）

江苏涟水米芾雕像（李念　摄）

镇江黄鹤山米芾墓（李念　摄）

目 录

千古一智圣　诗书两襄阳

文化，是一座城市的永恒财富和核心竞争力。城市，就是写在大地上的文化。襄阳，正是一座文化积淀深厚、文化魅力丰富的“文化之城”。在2800年的建城史中，襄阳没有成为全国政治中心，却依托其秀丽的山川、富庶的城市、便捷的交通、开放的环境，几度成为区域性文化中心，以“一城两文化”（古城文化、三国文化、汉水文化）为代表的文化奇葩，在襄阳这片文化沃土上绽放异彩，以“一圣两襄阳”（“智圣”诸葛亮、“诗襄阳”孟浩然、“书襄阳”米芾）为代表的文化英杰，植根襄阳这片文化厚土，熏育成长，开宗立派，名重天下。

著名历史学家顾颉刚先生曾说“历史如戏剧，地理如舞台”，回望襄阳璀璨的历史，一幕幕精彩大戏，既离不开襄阳得天独厚的地理区位所提供的舞台，更离不开在古往今来的文化英杰在各自领域开疆拓土，其中翘楚者首推“智圣”诸葛亮、“诗襄阳”孟浩然及“书襄阳”米芾。

他们既是襄阳文化的封面人物，也堪称中国文化的封面人物。清代历史学家顾祖禹在《读史方舆纪要》中提出“以天下言之，则重在襄阳”的著名论断，我们认为，襄阳之所以成为“天下之重”，不仅在于扼守南北水陆要冲的军事地位，不仅在于几度成为区域政治中心，更在于拥有“一圣两襄阳”等一大批在中国文化史上举足轻重的杰出人物。

时移世迁，人们对“一圣两襄阳”等历史英杰，虽然名字耳熟能详，但历史中真实的人物故事、道德文章，往往受限于通俗演绎的无意曲解、专业研究的曲高和寡，成为“熟悉的陌生人”。鉴于此，由襄阳市政协文化文史和学习委员会组织编著的这部丛书，立意独辟蹊径，既不做“为研究而研究”的纯学术研究，也不做博人眼球的戏说式演义，而是采用“历史＋评论＋文学”的方式，以历史的真实底蕴作支撑，以深入浅出的研究作表达，穿越时空，关照现实，为读者呈上一碗地道的“襄阳文化牛杂面”，让今天的读者感到离先贤很近，让襄阳重拾“天下重襄阳”的文化自信。

说起“智圣”诸葛亮，这位家喻户晓的人物，他足智多谋的形象由于《三国演义》的广泛传播而深入人心，本书还原了一个有血有肉、可亲可敬的诸葛亮。“人非生而知之者”，诸葛亮的满腹经纶和过人才智从何而来？本书以此入手，首先阐明诸葛亮学兼百家的知识结构，继而分析襄阳在东汉末期三国初期特殊的文化地位和政治气候，推导出诸葛亮成长为千古智圣的历程，自然解答了读者对诸葛亮隐居襄阳十余年，从一个懵懂少年到名动天下谋士的华丽转身背后的疑惑，并从贯穿蜀国发展的历史高度，解析了“隆中对”三步走战略实施，以及“三顾茅庐”对荆襄人才集团入蜀的深远影响。其对诸葛亮在读书、修身、用人、治军、理政、司法等方面的提炼，足资今人借鉴。

提起“诗襄阳”孟浩然，中国人都不陌生，我国大多数儿童都是被浩然的“春眠不觉晓”所启蒙，初步领略唐诗之美。本书的长处在于以史实为基，以浩然诗歌为经，以浩然的处境为纬，为读者呈现出一个立体的、活泼的孟浩然。透过作者鲜活的笔端，我们看到浩然徘徊在故乡与他乡之间，对襄阳的山川城池倾注一腔热爱，吐成句句清诗；看到浩然踟蹰在“仕进”与“隐居”之间，郁郁不得其志，却意外赢得“白衣卿相”盛名；看到浩然失落在“爱情”与“婚姻”之间，对妻儿极度爱怜，却终究难以逾越传统礼制的鸿沟。这样的浩然，已经从山水田园诗魂的标签中走出来，与今人面面相对，向我们倾诉那些佳作背后的心路历程，使我们不由得对浩然升起一种“理解之同情”。对今天的襄阳市民和襄阳游客而言，在浩然留吟颂赞的襄阳形胜中，颂浩然之诗，读浩然此传，浩然将穿越历史成为最好的导游，带我们领略“襄阳好风日”。

论到“书襄阳”米芾，书法爱好者一定不会忽略米芾书法落款的“襄阳米黻（米芾）”，从这个处处可见的落款中，可以体会到米芾对襄阳故乡的认同和依恋，本书作者向上追根溯源，论证了米芾将门儒子的家世出身和书法师承，向下探究就里，点明了米芾多年壮志难伸的苦闷。“官场失意书场得意”，作者并不讳言米芾生命中的双重矛盾，一方面要在宦海的最下层沉浮，另一方面又在艺术的巅峰高视阔步，如此反差，正好可以解释米芾何以“颠不可及”，也只有了解米芾何以痴癫佯狂，我们才能真正走进米芾的世界，悉心领会“天下第一等人——米元章”的“迈往凌云之气、清雄绝世之文、超妙入神之字”（苏东坡语）。一本小书是难以将“书襄阳”米芾书尽的，但米襄阳“超古耀今”的形象已经跃然纸上。

修史之难，古来已然。明代大才子张岱对此有名言："国史失诬，家史失谀，野史失臆"。这套丛书所选择的"一圣两襄阳"，对襄阳而言属于乡邦名士，为他们作传相当于修撰"家史"，但本书难能可贵处在于，能够述论平实而富有深情，传承经典而抒发新意，赞美先贤而不溢美失谀，展卷读之，彷佛感觉到先贤复生，让读者易于接受，让识者乐于传播，让有心人从中获得历史的启迪。

不忘历史才能开辟未来，善于传承才能开拓创新。这套襄阳人文历史丛书，为我们重识文化先贤打开了一扇窗，而面对襄阳厚重的文化积淀，我们在重现文化景观，重视宣传表达，重拾文化气质，重塑文化重心等方面，依然任重道远。在中国特色社会主义迈入新时代的今天，用心对优秀传统文化进行"创造性转化"和"创新性发展"，大力实施文化"双创"行动，以"一圣两襄阳"为代表的优秀文化，就能化为襄阳坚定文化自信的源泉，为推动襄阳高质量发展贡献源源不断的文化力量。

是为序。

编委会

2020 年 12 月

引 言

据史料记载、专家考证，米芾，本名黻，后改为芾，字元章。生于北宋皇祐三年（1051 年），卒于北宋大观二年（1108 年）。

米芾祖籍山西太原，其祖父晚年时迁居湖北襄阳（襄阳从此便成为米氏族居之地），因谓襄阳人，人称“米襄阳”，后定居润州（今江苏镇江）。常用别号“襄阳漫仕”“海岳外史”。米芾个性怪异，举止颠（古同癫）狂，喜爱奇石，人称“米颠”。米芾官至礼部员外郎，因唐宋时又称礼部管文翰的官为“南宫舍人”，故后世也称他“米南宫”。

北宋是中国文化史上继盛唐之后又一个辉煌时代，米芾在书法和绘画艺术两方面都达到了这个时代的巅峰。

米芾的书法与苏轼、黄庭坚、蔡襄并称“宋四家”。他那纵恣、流畅、俊逸的书风雅俗共赏，不但在当时享誉甚高，自南宋以后，影响更是深远，超过另外三家。

米芾在“院体”写实画风达到极致之际，其极具个性的“米氏云山”，开启了文人水墨写意山水的全新画风，成为中国绘画史上的转折点，具有划时代意义。可惜其画迹传世很少，至今甚至几近绝迹。

米芾还是一位大收藏家、鉴定家。其私家藏品堪比宫廷内府。他在徽宗朝任书、画两学博士，是皇家艺术收藏最权威的鉴定者。他对历代书画作品的评定意见，在当时就倍受重视，其《书史》《画史》《砚史》《宝章待访录》等著作，所涉知识之渊博，见地之独到，观察之细微，辨析之深入，考订之精确，不但在当时无与之并肩者，后继之作也鲜能出其上者。这几部著作已成为后世历代鉴家的必备经典。至今，海内外各大博物馆在中国古代书画的收藏鉴定工作中，米芾的记载和题跋仍然是重要依据。

米芾文名著称于当世。他的诗赋深得王安石、苏轼等大家称赏。惜乎其绝大部分诗文在宋室南渡之乱中散佚。从仅存作品看，也达到了相当高的成就。

那么，这样一位天赋异禀、卓有建树的旷世奇才，他的誉名是怎样炼成的？他的特立独行、个性张扬和“癫狂痴怪”行止，为何众说纷纭、莫衷一是？真实的米芾究竟是怎样的一个人呢？本书试图钩沉史实，拨开迷雾，穿越时空，走近米芾，在那纷繁复杂的时代背景中来一番古今对话，揭开这位充满传奇的绝世天才的心路历程，还原这位北宋政坛旋涡边缘而颇具争议人物的艺术人生。

将门儒子

一

话说五代后周的时候，世宗柴荣收服了勇猛凶悍、善于骑射的契丹将领海进。海进归顺周世宗之后，成为他的左右护卫、御林军的头领。在北征山西时，海进又屡立战功，因此得到升迁，被任命为龙捷散都头一职，成为后周武装力量中一个重要的将领。

当时，后周的禁军总头领、武装部队“总司令”赵匡胤，是海进的顶头上司。赵匡胤看到海进武艺高强，勇猛善战，便让他归于自己的麾下，成为其心腹战将，并给他改名为米信。这就是米芾的五世祖。

众所周知，后来发生了著名的“陈桥兵变”，赵匡胤黄袍加身，取代后周，当上了大宋的开国皇帝。

赵匡胤坐上皇位后，论功行赏，任命米信为殿前都指挥使，让他掌管御林军，在宫内值日保卫。这一重要职务不是绝对的亲信是不能担任的。由此可见，无论是后周，还是大宋，米芾的五世祖都深得皇帝的信任。他与皇室的关系似乎是命中注定。

细心的人可能注意到：米家的姓不是世传的谱系，而是赵匡胤给改定的。赵匡胤为什么要让海进改名为米信？海进为什么欣然接受呢？

按照汉族人的传统文化，姓氏传承是相当重要的，它关系到认祖归宗的问题。古人讲“大丈夫行不更名，坐不改姓”，就是这个道理。据《宋史·米信传》记载：“米信，旧名海进，本奚族，少勇悍，以善射闻。周祖即位，隶护圣军。世宗征高平，以功迁龙捷散都头。太祖总禁兵，以信隶麾下，得给使左右，遂委心焉，改名信，署牙校。及即位，补殿前指挥使，迁直长……”这段话翻译成白话文，即是开篇所述要义，但有一点：海进乃奚族出身。有人指出，奚族并无汉族米姓，且米姓的起源是出于西域米国，而奚族则生活于东北和北部，二者不是一个族类，米信姓米与米姓本身扯不上关系。再者，赵匡胤当时给海进改名时，还不是皇帝，说米信这个姓名是御赐的，也说不过去。即使后来变为“既成事实”，也非其本姓赵。

然而，据有关人士新近考证，米姓虽源自西域，但并非属米姓者皆西域人。唐代诸胡混杂，因袭之风盛行，米姓在唐末也出现在其他民族。奚族从一开始就没有成为一个独立的民族，一直为异族附属，仅在唐代就先后隶属于突厥、回纥、契丹。中原地区在10世纪以前文化经济繁荣，四方胡夷皆仰慕归化，胡人汉姓在当时是一种荣耀。如此说来，或许海进原本属契丹奚族米姓，抑或是赵匡胤为其“脱籍”，即注销旧的服役名籍，汉化改名换姓，至少是为其改了名。

其实，生民之初，未曾有姓，后以部落图腾演化而成姓氏。又几经迁转，容纳吸收不同地域种族的姓氏，或互相融通，互相因袭，遂有所谓的“百家姓”。所以，后世子孙大可不必纠结于祖先姓氏的宗派源起。

可是，米芾却难以泰然处之。他甚至既不管宋太祖的皇权威严，也不顾乃父的良苦用心，似乎是“不忠不孝”了，根本就不愿意继承米这个姓，还擅自说自己本为芈姓，又起了“鬻熊后人”“火正后人”两个号，攀上了中华民族最早的祖先之一，这在宋朝是非同寻常的随意之举。那么，米芾为何要做如此牵强附会之事呢？是有什么难言之隐吗？且待后文分解。

却说宋太宗赵光义即位后，对米信这位旧将依然重用。作为著名大将曹彬的副将，米信先后随军征讨北汉（五代十国时期十国中最后一个政权）和契丹，又立了大功，威名显赫。因此，米信在太祖、太宗两朝先后担任过郴州刺史、高州团练使、洮州观察使、保顺军节度使、彰化军节度使，后转任彰武军，成为藩镇一方的封疆大吏，最后被封为右武卫上将军，任判左右金吾街杖事，也就是总领整肃皇帝仪卫、禁卫等事的官。

史书上说，米信没有文化，不识字，行为暴横。淳化三年（992年），因将家奴鞭打致死被告发，也被御史弹劾问罪。结果，案情还没来得及上报，他老人家就病逝了，终年六十七岁。

朝廷并没有因为米信不很光彩的晚年而深究其罪，而是念及他昔日南征北战的赫赫战功，追赠他为横海军节度使，还让他的儿子米继丰担任内殿崇班、阁门祗候，也属于武官。米继丰有个女儿，十七岁的时候嫁给赵匡胤的曾孙东莱侯赵从恪，后来为皇族生下了六男三女。米氏正式成为皇亲国戚。

众多有关米芾的书籍和资料上都说，米芾的四世祖就是米继丰，祖父叫米赟，但生平不详。有人提出了一些疑点。古代信息不畅，交通不便，记录偏少，加之各朝代焚书禁书，造成世系不清是正常的。好在米氏先祖与皇家有密切联姻乃至生死关系，较之其他许多姓氏家谱脉络清晰得多。这里就以“少数服从多数”为原则了。

“唐宋八大家”之一的曾巩在他的著作《曾巩散文全集·制诰》中有《米赟等转官制》一篇，其中有这样的描述：“……以众西出，讨击羌虏，斩获首级，有司以闻……”由此可知，米赟所任亦为武职，应该也是个将军。

米芾的父亲字光辅，官左武卫将军，赠中散大夫、会稽（县）公。史上有一说：米芾父名“佐”。徐邦达《米芾生卒年岁订正及其它二三事考》中认为后世称“父佐”当误，依据是米芾之孙米宪辑录《宝晋斋山林集拾遗》卷首附载的《故南宫舍人米公墓志》中谈到米芾父亲处云：“父致仕，左武卫将军。”后人则讹为“父佐，左武将军。”也许是把“致仕”的仕字讹为“佐”字，又把致字脱去的缘故。不管怎么说，其父字光辅应无疑。

据米芾所著的《书史》记载，米光辅曾经在濮王赵允让的府上当过侍卫。可别小看了濮王府侍卫这一职务，这件事情相当重要！因为小濮王赵宗实就是后来的英宗赵曙，米老太爷是在为王储做贴身侍卫。这一工作关系使得米家与皇家有较为密集的往来，同时也加深了彼此之间的感情。在那个时候，米家的这份荣耀，别人是难以企及的。虽说伴君如伴虎，但服侍皇上的人倍有身份和面子，而且容易得到一些特别的关照。人说“宰相府的丫鬟七品官”，皇室侍卫不可等闲视之。

米光辅娶妻魏氏，是知书达理的大家闺秀，可是嫁入米府多年，一直没有生育。古人云：不孝有三，无后为大。米光辅戎马生涯，居无定所，眼看韶华渐逝，却无暇顾及纳妾生子。大约在庆历七年（1047 年）前后，因米光辅工作调动，被派往京西南路襄阳府任职，米府举家从太原迁至襄阳安居。襄阳为历朝历代重镇，地方志载：“天圣元年（1023 年）分天下为 23 路，襄阳为京西南路治所，领府 1 州 7，襄阳府辖襄阳、邓城……6 县。”依此而论，朝廷对米光辅是委以重任的。

出于延续香火的考虑，魏氏在襄阳物色了一位阎家女子，让丈夫纳为侧室。过门的第二年，阎氏就为米家生下了一个女儿。而就在这个时候，濮王府派人捎来口信，说小濮王赵宗实的王妃高氏生下了一位小王爷，请正在哺乳期的阎氏去当乳娘。

按理说，两家相隔千里，不像现在通讯方便，交通发达，濮王府没必要舍近求远。但是，请不要忘了，米光辅曾经做过宗实的贴身侍卫！两家的交往没有断过，相互之间知根知底，关系融洽。再说，阎氏毕竟不同于一般的粗婢村妇，她出于上层，懂得礼仪，正因为如此，高氏才会将这种私密事托付给她。

王爷有请，岂有不去之理！只不过阎氏这一去就是一年有余。对于阎氏而言，她去濮王府当乳娘，不会是为了生计和私利，她是堂堂正正的朝廷命官之妻。阎氏当乳娘完全是为了义，她是难以推却。而她不一定会想到的是，她亲手哺乳养育的婴儿，就是后来的神宗赵顼！

阎氏的这段经历，使得米家与皇家的关系更为亲密，尤其是与王妃高氏，也就是后来著名的英宗皇后建立了深厚的友情。而正是阎氏的这段经历，为米芾的人生埋下了伏笔。

列祖列宗都介绍过了，现在，该轮到主角米芾登场了。

北宋皇祐二年（1050年）的一天，阎氏做了一个奇怪的梦，她梦见一个头上长着两只犄角的人，手里拿着一个卷轴式样的东西从天而降，口中念着“文曲星下凡来也！”向阎氏飞来。从此，阎氏怀上了第二胎。

皇祐三年（1051年），农历辛卯年。早春的二月二十日，乍暖还寒。襄阳城内，位于“荆州古治”附近的米府时而有人进出，显得异常忙碌，因为米光辅的侧室阎氏又将临盆。只听见阎氏连叫腹痛，豆大的汗珠不断从她的额头渗出。米老太爷有些焦虑，他在院子里双手合十，祈祷着米家这次能够如愿地添个男丁。

大约过了两个时辰，阎氏痛苦的呻吟终于停止了，取而代之的是婴儿清脆而响亮的哭声。一个婆子赶忙出来报喜：“恭喜老爷，是位公子！”

“米家有后了！”“米家有后了！”米老太爷喜不自禁，老泪纵横。

米府如愿喜添男丁，却为孩子取什么名字犯了难。商量来商量去，试着叫了几十个名儿，都没有取得一致的意见。最后阎氏说道：“我在濮王府照看小王爷时，有一天，王府来了个相面的奇士，他说小王爷将来极享尊荣，贵不可言。小王爷名叫仲针。我们米家的男孩是文曲星下凡，也是贵人，他的名字，可以仿效小王爷的名字来取，沾些皇族贵气。”这一提议立刻得到了府上众人的认同，大家便把目光投向了近几年来手不释卷、学问见长的米光辅身上。

米光辅捋着胡须说道：“嗯，针者，如人之手笔，在衣物上作锦绣文章。”

米光辅想了一下，接着说：“前不久，我看汉代刘向所著《说苑》里有‘士服黻，大夫黼’一句，这个‘黻’字就是礼服上的青黑色花纹图案，是针绣出来的。我们的孩子就叫‘米黻’咋样？希望他将来身穿官服，为国家效力！”

众人一听，齐声叫好。从此，这个寓意深刻的名字伴随米芾在天地间生活了四十一个年头。他在二十岁时，补字叫元章，元有黑的意思，章有图案的意思，其实还是进一步说明“黻”这一意象的。当然，元章也寓意文章第一，也是家人的一种祈愿。他年轻时写书法署名，有时署黻，有时署元章。直到有一天，他突然觉得这个名字的意义不够好，宣布从今以后不再叫米黻，而是叫米芾了。

米芾一生下来就有两位母亲，一位是嫡母魏氏，一位是生母阎氏。两位母亲亲如姐妹，把一个大家庭一应大小事务料理得井井有条。她俩还是米芾学习和收藏书画的坚定支持者，有时钱不够，她们甚至拿出嫁妆、首饰来帮忙购得。可能因为魏氏与米芾的祖父一直定居于襄阳，她去世后被封为“襄阳县君”，阎氏随米芾的父亲移居丹阳（镇江丹徒），因“侍宣仁皇后藩邸，卒赠丹阳县君”。《宋史》《襄阳县志》等均有记载。这是后话。

对于天才的成长，人们一般都会以传统的观点去看待和附会，会认为他的成功是家庭血缘的承续，所谓“龙生龙，凤生凤，老鼠的儿子会打洞”，会认为家庭的濡染和熏陶是最重要的因素。

清代大书法家、大儒翁方纲（1733—1818年）是铁杆的“米粉”，他经过缜密考据之后，撰写了一部《米海岳年谱》（米芾四十岁后号海岳外史)。他提出:从米芾以上,世代都是武将。如果按照“将门出虎子”的传统和“老子英雄儿好汉”的血统论,米芾也应该习武从军,舞枪弄棒。然而,他却终其一生都是个文人。

史料上说,米氏世代从武,至米光辅“始亲儒嗜学”。就是说,米氏由武转文是从米光辅这一代开始的。米光辅不仅自己放下刀枪捧起书本,下功夫学文化,而且还教育自己的儿子从小要好好学习、天天向上,长大以后通过科举考试走上仕途。尽管这个初衷后来有所改变,但他的家教还是很严的,并不惜倾其所有让米芾读书。

好在米家不缺钱,买得起书本,请得起先生,能够为米芾提供优越的学习条件和文化环境。

米芾在其所著《书史》中写道:

> 濮州李丞相家多书画,其孙直秘阁李孝广收右军黄麻纸十余帖,辞一云白石枕殊佳……后有先君名印,下一印曰“尊德乐道”。今印见在余家。先君尝官濮,与李柬之少师以棋友善,意以弈胜之,余时未生。

这段话透露出的主要信息是,米芾家里藏有一幅东晋“书圣”王羲之的帖,是他父亲在濮州做官时与李柬之下棋赢来的。这说明,米家多有收藏。一个小孩就能够见到这样的稀世珍宝,应该说米芾是个幸运儿。

如果说米光辅是一位爱文化的武将,那么米芾就将要被彻底打造成一位文人。从米芾的起名可以看出,米家对他怀有的抱负和期望是很大的，甚至是把家族的希望都寄寓到了米芾的身上。

这似乎是一个令人难以接受的事实。

二

就米芾的出身来看，也算是高官显宦，甚至是开国元勋之后了。米家几代与皇室关系密切，累世做官，而且米芾的父母更是与皇室建立了特殊的关系，虽然比不得皇族贵胄，但毕竟不是出自寒门。以一般人的心态，都会以有一位前世显赫的祖先而骄傲和自豪，可是，“官四代”的米芾却含糊其词。终其一生，米芾一再回避自己的出身，一再回避他的家世，一再不愿承认他是武将之后，甚至一再讳言自己父母的职业。

然而，米芾的家世背景，并未因为他的刻意规避而有所改变，竟然成为笼罩米芾一生的阴影，对他的心理、个性、人格都产生了极大的影响，注定了他被时代裹挟着的身不由己的个人命运。

这是为什么呢？归根结底，是当时的政治、文化和价值观使然。这里不妨简要梳理一下：

第一，宋朝是一个以汉族为“正统”和中心、以儒家的学说为核心价值观的封建社会，一个“非我族类”的民族出身是被世人歧视、排斥和瞧不起的，甚至时时都会成为朝廷中被人讥讽的笑柄。由于儒家的学说占了绝对上风，一个人的民族出身就显得非常重要了。合着从那个时候起就讲求“根正苗红”，而不讲“英雄不问出处”。前文说过，米芾的五世祖米信原本是奚族，契丹将领。所以，米芾不敢有祖先荣耀的自得之意，反而会有民族出身的自卑之心。米芾在三十一岁时，在庐山东林寺李邕碑上的题刻索性写着“楚国米黻”，干脆以籍贯来含糊血统。由此可见，他处心积虑地这样做的原因，就是为了洗白自己不是汉族出身的家史。

第二，米芾的母亲曾经做过乳母，这在当时是极其卑微的事，哪怕她是皇室的乳母。米芾被认为出身贱浊，为士大夫所鄙视。而米芾又未经科举，是靠恩荫入仕的，这也被人讥笑和瞧不起。正是有这样的“把柄”被人拿捏着，成了他一生无法排解的心病和难以摆脱的官运宿命。米芾对此讳莫如深。

第三，也是非常重要的一点，米芾的世代祖先都是行伍出身，这在宋朝不大受人待见，至少是位置比文官要低，这也是他一生不愿提及的事。

这还得从宋朝的立国政策说起。

整个晚唐至五代，都是一群非法割据的赳赳武夫的天下。悍勇难制的武将们手握兵权，互相厮杀，争夺地盘，甚至于推翻政权，改朝换代，而蔑视任何文明的存在。宋朝的开国皇帝赵匡胤也是武将出身，是靠武装力量夺取的政权。但是，立国之初，赵匡胤在皇帝的龙椅上坐得很不踏实，他后怕，怕他那些骁勇武将们也来效仿他的做法，来夺取他的政权。于是，继“陈桥兵变”之后，又一幕极富戏剧性的故事发生了，那就是“杯酒释兵权”。

故事的细节无须赘述，了解宋史的人都知道，赵匡胤用计谋轻而易举地就下了众将官的兵权。从此，宋朝的国策就是“重文抑武”，奠定了三百余年的“文治”之世。

宋太宗赵炅（光义）继承和发扬了太祖“王者虽以武功克定，终须用文德致治”的立国方针。他即位后的一项重要措施，就是改革隋唐以来推行的科举制度，以考试选官。到仁宗时，宋朝的考试、选举制度已臻于完备。

中央的政策变成了偃武修文，英雄们就没了用武之地，武人的地位日益下降，而文人的地位节节上升，文人升迁的机遇越来越多，朝廷甚至派文官担任武职。一位读书出身的士人，如果文章写得好就可以当官，一旦考试过关，所获得的荣耀就非比寻常：汴梁城有殿试后众进士集队跨马游街的风俗，大家披红戴花，穿行京都，一时万人空巷，争相来看新科状元。当时就有人感叹道：即使一位上将，于万里之外灭国、凯旋入京的场面，也不过如此吧！

在这种政策的激励之下，“满朝朱紫贵，尽是读书人”，整个宋王朝就变成了士大夫的乐园，为他们舞文弄墨提供了极好的环境和氛围。很多知识分子生活于其中、优游于其中，创造出了无数灿烂的精神产品。

与此同时，儒学得到大力发展，成为整个国家机器中唯一的学术，它和组织人事制度捆绑在一起，为国家选拔出了大量优秀的人才。北宋一代，大儒迭出，欧阳修、程颢、程颐、司马光、邵雍、王安石都是可以用他们的学说来影响帝王决策的顶级人物。在君臣的合力提倡和推动下，儒学形成了一种特殊的氛围，从而影响了整个社会。

朝廷文武政策的厚此薄彼，不仅仅是让武人失权或者靠边，而是逼迫着这些行武打仗的粗人弃武习文、开始读书。在这样一种举世重儒学、提倡文化的氛围下，有些武人坐不住了，思考着改弦更张、另谋发展之路。在这批武将之中，开始读书习文的，就有米芾的父亲米光辅。

米芾出生的时候，重文抑武的政策已经施行了近一百年，整个社会的文化氛围已经非常浓厚。米芾生于宋仁宗时期，正是群星璀璨、人才辈出的时代，欧阳修、范仲淹、苏舜钦、司马光、王安石、苏洵等人都已经活跃在政治和文艺舞台，苏轼、苏辙兄弟也即将雏声清越地登场。

米光辅亲眼看见了武将在社会上吃不开的局面，为了适应形势，他在自己亲近儒学的同时，教育儿子走文章仕进之路，而不要再重复祖先在沙场上厮杀流血，结果反而不受重视的老路。

“万般皆下品，唯有读书高。”像祖上一样习武不会有什么出息了，只有读书才能入仕，提高社会地位。随着年龄的增长，一颗“叛逆”的种子在米芾的心灵中生根发芽。他仰望星空，放飞梦想，憧憬着有朝一日能像那些巨星大儒一样出人头地，光耀门楣。

应该说米老太爷弃武从文的决策非常英明，否则宋史上可能会多一位无名将军，而缺失一位艺术大师。让他老人家喜出望外的是，米芾是个天才，更是个神童，聪明乖巧，人见人爱，典型的“别人家的孩子”。他六岁的时候就读了律诗百首，一首诗读两遍，就可以背诵了。这种过目不忘的天赋，不是所有人都具备的，家里再有钱也买不来。

到了七岁，米芾开始学习书法。米府专门为他置办了书房，让他专心致志。

在当时，书法属于“公共课”，人人都要学，这是中国文化的发展与传承使然。中国的书法不同于其他文化，作为一门艺术，在纸张发明之前，其载体全是金属、竹木、石头等硬质材料，书写受到诸多的限制。纸张的出现，使书法不仅能够书写得更加流畅，而且书写的面积增大，可以上下移动也可以左右照应，使一幅字成为一个整体的作品供人欣赏。随着笔墨纸砚“文房四宝”的不断进化和真草隶篆各种书体的不断丰富，书法艺术呈现出多姿多彩的形式、风格和流派。

米芾似乎与笔墨纸砚有着天然的不解之缘，他“不用扬鞭自奋蹄”，根本不需要别人督促检查，每天如饥似渴地读帖、自觉自愿地临摹，乐得父母亲合不拢嘴。米芾晚年写诗说“天使残年司笔砚，圣知小学是家风。”上天是注定要让他一辈子拿笔砚的。他刚开始练的是颜真卿的字，不久，米芾就开始学写柳公权的《金刚经》了。颜和柳都是唐代著名的书法家，颜体雄强厚重，柳体刚健瘦硬，书法界有“颜筋柳骨”之说。米芾能够把两种不同风格的书体结合起来，交替学习，十分难得。

到了八岁，米芾已经开始临碑了。书法上有帖学和碑学之说，字帖真实，笔法清晰，适合初学者。碑是石头上的字，在经过风雨的侵蚀之后，多有残破，而且因为是凿刻在石头上的，所以还具有字帖所没有的沧桑感，叫作“金石味”。而那因岁月形成的残破感又可造成千变万化，具有一种非毛笔书写出的意趣。历代善书者一般都主张碑帖互学，便于取长补短。

九岁时，米芾便开始专门研习一种书体了。从两种不同风格的书法入手，到碑帖互补，再到选定一种书体、一位书家来深入，这正是循序渐进的方法。米芾选择的，是现在人所不大知道的周越和苏子美的书体，他曾说：“余年十岁写碑版，学周越、苏子美札，自作一家。”

周越，字子发，一字清臣，生卒年不详。苏子美，即苏舜钦（1008—1049 年），字子美。二人都是北宋时期的书法家。其中周越大约生活在真宗和仁宗两朝，他只比米芾大了七十多岁，所处的刚好是一个承上启下的年代。北宋初期的书风继承晚唐五代，并无创建，也少有大家，尤以“书贵瘦硬始通神”的欧（欧阳询）体为尚。后来由于宋太宗的爱好与提倡，不久即转向钟（繇）、王（羲之）和丰硕雄健的颜体。米芾稍长，曾描述当时的书学风气为“唯趋时贵书”。周越集古人书艺，学变得法，于老辣娴熟中见恣肆，落笔刚劲，婉隽神韵，尤其草书最佳。他的书风影响到了稍晚期北宋的书风形成，蔡襄、王安石、苏轼、黄庭坚等都先后点赞推崇，米芾从而师之。

学习书法的人，大都会忽视今人而重视古人，因为今人的字尚未受到历史的检验。但周越却能够受到当世之人的关注和师法，实为难得。周越是中国书法艺术历史断层的重建者，但他的书法存世不多，他的声誉也远不及苏、黄、米、蔡等后起的四大家。

十岁时，米芾已经不大愿意学周越了，他开始在壁上写大字，写碑版。这位儿童书法家渐渐有了些名声，被大人们称赞为已经有自成一家的面貌了。过年的时候，街坊邻居们都来请米芾书写春联和“福”字，米芾是有求必应，分文不取。

米芾不愿学周越了，却因为周越而知道了沈传师。沈传师是中晚唐书法家，后世有人把他的书法和欧阳询、虞世南、褚遂良、柳公权等人的书法并列为妙品。沈传师和柳公权一改中唐书法崇尚肥厚之风，创立了一种清劲之风，体势劲媚，自成一家，却又承续了晋宋以来的书风，有古意。沈氏著名的存碑有《罗池庙碑》《游道林岳麓寺诗》等，落落大方，俨然有丈夫气。尤其是后者，还在几十年后与米芾发生了一段令人啼笑皆非的公案。在此暂且不表。

米芾得到沈传师的字之后，如获至宝，从此便以此为师，专心临摹练习。有人说，他因此把不久前还崇尚的另一位书法家李邕的字抛却了。但细究起来，这种做派不符合米芾学书的性格。

李邕也是唐代的书法大家，对后世的影响也很大。米芾作为学书之人，是不会“喜新厌旧”始爱终弃的。由于李邕有一句名言：“学我者生，似我者死。”据米芾自述，他在十岁时的字已经写得自成一家了，但因为有人说他的字有李邕的笔法，心里很不乐意，以为别人说他写“死”了，是贬低之辞，所以才改学沈传师。很明显，米芾所表达的意思是：有人说可以从米芾的字中看出有李邕的痕迹，说明他师法和研习李邕很久了，他学得太像了，以至于失去了自己的特点。他不想入别人的窠臼太深，所以有了一个取向的改变。

米芾在晚年写的《自叙》中，谈起过他幼年学书的经历：我最初学的是颜体，当时才七八岁。每个大字写满一张纸。后来学写汉简，但没有学好。看到柳公权的书法，非常喜欢他的字中宫紧结，于是开始练他的《金刚经》。时间长了，得知柳的字是出于欧阳询，于是又学欧字。又学了很久，觉得他的字如同木刻书版一样，方方正正，缺少变化，便羡慕褚遂良，因此学褚体学得最久。

如果归纳一下，到十岁为止，少年米芾已经先后师法过颜真卿、柳公权、欧阳询、褚遂良、周越、苏舜钦、李邕和沈传师八位大师了，这还没有计算他写的碑版和汉简。

一个十岁的孩子，还处在见异思迁、左顾右盼的地步，如此转换频繁，似乎还谈不上有意兼收并蓄，但他已经符合古人转益多师、不为一种书风所约束的要求了，已经呈现出其书风宽博的初步取向，为他后来炼成“宋四家”之一以及“书画鉴定大师”打下了坚实的基础。

一个十岁的孩子，对于书法这种手口相传的艺术，不可能无师自通地在短短四年间成为一位神童，他必然要有一位高人来指点，才能使他在帖海碑山之中寻找出一条正确的道路。如果有这位老师，那么他会是谁呢？后文将作介绍。

米芾十二岁时，曾跟随父辈随军而行，领略过铁与血的对峙。然而，这并没有激发他继承祖业、执戟从戎的抱负，如同唐代的王昌龄和王维一样，他的这一路行程只能当成是文人随军的一种浪漫之旅。米家的企望和米芾的理想，是要博取功名，比肩大儒，做一个艺术家。他大踏步地上路出发了，虽然无法判定自己同目标之间到底有多远的距离，会遇到多少崎岖与坎坷。

生于“文治”之世，立志从文的米芾可谓生逢其时，但又有多重因素于己不利，比如当时的社会等级制度和他的民族出身。然而不管怎么说，世代行伍出身的米氏家族改弦易辙培育的一棵文艺新苗正在茁壮成长。

将门未出虎子，而是出了一个儒子。

岘汉之间

一

有资料说，自从米芾的祖父晚年时迁到襄阳，到他已经在此居住了三世，一直以襄阳为家，直到他的父亲米光辅获官润州（今江苏省镇江市），才迁到润州定居。据米芾自己的一份帖子说，不仅他的父亲在襄阳，而且他的两位母亲都是在襄阳。那么，米老太爷在襄阳究竟做的是什么官？米芾到底跟随米老太爷在襄阳住了多少年？这已经很难考证了，但是大致可以推定，米光辅的官阶应该不会太低，因为他毕竟在州府一级行政机构任职。米芾在十七岁之前，跟随父亲于任所，大部分时间都是在襄阳度过的。

汉水和岘山是襄阳的地理标志。岘山位于襄阳城西南约一公里处，汉水即长江最大的支流，穿襄阳城而过。襄阳的山山水水给米芾留下了终生难忘的印象，少年的情结化成了美好的回忆，襄阳成为他永久的故乡，一直萦系于心中。他在很多书帖的尾后都署名襄阳米黻或襄阳米芾。离开襄阳多年后，他还以“襄阳漫仕”“鹿门居士”为号（襄阳有鹿门寺，后文另述），表达了对家乡的深切追怀。他对襄阳的感情至深，无以言表。

按常理，一个文化人对故乡的情怀，大致会通过他的文艺作品来表现，这种事是屡见不鲜的。但是，后世的人们却很难见到米芾在襄阳留下的诗文和墨迹。现在除找到了“登岘”两个大字外，基本没有其他发现。以他对故乡的这份浓情来说，似乎过于吝惜笔墨了。

那么，当时的襄阳究竟是个什么样子？它给年轻的米芾带来了怎样深刻的影响？他真的是吝惜笔墨吗？

对于大宋王朝来说，襄阳的意义非凡。《宋史》上记载，赵匡胤未发迹时，曾经混迹于襄阳一家佛寺中。有一天，他被方丈发现，说他气宇不凡，必不久于人下，劝他别在此虚度光阴，还是去投军效力为好。赵匡胤恍然醒悟，立即动身去了当时的都城开封，后来果然发迹。如此说来，襄阳可谓赵氏王朝的“龙醒之地”。

襄阳山水明媚，形势险要，素有“南船北马、七省通衢”之称，历来为兵家必争之地，也是南北通商和文化交流的通道。东汉时刘秀在此建功立业，“建安七子”之“冠冕”王粲在这里写下了著名的《登楼赋》。三国时这里是三分天下的策源地，发生过马跃檀溪、司马荐贤、三顾茅庐、隆中策对、水淹七军等精彩故事。到了南北朝时，襄阳是东晋政权的上流据点，多次政权更迭的军事行动都出于此，梁武帝的儿子昭明太子萧统就生在这里，他主持编纂的《昭明文选》是我国现存最早的一部文学总集，是流传千年的范文经典，至今还留有昭明台的古迹。唐宋时，襄阳是文人墨客游历题咏的热点城市之一。

襄阳古城东门外的鹿门山，原名苏岭山，是唐朝著名诗人孟浩然的隐居处。鹿门山虽然远离闹市，但紧濒汉水，林木葱茏，景致幽深，山上有纪念孟浩然和庞德公、皮日休的“三高祠”。尤其是连诗仙李白也羡慕不已的孟夫子，为襄阳的汉水岘山留下了许多美好的诗篇。鹿门山上有座著名的鹿门寺，据县志记载，东汉建武初年，光武帝刘秀与习郁君臣二人巡游苏岭，都梦见了苏岭山神鹿。于是，刘秀命习郁立祠于山上，刻二石鹿夹道口，百姓称之为鹿门庙，遂以庙名山。魏晋时，鹿门寺香火极盛，宋代时禅法大兴。

襄阳南门外的习家池，是东汉初年襄阳侯习郁的私家园林，是中国现存最早的园林建筑之一，被誉为“中国郊野园林第一家”。东晋时，习郁后裔习凿齿在此临池读书，登亭著史，留下《汉晋春秋》这一千古名作，成为名播后世的史学家，而使习家池益负盛名。习家池群山环抱，一水涓涓，亭台掩映，风景清幽，自古常有骚人墨客来此咏诗作赋。唐代大诗人孟浩然曾感叹：“当昔襄阳雄盛时，山公常醉习家池。”

襄阳城西南的岘山，是一座正宗的历史文化名山。包括岘首山（下岘）、紫盖山（中岘）、万山（上岘）。西晋羊祜都督荆州诸军事，驻襄阳。死后，其部属在岘山羊祜生前游息之地岘首山上建碑立庙，每年祭祀。见碑者莫不流泪，其继任者镇南大将军杜预因称此碑为堕泪碑。与羊公祠等同时兴建的还有旁边岘首山上的岘山亭。它们是古襄阳人文历史的重要标志，也是襄阳最早的公共游乐场所之一。文人墨客到襄阳必游此地。

襄阳西郊的隆中，是三国时期著名的政治家、军事家诸葛亮的隐居躬耕之处。东汉时期隆中属南阳郡，所以诸葛亮的隐居地被称为“南阳诸葛庐”。罗贯中在《三国演义》里是这样描述的：山不高而秀雅，水不深而澄清，地不广而平坦，林不密而茂盛。猿鹤相亲，松篁交翠。

上面介绍的是襄阳具有代表性的名胜古迹和人物，已经说明襄阳的文化底蕴十分深厚了。而宋代襄阳的经济也相当繁荣。本地富有特色的纺织业、漆器制造业、造船业、酿酒业等手工业都有较明显的发展，商业水平则在京西南路处于领导地位。

社会经济文化环境对人的成长影响是相当大的，更何况，米芾生长在一个文化高度繁荣的历史时期呢！

宋代最高统治者为了维护、巩固其政权，采取了一系列有利于思想文化繁荣的政策，客观上提供了较为宽松的政治环境，促使中国封建社会文化走向了顶峰。著名历史学家陈寅恪先生指出：“华夏民族之文化，历数千载之演进，造极于赵宋之世。”

在这一大的时代背景下，作为大宋重镇之一的京西南路襄阳府，也迎来了新的文化高潮。不仅涌现出了一大批本土文学艺术家，同时又接纳了众多客居作家，当时的许多文坛大家都到过襄阳并留有作品。形成了十分浓厚的文化氛围。

体现襄阳文化氛围浓厚的“重头戏”是文人雅集。

中国文士阶层素来有“以文会友”的优秀传统，“或十日一会，或月一寻盟”的雅集现象是文化史上的独特景观，比如兰亭雅集、西园雅集等更是引为文坛佳话。传统的文人雅集，主要形式是游山玩水、诗酒唱和、书画遣兴与文艺品鉴，因而带有很强的游艺功能和娱乐性质。

发生在襄阳的文人雅集，持续不衰，诗文书画歌颂不绝。而庆历七年（1047 年）的襄阳集会，无疑是一次影响深远的雅集。这场文人雅集由王洙发起组织，成为北宋文坛的一件盛事。

王洙，字原叔，应天宋城（今河南商丘）人。天圣二年（1024 年）进士，官直龙图阁，同判太常寺，坐事黜知濠州，复徙襄州。累迁翰林学士，兼侍讲学士，谥曰文。当时知襄州的王洙看到羊公祠损毁严重，出于对羊祜的敬仰，向朝廷上书，倡言修复，获得恩准。随即，他以千金赎回原祠旧基，重修了祠宇。之后，他又邀请当时的大文豪范仲淹及郡内外僚属十余人，各出一诗，盛赞羊祜的功绩与德政，镌刻在一个八面石幢上，立于新修的羊公祠旁，成为一时之美谈。尤其是千古名篇《岳阳楼记》的作者范仲淹的参与，大大提升了这一活动的知名度。

范仲淹诗曰：

休哉羊叔子，辅晋功勋大。
化行汉江间，恩被疆场外。
中国倚而安，治为天下最。
开府多英寮，置酒每高会。
徘徊临岘首，兴言何慷慨。
此山自古有，游者千万辈。
湮灭皆无闻，空悲岁月迈。
公乎仁泽深，风采独不昧。
于今堕泪碑，观之益钦戴。
卓有王原叔，文学伟当代。

一麾守襄阳，高杯极恬退。
山姿列云端，江响拂天籁。
行乐可逍遥，览古忽感慨。
不见叔子祠，荒没民畴内。
千金赎故基，庙见重营绘。
襄人复共祀，水旱有攸赖。
太守一兴善，比庐皆欢快。
原叔政可歌，又留千载爱。

文豪的如椽巨笔，一颂羊祜及其绝世功勋，二颂王洙及其兴善盛举，使得此盛事彰显于天下后世。

八面石幢镌成后，置于岘首山上，成为继堕泪碑、岘山亭、羊公祠之外纪念羊祜的又一建筑物。此后的一百余年间，文士名流竞相前往岘首山祭拜羊祜，瞻仰石幢，有的把自己的名字镌于石幢末端，从而形成了饮饯题名九则。这些题名一个比一个牛，让八面石幢大大地增光添彩，而绝不似“到此一游”那样不堪。

可与文人雅集相提并论的，是客居作家的襄阳游历。最著名的要数“唐宋八大家”中的“三苏”、欧阳修、曾巩等人了。

“三苏”即苏洵（1009—1066 年）及其子苏轼（1037—1101 年，世称苏东坡）、苏辙（1039—1112 年）。嘉祐二年（1057 年），苏洵带着苏轼、苏辙进京应试，兄弟二人同时进士及第。尤其是苏轼，那清新洒脱的文风，在前辈欧阳修（1007—1072 年）的一再称赞下一时声名大噪，以至于他每有新作，立刻就会传遍京师。然而，正当父子名动京师、将要大展身手之时，突然传来苏轼苏辙的母亲病故的噩耗，二兄弟只得随父回乡奔丧。北宋仁宗嘉祐四年（1059年）十月初，守丧期满的“三苏”父子离眉州往汴京，十二月初在江陵舍舟登陆，经荆门至襄阳，进而游访襄阳。

宋朝时的襄阳，比现在的襄阳地盘要大许多，经济发达，文化繁荣，交通便利，众多文人墨客心向往之。“三苏”父子返京借道“途经”，也是为了一览襄阳古城的风采神韵。而正是他们这样一个看似不经意的举动，使得神童米芾有了一次与心目中的偶像苏轼零距离亲密接触的机会。

前文说过，米芾的父亲米光辅不仅自己“亲儒嗜学”，对米芾弃武从文的引导和培养教育更是悉心尽力。他因公务之便提前得知了“三苏”游访襄阳的消息，便亲自将“三苏”一行迎进府中盛情款待，一则为尽地主之谊，二则为把米芾引荐给苏轼。

米芾当时是一个年仅九岁的“追星族”，虽还有些懵懂，但受父母的教诲和环境氛围的熏陶，他十分仰慕苏轼那样的人物。第一次见到“明星”，米芾一点也不露怯，而是把自己的所学所见一五一十地作了汇报。“三苏”听了，十分喜爱，都夸他通文达礼，谈吐不俗，说将来一定有出息。

“三苏”在襄阳游汉水、访隆中、登万山，基本游遍了襄阳的名胜，创作了大量诗文，后来被收入《南行集》中。而米光辅和米芾则是这次游历的全程陪同人员。

苏轼在襄阳创作颇丰，或怀古咏史，或借古讽今，或记事抒情，共写下了三首《襄阳古乐府》以及《汉水》《岘山》《万山》《隆中山》《檀溪》等诗文。当他登上岘首山时，禁不住吟唱起《岘山》诗来：

远客来自南，游尘昏岘首。
过关无百步，旷荡吞楚薮。
登高忽惆怅，千载意有偶。
所忧谁复知，嗟我生苦后。
团团山上桧，岁岁阅榆柳。
大才固已殊，安得同永久。
可怜山前客，倏忽星过溜。
贤愚未及分，来者当自剖。

米芾侧耳聆听，似懂非懂，如痴如醉，他被苏轼的儒雅和文采深深地折服了！从此更加刻苦用功，立志要成为苏轼那样的大家。这段经历，也为后来米芾与苏轼成为生死之交做了铺垫。

欧阳修小的时候曾生活于离襄阳不远的随州，常到襄阳游览，对襄阳的名人胜迹所知甚多。后来欧阳修担任襄阳光化军乾德县令，多次与友人相约游览襄阳，写下了许多歌颂襄阳的诗篇。其中嘉祐二年（1057年）任翰林学士时所作的《乐哉襄阳人送刘太尉从广赴襄阳》，盛赞了襄阳经济之繁盛、物产之丰饶、风物之优美。那时，米芾还是个刚满七岁的小孩。十三年后，也就是宋神宗熙宁三年（1070年），欧阳修受邀为新扩修的岘山亭写下了神韵缥缈的《岘山亭记》，成为与《醉翁亭记》齐名的名篇佳作。

曾巩（1019—1083年），曾任襄阳知州三年，政事闲暇之余，行迹几乎遍布襄阳，并创作了大量关于襄阳人文政事的作品，是唐宋八大家中创作关于襄阳作品数量最多的一家。不过，曾巩任职和游历襄阳的时候，米芾一家已迁往镇江了。

体现襄阳文化氛围浓厚的另一个重要方面，是本地特有的风俗——穿天节和吊柳会。

穿天节的习俗可以追溯到公元前10世纪的周朝，源于一个神话故事。

刘向的《列仙传》、徐坚的《初学记》、昭明太子萧统的《文选·江赋》引李善注引《韩诗内传》中均有类似记载：

> 郑交甫过汉皋，遇二女，妖服佩两珠。交甫与言曰："愿请子之佩。"二女解佩与交甫。交甫受而怀之，去十步，探之则亡矣。回顾二女亦不见。

汉皋又名万山，位于襄阳城西，北临汉水，传为神女解佩处，后来汉江中的一个沙洲也因此而得名解佩渚。

到了唐代，"神女弄珠"的故事成为中国文化史上著名的浪漫风景，文人学士纷至沓来，流连歌咏，写下了无数的诗词歌赋。仅唐代就有李百药、李白、杜甫、孟浩然、张子容、陆龟蒙等三十多位诗人，或亲临游览，或互趋唱和。

到了宋代，这一传说被进一步演绎，附会于节令之中。宋朝人庄绰（字季裕）曾任襄阳县尉，他在《鸡肋编》中写道："襄阳正月二十一日谓之'穿天节'，云交甫解佩之日。郡中移会汉水之滨，倾城自万山泛彩舟而下。妇女于滩中求小白石有孔可穿者，以色丝贯之，悬插于首，以为得子之祥。”这段记载不仅介绍了节日的由来，具体的日期，还记载了当时人们欢度节日的盛况。说明“神女弄珠”的故事传说已经演变成为襄阳老百姓的民俗节日。

米芾穿行于“过节”的人群之中，对那些形态各异的“穿天石”产生了浓厚的兴趣，乃至于一生爱石成癖。后面将专门讲述他爱石玩砚、拜石为师的故事和痴狂之举。

下面简单说一下吊柳会。吊柳会又称吊柳七，流行于襄阳、枣阳一带。

宋代祝穆在《方舆胜览》中记载：“（柳永）卒于襄阳，死之日，家无余财，群妓合金葬之于南门外。每春月上冢，谓之‘吊柳七’。”宋曾达臣在《独醒杂志》中记载：“柳耆卿风流俊迈，闻于一时，既死，葬于枣阳县花山。远近之人，每于清明，多载酒肴，饮于耆卿墓侧，谓之‘吊柳会’。”

明代小说家冯梦龙的《喻世明言》中有一篇小说《众名姬春风吊柳七》，就是以这一习俗为素材创作出来的。

用了这么多笔墨，北宋时期的襄阳和襄阳文化概貌算是介绍完了。但这跟米芾的成长到底有多大的关系呢？

二

米芾在襄阳生活期间，襄阳远离前线，烽烟全无，一片祥和。置身于得天独厚的自然环境和人文环境之中，米芾只做了两件事：一是诵读诗书，临摹碑帖。二是游历交友，题咏唱和。

同其他孩子一样，米芾的启蒙读物无外乎《三字经》《百家姓》《千字文》等，应试经典也是《四书》《五经》等。这些自不必提。

前文说过，米芾才十岁就师法过八位大师的书法了，他必然有一位高人指点。的确，米芾在襄阳找到了一位老师，然而说出来也许很少有人相信，这位高人并不是当时的书家，而是前朝的无名之辈罗逊。

罗逊是中唐时人，是一个毫无名气的襄阳地方书法家。俗话说，名师出高徒，一个早已作古，又说不上是名师的人，怎么能够指点米芾学习书法呢？这就涉及人的天赋、悟性和师法钻研精神了。

米芾天资聪颖，悟性极高，当他发现并得到了罗逊留在家乡的一通《襄州新学记碑》后，引起了极大的兴趣，经过仔细揣摩，他认为罗逊的书法力挽千钧、沉着痛快，于是便开始效仿他。《襄阳县志》是这样记载的："《襄州新学记碑》，贞元五年（789 年）卢群撰，罗让行书……让书襄阳学记最有名。米元章始效其作，后乃超迈入神耳。宋人避英宗濮王府之讳，称罗逊。"可见，米芾的学书之路，的确是受到了罗让的启发而入门和起步的，不过这位启蒙"恩师"在死了两百多年之后还被改了名，因为英宗的父亲濮王叫赵永让，他也得让"让"。

前朝书家的"指点"毕竟来自于传世的作品，不如健在的本朝书家的耳提面命来得直接。米芾同时也找到了一位名气很大的襄阳当地本朝的书家，一有机会便当面请教。《襄阳府志》载：有一位叫张士逊的人，淳化年间（990—994 年）进士，在真宗、仁宗二朝三次拜相，以后拜太傅，封邓国公，到八十六岁才去世。他的二儿子名叫张友正，字义祖，以书法著名，草书尤工，神宗评他的草书为"本朝第一"。这可能是皇帝一时心血来潮的溢美之词，但也并非空穴来风，不过，这位宋朝书法“冠军”对米芾施加影响之后，在后世却不见影响。米芾在起初评价过他的书法“如宫女插花，媚娇对鉴，端正自然，别有一种韵致”之后，也没有再提起过他。

米芾初学书法时，还受到过襄阳一位无名秀才的影响。刚开始，米芾临帖比较随意，学了好久都没有多大长进。有一天，他听说本地有一位字写得非常好的秀才要去赶考，便前去找秀才请教。秀才翻看了米芾临的帖后说，教写字可以，前提是要买他的纸，而他的纸非常贵，是五两纹银一张。米芾心想哪有这么贵的纸！但学字心切，他一咬牙，便回家央求母亲拿钱买了秀才的纸，并答应在纸上写满字，三天后拿给秀才看。结果，三天里米芾一个字也没有写，而是用没蘸墨水的笔在书案上划来划去，生怕一不小心污染了纸张。三天后，秀才来了，看到米芾正手握着笔，望着字帖出神，而纸上滴墨未沾，便故作惊讶地问他为什么没有写。米芾如梦方醒，才想起三天期限已到，只好回答说，怕写错了浪费纸，要想好了才敢动笔。秀才说，既然你都已经琢磨三天了，那你现在就用笔蘸墨写一个字我看看吧！于是，米芾很认真地写了一个“永”字，写得遒劲潇洒，非常棒。秀才便问，为什么以前那么长时间写不好，而这三天却能突飞猛进呢？米芾说，因为这张纸贵，不敢像以前那样随便写来，而是先用心把字琢磨透了才写的。秀才说，这就对了，写字就是要用心，不但要观其形，更要悟其神，心领神会才能写好。他看到米芾有所领悟，便高兴地把卖纸的钱退还给了米芾，动身赶考去了。

自此以后，米芾常用秀才的话激励自己，专心研习，临池不辍，书法日益精进。与此同时，米芾受到节约用纸的启发，渐渐地养成了爱干净的习惯，后又因为书画装裱最怕污损的缘故，以至于发展成为洁癖。这里暂且按下不表，后面再作介绍。

有幸生长在襄阳的米芾，从小就钟情于襄阳的山水，学书之余，游山玩水是他的家常便饭。

不过，同样是游山玩水，如果没有发现美的眼睛，走遍世界，累的只是自己的脚，心却是丝毫没有愉悦的。米芾虽年少，俨然已是一枚文艺青年的模样，襄阳文化的耳濡目染使他如醉如痴，每有文化活动，他总是最积极的参与者。米芾的每一次游历，便是一次发现美的过程。所谓处处留心皆学问。

米芾游鹿门山，有一个重大发现，令他惊喜不已。

路过襄阳县东津时，米芾看到津阁寺里斑驳的墙壁上有一幅题壁。定睛一瞧，全文共二十九字，依稀可辨是前贤蔡襄旧题。每个字大约三寸，可谓是擘窠大字了。字体类似颜体，势格清美，飘逸不俗。米芾禁不住赞叹有加，徘徊良久，反复观瞻品评玩味，并以手比画，舍不得离去。

其实，米芾游鹿门山，一是为了亲近自然，欣赏山光水色，林间鸟鸣，二是前往揖拜先贤，探访和体会孟浩然《夜归鹿门歌》中“山寺钟鸣昼已昏，渔梁渡头争渡喧”的意境。这一半路上的发现，让他感到非常意外和满足。而游览古寺，静听禅音，原本不是少年米芾所追求的乐趣，但对他日后漫长的人生，却起到了一种哲思的启发。米芾后来有“鹿门居士”之号，也正缘于此，和白居易号“香山居士”一样，以其地为号，以示学佛参禅。

米芾游昭明台，竟从人们司空见惯的事物中悟出了一番道理，也是颇有心得。

昭明台是为纪念南朝梁昭明太子萧统而建，南对群山，北瞰汉水，巍峨壮观。因台南有鼓楼、钟楼各一座，所以又叫“钟鼓楼”。有个民间传说是这么说的：来自浙江、四川和襄阳的三个人相遇了，他们都夸耀自己的家乡。浙江人说：钱塘有个六和塔，离天只有一丈八。四川人撇了撇嘴说道：四川有个峨眉山，离天只有三尺三。襄阳人一听，哈哈大笑：你们那算什么？我们襄阳有座钟鼓楼，半截插到天里头！浙江人和四川人都不信，于是相约同到襄阳一探究竟。巧的是，他们来的当天，襄阳起了大雾，昭明台果然就在云里雾里。两个外地人惊呼道：高，实在是高！

这当然是一个笑话。

米芾登上昭明台，心情自然是开朗、舒畅的，但他除了常人的感受外，还多了一层体悟，他触景生情，联想到了为文和写字。城南群山叠嶂，高低起伏，连绵不绝，这不就是为文不喜平庸的意境么？城北汉水蜿蜒东去，却势不可遏，这不就是委婉含蓄、流畅自然的写照么？高大门洞下繁华的南街与北街，市井百态尽收眼底，这不就是笔下应该富于变化、拒绝单调的注解么？

小小的米芾能有这样的见解，不是偶然的。他平常接受的教育，不是师长们的点拨训导，就是文人们的高谈阔论。所以，当他参与到文化活动之中的时候，常有惊人之语，让人刮目相看。

米芾的生活轨迹遍布襄阳，说他是吮吸襄阳文化的乳汁成长起来的书法家，一点也不为过。他循着前辈大咖的足迹，醉心于迷人的风景和建筑的妙处，赏析文人墨客留下的诗词歌赋，所见所闻所悟，或以诗文记之，或以书法题咏。渐渐地养成了率真的性格、勤勉的作风、执着的精神。

然而，米芾留存于襄阳的作品现在却是踪影难觅了。目前只找到了他在游览习家池后写下的一首习作，名叫《小集南山》：

山翁酩酊葛强随，庭下青春鸾雀飞。
幕府惯为方外客，风前懒易道家衣。

米芾在襄阳时，也交了不少朋友，其中最重要的是魏泰。

魏泰，字道辅，襄阳邓城人，比米芾年龄稍长，是米芾嫡母魏氏的远房侄儿，论起来他俩还是表兄弟。魏泰出生于世族，博学多才，交游甚广，性情爽朗超逸，擅长诗文，主张“诗恶蹈袭”。米芾曾说过：“芾自会道言语，不袭古人。”因此两人个性和才名相近，非常投缘，成为莫逆之交，时常谈诗论文、品字赏画，结伴出游，唱和不绝。米芾离开襄阳之后，也还与魏泰保持着联系，其中元丰二年（1079 年）米芾官长沙时，以及绍圣元年（1094 年）米芾任中岳庙监时，魏泰还两次寻访过他，并有书画诗文交流。

魏泰有个姐姐叫魏玩，是个了不起的人物。自幼聪颖，博涉群书，尤其擅诗词，诵咏佳句常为时人称道。其丈夫是文学家曾巩的弟弟曾布，后来成为王安石变法的主要助手，在哲宗元符年间（1098—1100 年）为右相，魏玩封“鲁国夫人”。南宋著名的理学家、思想家、诗人朱熹在评价巾帼词人时说：“本朝妇人能词者惟李易安、魏夫人二人而已。”李易安即婉约派著名女词人李清照。不过，魏夫人比李清照早出生约半个世纪，因此，她应该是宋代词坛第一位成就斐然的女作家。她的词对后代特别是清代的“闺秀词”影响颇深。

魏泰倚仗姐夫曾布的关系，曾经在京城居住过一段时间，后恃才豪纵，狂荡不羁，因为殴打考官而不得录取，终身未仕。他晚年隐居汉上，自号“临汉隐居”“汉上丈人”，著书传世以终。

当时的文艺青少年米芾和魏泰，适逢襄阳时兴文人雅集，常有大咖驾临，民俗节日特色鲜明。他俩无疑就是这些盛事的常客和活动的直接参与者了。

米芾通过魏泰等人的关系，还有他十七岁后优游京师的经历，也认识和结交了不少新朋友，其中包括曾布，以及后来权倾朝野的蔡京、官中书舍人的林希、官殿中御史的蒋之奇、官著作佐郎秘阁校理的王安国等人物。王安国字平甫，是王安石的同胞弟弟，熙宁进士，北宋著名诗人，与米芾同授秘书省校书郎。王安国器识磊落，文思敏捷，性情耿直，疾恶如仇，其才学性格和魏泰类同，与米芾十分投缘，两人常携酒同游，诗书唱答。

米芾这几年结交的这些人物，在后来是或多或少地影响了他的仕途和生活的。

米芾十七岁时随母亲离开襄阳赴京师，大约十八岁时随父移居润州，后宦游各地，中年之后才在润州置宅安家。虽然他对襄阳的感情很深，但很少回到家乡，甚至在诗文中也很少提及襄阳。目前只找到了一两首回忆的诗。这有两种可能：一是他生活在襄阳时因年纪小，游览题咏的诗文写的少或者自觉水平一般而没有留存，或者不久就销毁了，后面将讲到，他从长沙离职时有惊人的焚书之举。二是他题咏襄阳的诗文散佚了。

就在米芾在汉江边优哉游哉地过着美好的少年时光之际，离襄阳千里之外的京城开封却波澜起伏，经历着巨大的变化：1063 年，宋仁宗赵祯驾崩，宋英宗赵曙即位。才过了四年，宋英宗又驾崩了，宋神宗赵顼登基做了新皇帝。这些变化看似距离米芾很遥远，但它却很快波及襄阳，改变了他的生活乃至人生轨迹。

如果没有这种改变，米芾的人生旅程可能会是另外一条路线。然而这一改变猝不及防地来了！

影响米芾人生走向的，却是一个女人。

步入仕途

一

到了宋代，曾经被看得很重的门第这件事有所改观，寒门士人终于有了同世家们一样的机会。从平民跃升到士大夫阶层，路径有两条：一是通过考试，科举向任何文人开放；二是通过举荐。平常的苦读寒士只要文章合格，或者得到名人的举荐，就能够登堂入室，取得他们梦寐以求的一切。

北宋的科举制，从今日之“公开考试、公平竞争、公正录取”三公原则来看，具有一定的科学性。北宋科举制中的一些做法和原则，在今天依然被采用着，如糊名制，如今天推行的试题标准化改革等。北宋所实行的科举制，在当时不失为一种科学的人才选拔制度。

可是，米芾却因为一件不大不小的事情，竟失去了参加科举考试的资格。这是怎么回事呢?

宋朝以“兴文教，抑武事”为国策，建立了中央和地方官学体系。中央官学在国子监下设教授经学的国子学、太学，地方官学仍照唐制按行政区域建学，州(府、军、监)以下设置教授儒经的学校。北宋还先后发动了三次兴学运动。第一次是庆历四年(1044年)诏令天下州县立学，规定士子不通过地方官学不能参加科举考试;第二次是熙宁四年(1071年)朝廷下诏兴学，设置专职州郡学官;第三次大规模兴学则是崇宁年间(1102—1106年)的事了。三次兴学运动，对全国的官学以及私学的发展起到了极大的推动和促进作用，襄阳也不例外。

然而，就是第一次兴学运动作出的“士子不通过地方官学不能参加科举考试”的明文规定，阻断了米芾的文章仕进之路。

以米家的实力，无论让米芾进入官学还是私学读书都不在话下，不至于像贫困家庭的孩子上不起学;以米芾的聪明劲儿，他更不至于毕不了业。可是，聪明反被聪明误，米芾偏偏就栽在自己的“聪明”上。

米家对米芾寄予厚望，送他上襄阳府的官学自在情理之中。由于米芾过目成诵，加之他家的藏书都是他的课外辅导读物，没多久，先生教的他会了，先生没教的他也会了，堪称“学霸”。他感觉“吃不饱”，便有些不把先生放在眼里了，时不时地跟先生较劲，而且“三天打鱼两天晒网”，甚至干脆假装去上学，然后叫上几个同学找魏泰游山玩水去了，教学秩序被他搅得乱了套。刚开始时，官学出于爱惜人才的考虑，还睁一只眼闭一只眼，终于有一天，他们直接把米芾给除名了!

蔡肇所撰《故南宫舍人米公墓志》中说，米芾“于书务通大略，不喜从科举学。议论断以己意，其说踔厉，世儒不能屈也。刻意文词，不剽袭前人语。经奇蹈险，要必己出，以崖绝魁磊为工”。大意是，米芾不喜欢科举的那一套应试教学，他有自己的见解，言谈雄健风发，不屈从于专家权威。写文章诗词不套用和模仿前人的笔法语言，而是苦心孤诣地追求奇险独到。如此这般桀骜不驯，焉能容于正经八百的官学？

失去了“学籍”，就意味着毕不了业、考不了科举了，但等到米老太爷得知实情，已经为时过晚了。这可急坏了米府上下。米芾的生母阎氏说：“都怪我们太溺爱太纵容他了！现在悔之不及。黻儿的前程只能另想办法另谋出路了。”

所有有关米芾的书上都说，他是因“藩邸旧恩”而入仕做官的。真的是阎氏靠关系“走后门”成功了吗？

藩邸是王府的别称。古时的藩王、藩镇都是指皇亲或是诸王。米氏并非赵氏之后，不是皇族，不是外戚，与藩王无关，虽然从米芾的五世祖开始，他家和皇族就有一种特殊的关系，可以算是旧恩了，但仅凭这一点，他就应该能够享受特权恩荣吗？事情并没有这么简单。

濮王赵永让是太宗的孙子、真宗的侄子、仁宗的堂兄，是赵氏一脉嫡系的龙子龙孙。按照祖宗定下的规矩，他完全可以一辈子不愁吃喝地在府里享清福，甚至两辈子三辈子地继承这种庇荫。然而，他却被一个机遇改变了全家的命运。

仁宗曾有三子，但都不幸夭折，到他四十五岁时仍无子嗣，于是皇位的继承便成了朝野瞩目的议题。无奈，他只好在宫中收养了二子作为储备，其中大一点的孩子，就是濮王赵永让的第十三子赵宗实。

据宋人的笔记，仁宗屡伤皇嗣，晚未得子，于是宗实便被立为太子，改名赵曙，而后名正言顺地即位做了皇帝。这就是英宗。

赵曙转正了，原来的王妃娘娘高氏也顺理成章地变成了皇后，史称高后。

这位高后在宋史上是个赫赫有名的人物，名叫高滔滔，原本就是皇亲国戚。她是仁宗的儿媳、英宗的妻子、神宗的母亲、哲宗的祖母。母因子贵，所以她先后以皇后、太后和太皇太后的身份，主宰了北宋的政治近三十年！这一时期，重大国策的破立兴废和大臣官宦的升降沉浮都和这位妇人有关，她是实际上的皇权掌控者。

她，就是影响了米芾一生命运的那个女人。

实际上，英宗在位的时候，尽管国内诸事纷争，但高后并没有出来干政过。因为彼时有英宗的母亲，也就是她的婆婆曹太后在垂帘听政，还轮不上她。高后真正开始发挥作用，是在她的儿子赵顼继位之后。

英宗多病命薄，即位不足四年即驾崩，皇位由长子赵顼继承，这就是宋朝的第六位皇帝神宗。

神宗即位时已经是一位二十岁的青年了，生理和心理上都相当成熟，任何太后都没有理由来听政了。于是，太皇太后曹氏和太后高氏都退到了后宫。但是，她们却因为神宗后来拜王安石为相、推行变法而又跳到了前台，明里暗里反对变法，退而不休，实则成了保守派的护身符。在最紧要的关头，两位太后竟然一起跑到神宗面前哭闹，要求他遵循祖制祖法。从此，帝后两党的矛盾一直持续着，直到神宗驾崩，年幼的哲宗即位，高后索性以太皇太后的身份直接临朝，掌权时间达十年之久。

米老太太阎氏是非常疼爱她的亲子的，为了米芾的前途，她一直在寻找和等待机会。如今，她曾经亲手哺育过的赵顼当了皇上，过去的小濮王妃高氏变身为太后，又执掌了大权，阎氏觉得是进京去找旧主人为米芾谋个出身的时候了。

于是，这年秋天，阎氏精心挑选了几样襄阳土特产，带着十七岁的米芾，开始了京师之行。

米芾自小有傲骨，有真才实学，真心不愿意卑躬屈膝去求人，但母命难违，况且是因为自己任性铸成大错而断送了科举考试资格，所以只得顺从。

阎氏进京向高太后托情，跟《红楼梦》里的刘姥姥进大观园大不相同，她不是没有见过世面的村妇，而是朝廷命官的夫人。而米芾也不是乡间的无赖少年，他已是一位英俊潇洒、知书识礼、学有所成的知识青年了。阎氏此番去“走后门”，也是人之常情。再说，既然有这样一部“直通电话”可以上达天听，不用白不用。

然而，事情出乎母子俩的想象。虽然高太后顾念旧情，却并没有马上给米芾安排工作。从十七岁到二十一岁，米芾一直是个待业青年。这一时期，朝中正酝酿着巨大的变革。神宗熙宁二年（1069年），王安石变法开始，而此时的米芾尽管自诩颇高，但年轻且尚未入仕的他只能作壁上观。在强手林立的京师文艺界，米芾也是毫无知名度。他除了等待，还能做些什么呢？

闲着也是闲着，不如优游京师见见世面。有了这一想法，米芾便一发而不可收。他广交朋友，并获得了欣赏许多名书名画的机会，大大增长了见识，开阔了眼界。米老太爷曾当过英宗的侍卫，米芾小时候跟随父亲到过京师，现在是故地重游，对京城多少还有一些印象，也算是轻车熟路了。

这次优游京师，米芾结识了一个与他的仕途有密切关联的“布衣之交”，这个人就是蔡京。吴迥《五总志》载：米元章尝谓蔡元长（蔡京字元长）“后当为相，慎勿忘微时交”。这话跟“苟富贵，勿相忘”的意思差不多。也许正是因为这一句话，蔡得志后多次对米芾施以援手。

据米芾后来自述，这次优游京师，他于翰林院里欣赏到了蔡襄的《谢赐御书诗》的书法石刻。翰林院是整个帝国最高级知识分子扎堆的地方，常人轻易是进不去的。米芾有此荣幸，当是沾了高太后的光。

蔡襄是北宋早期最有名的书法家，前文提到过他，米芾在游鹿门山途中见过他的题壁。《谢赐御书诗》是蔡襄为了答谢皇恩而写的一首诗，但米芾这次只是看到了碑刻，直到四十年后，他才有机会在丞相府里一睹这幅享名已久的真迹，并于帖后书跋以志。

米芾在京待业期间，还临摹了许多名帖，达到了以假乱真的地步。米芾的《书史》中有这样的记述：他曾在一位官员家里见到一本颜真卿的《争座位帖》，是一郭姓大户人家珍藏着的。他一看，说这是自己二十年前临摹的。别人家不信，他指点人家说，纸缝间还有“元章戏笔”的印，那些笔迹还有一些像是我的风格。众人一看，果然如此。这是米芾四十岁时的事，从此上推二十年，正当是他二十岁在京时所为。《争座位帖》是颜真卿最负盛名的法帖之一，被后世推为是“人心本田”“书为心迹”的行草书巨卷，甚至有人认为，论书法的刚劲郁结，此帖要超过王羲之的《兰亭集序》。此帖临摹难度极大，尤其是难在得其神髓。米芾一生临摹的名帖很多，由于太过逼真，有许多收藏家把赝品当成了真迹，以讹传讹，沦为奇闻笑谈。这纸帖是米芾最早有临摹的记录，也显现了他足以乱真的功夫。

在长达四年的等待中，米芾还经历了一悲一喜两件事。先是父亲米佐病故于任所润州，后是遵照米老太爷的遗嘱完婚。这两件事都是人生的大事，米芾不得不往返于京城、润州与襄阳三地之间。米芾的妻子许氏，是一大户人家的闺女，温柔贤淑，秀丽端庄。他们的婚姻是米许两家早就定下来了的。结婚后，夫妻恩爱，米芾亲昵地称妻子为“米许儿”。

熙宁四年（1071年），已经二十一岁的米芾，终于等到了高太后的垂怜，被授予秘书省校书郎一职，第一次进入了庞大的官僚政府机构，当了个小官。

在宋初，官名与职务分离。秘书省校书郎只是个寄禄官，算是解决了编制问题，级别却是比芝麻官还小的九品，并无实授，也无须上班。相比于米芾想要大展鸿图报效朝廷的期望值，这个官委实是太小了，他不免有“我本将心向明月，奈何明月照沟渠”之感。

米芾的心之所向，决不满足于进入“公务员”队伍端上“铁饭碗”吃上安稳饭，他的理想是高官大儒，是受人尊敬和景仰的艺术家。

他有机会得遂所愿吗?

二

刚刚步入仕途的米芾，渴望早日担任实职，一展抱负。

也许是机缘巧合，担任秘书省校书郎没多久，米芾就有幸被“推恩补荫”，获得了他人生中的第一个实体官职——广东浛洸县尉。

没有经过艰难的科举考试，而获得了直接的职务任命，这看起来很有可能来自当朝皇上的亲妈的亲自眷顾。

但是，米芾还是不大明白，如果这个职务的获得是两位老太太之间的关系所致，是高老太太顾念旧恩对阎老太太的报答，为什么不给他安排得离京城近一点儿，而要外放到那么偏远的地方去呢？

在普通老百姓的印象中，往往把帝王的赏赐想象得过于容易，以为在专制的条件下，只要是帝王家想做的事，就能够轻松办到。其实，帝王家的权力也受到许多的制约，比如犯颜直谏的忠臣、祖宗留下来的若干制度等。高太后得权之后，对自己的家属要求一直很严，从不因私废公，从这点上来说，她还是一位明理磊落的太后。

高太后要给米芾封官，不能够直接提拔，也不能够干预科举，她能够动用的权力，只有“推恩补荫”。

所谓“推恩补荫”，就是一种世袭制度，因念及上辈的功劳，便让下一辈的子孙担任一定的职务。宋代规定，补荫之制，皇室只能是母系方面的直系亲属，本姓和异姓皆可，但要是本服女性之夫才行。如有大功，可以出任县令、录事；如是小功，可以出任通判、司马、主簿或县尉。米佐或阎氏虽然有恩于高太后，却既不姓赵，也不姓高，不是亲属，不能享受皇室补荫的恩荣。朝廷的这项规定很严，如果有人假称是官员的孙子或者侄子来求补荫，还要受到处分。高太后没有把米芾纳入自己的亲属来特意加以照顾。

高太后贵为皇帝他妈，按说也可以恃权而为所欲为，但是，一方面她自律甚严，不肯让自己的亲属倚仗自己的权势而得到升官，何况是乳母的儿子。另一方面，在神宗时期，帝后之争暗流涌动，神宗密切关注着推恩补荫、不考而官的事情，为防止官滥官多的现象，他采取了一些抑制的措施。作为皇帝的母亲，高太后必须有所顾忌，她不想为一位乳母的儿子做官的事去和自己的皇儿闹得不愉快，更没有必要闹翻脸。

但是，米芾的祖上对皇室有功，他的父亲米光辅也是朝廷命官，做过左武卫将军。补荫制度中规定，武臣中的诸卫将军之子可以补荫。根据这个政策，米光辅的儿子米芾可以补荫做官。也许正因为如此，才让高太后做了一个顺水人情。

推恩补荫的机会较多，皇帝的诞辰或者吉日等都可。不过，这个补荫必须要达到一定年龄并通过“铨试”才行。通过“铨试”三任六考的，便可以“任子入仕”，只是地位要低于科举出身的，所任的也都是州县等下层官职。

在以前，任子的年龄要二十五岁，但从神宗熙宁四年（1071年）起，王安石试行新法，便把任子的年龄提早到了“任子年及二十，听赴铨试”。米芾正好赶上了这项政策的施行。

以米芾的才华和学问，通过“铨试”自然是小菜一碟不成问题。他以优异成绩满足了“推恩补荫”的任职条件。

那么，浛洸是一个什么样的县？尉又是一个什么样的官呢？

浛洸在广东省的北部，今天的英德市西部，在宋代以前称为含洭，因境内西边有一条洭水而得名，是中国最古老的县之一，为避宋太祖赵匡胤的讳改为现名。

英德素称岭南古邑，又称英州，为清远市辖市。南宋时升英州为英德府，浛洸之名日微，变成了英德市下属的一个乡镇了。

宋依唐制，把天下的县分成赤、畿、望、紧、上、中、下七等。虽然都是县，但彼此之间的规模、经济和人口差别相当的大，浛洸当时只是一个上县，属于第五等的边恶远州县。

浛洸远在南岭之南，位于粤北山区。当时的经济、交通、文化都非常落后，远没有今天“全国重点镇”“广东省宜居示范城镇”的景象。这里与首都东京有着三千二百多里的直线距离，山林丛密，属于百越故地，化外之民。唐韩愈称之为“百越纹身地”，瘴疠滋生的不毛之域。现在如果乘汽车转高铁或是快速列车，只需要约一天左右的时间就可以到达河南开封，即当时的京都汴梁。但是在古时候，这可是要花费几个月的时间来走的。

宋时一向以川、陕、闽、广等地为阻远险恶之地，为官之人大多不愿意到这些地方去。朝廷为了维持威信，规定凡在这些边远恶州任县官等下级职务的，可以一任远，下一任近，用以体恤臣僚，笼络下属，鼓励他们远赴边疆，为朝廷效力。为了严肃法纪，朝廷还重申，一经任命远地，便不能辞，否则会被坐流海岛。而区分远近的标志是，不许带家者为远，其余为近。然而，有许多朝廷命官一去便不得返，被派到那里去的，基本上是无异于流放的。

宋时的官阶分七等，县尉是最低的第七等。县里一般设县令、县丞、主簿和县尉等职，但小的县不置县丞和主簿，而是以县尉来兼。因此这种末等小县其实就只有县令和县尉主持工作，规模实在太小。下等小县的县尉为从九品，这是古代官职里最低的等级，其职能是维持县里的治安和司法，干一些防偷防盗、缉拿不法分子的工作，等于是现在的公安局局长。浛洸属于第五等的上县，略好于末等的下县。

当时朝廷官员的工资都是一半现钱，一半折支。所谓折支，就是发物品，比如米面、薪柴等。但是，考虑到支边干部们的情绪和困难，朝廷明文规定，他们的工资全部发现金。

米芾并非挑肥拣瘦拈轻怕重之人，但得了这样一个任命，很难说心里高兴。因为费了那么大的心思，惊动了皇太后那样的领导人，还牵上了“藩邸旧恩”，才得到了这样一个比芝麻还小的官，还要到三千多里之外的一个蛮荒之地去，这实在不能算是一份好差事。如果当初让米芾参加考试，兴许能够考上个举人进士的也未可知。米芾的心底，或许有着说不出口的怨气和悔恨。

初放岭南

一

开弓没有回头箭。朝廷的任命代表皇权，米芾不能不去赴任，再远再苦也要去。也许未来的道路上充满泥泞、荆棘和沼泽，可能跌倒，可能被刺得遍体鳞伤，可能深陷，但他已别无选择。

按规定，米芾是不能带家属的，连老婆孩子热炕头的天伦之乐都不能享受。他只能依依不舍地拜别两位母亲，并让新婚不久的娇妻留在家中，自己一个人前去赴任，当然，随从仆佣应该还是有的。

带着无比复杂的心情，怀着一个热血青年的抱负，二十一岁的米芾勇敢地向着那个陌生的处所走去。

三千里路漫漫，陆路骑马，水路乘船。驿站连驿站，长亭更短亭，看不够的秋山披红叶，走不尽的人迹板桥霜。沿途满目青山夕照，山光水色，颇可行吟，亦能入画。陪伴他寂寞行旅的，只能是诗和书，还有他酷爱的书法。朝廷规定，凡远徙川陕、岭南和福建为官的，可以在路之外另给两个月的假期，这是考虑到赴边远恶州的官员们的情绪和实际困难而施行的一项人道主义措施。这项规定实际上是给了被远遣官员赴任途中顺便旅游散心的时间。

通常情况，这样一位文艺知识青年首次独身远行，又是自己一生中的首次任职，是不可能没有抒怀的诗文和书帖的。然而，后世找不到米芾一路所作的诗文，也见不到他所书的帖子。之所以出现“空白”，是因为米芾在三十岁离开南方时，不知出于怎样的考虑，竟把自己以前的几乎全部作品付之一炬，导致了他在这一时段作品的缺失。

米芾到浛洸任职的时候，浛洸没有县令，也没有主簿，因为宋朝的体制，特别小的县是可以不置县令、县丞，甚至主簿，而以县尉代行其职。也就是说，当时的浛洸其实是由米芾一个人来主持全县工作的，可谓责任重大。当时正值宰相王安石颁布新政，推行青苗法、免役法、方田均税法、农田水利法、保甲法等十几部新法，并改革科举制度。他是政权最下层的施行者，不能有所懈怠。热血青年米芾也很想做出一番事业，报效朝廷，争取能够受到赏识，日后得到升迁。

米芾还真是干得不错。据地方志说，他在浛洸任职两年期间，“政事简举，德教风行”，深得老百姓的尊崇。后来，浛洸人还为他建祠礼奉，以示崇敬。这说明米芾为官是亲民而务实的。

如此说来，高太后把米芾远遣到数千里之外，似乎是有用意的，是为了考验和历练他吗？也许米芾根本没想过这些，但他确实是经受了考验，干出了政绩。

为宦之余，米芾爱优游于山水之间。

游山玩水是中国的知识分子一贯寻欢作乐最重要的方式，也是一种休息，一种雅举，而且能够从自然中得到颖悟。米芾钟情于书法与绘画，亦喜诗文，早在家乡襄阳时就养成了游历的习惯。他是当然要忙里偷闲苦中作乐的。

浛洸一带的山水形胜，是很好的寄情场所。浛洸所在的英州，境内全是幽深高峻的大山，林木葱郁，飞瀑流泉，宛若桃源仙境。

浛洸县境内有著名的尧山，是自唐代以后从北方的长安往广州的古道必经之地。米芾在任时，曾游历过尧山，并留下了一首诗作：

尧　山

信美此山高，穹窿远朝市。

暑木结苍阴，飞泉落青翠。

这首诗一般，却是米芾最早存世的诗作之一。与此同时期的作品，还有两首，体现出了他的文人情怀：

烟雨楼

歧路分韶广，城楼压郡东。

伎歌星汉上，客醉水云中。

望夫冈

望夫冈上望，滩浅石粼粼。

相思不相见，空作望中人。

烟雨楼现已无存，想必是当时县城里的一处名楼。据诗中所言，该楼坐落于浛洸县城东，往北可以遥望韶关，往南则是广州。米芾曾经携伎夜宴于此，醉酒于楼上。说自己是“客醉”，可见其北望怀乡之情已溢于言表了。他思念家乡襄阳，更思念母亲和妻子。

望夫冈是浛洸县的一个地名，源于一则传说。说是望埠镇境内有个山冈，冈下的村庄里住着一对恩爱夫妻。由于不堪忍受官府苛捐杂税等重负，丈夫便出走逃荒，约定十年后的中秋节回家团聚。丈夫远行之后，妻子不管严冬酷暑、风雨雪霜，每天坐在山冈上翘首望夫归来。谁知十年过去，丈夫音讯全无，不见踪影。妻子望穿双眼，依旧每天上山苦等，最后竟变成了一个石人。后来，人们便把这块人形石头称为望夫石，把那座山冈叫作望夫冈，而山冈所在的镇也被叫成望夫镇，后又被讹传成了望埠镇。米芾深深地为之感动，所以写了这首诗，把景与人都纳入其中，寄托了自己的哀思。

一般来说，古代的文人墨客面对美景，都会技痒难耐，题字留名。米芾自述从十岁起书法便自成一格了，何况现在已是二十多岁的热血青年和小有名气的诗人和书法家！但是，除了南宋时的方信儒曾在浛洸发现过他的若干石刻，却不知留存于何处外，遍览当地及周边摩崖石刻墨迹，竟没有发现米芾任何的留名题刻。这于情于理似乎都说不通。于是，后世研究米芾的人，尤其是铁杆“米粉”，把填充这一空白当成了第一要务。直到七百多年以后，米芾在广东有没有留下墨宝这一悬案才得以揭晓。

广州有一处著名的园林，名叫药洲，位于现在的教育路，里面的景观虽微而美，幽深可人。就在这一方寸之地里，藏着米芾的墨迹题刻。

药洲原是南汉时割据岭南的刘氏王朝的园囿。南汉的高祖刘龑在广州一带利用原来的天然湖沼使罪徒扩凿长湖，又把疏浚河道的淤泥在湖中堆成洲，在上面遍种药材，安排方士上洲炼丹炼药，因而得名药洲，使其成为一处具有南方水乡特色的皇家宫苑。刘龑又听从方士之言，派人远赴淮北江南运来巨型的奇石，按照天上星宿的位置排列于园中，称其为“九曜石”。曜，代指天上的星宿。

宋灭南汉后，刘氏的宫苑残存的九曜石等仍是文人雅士游乐吟咏之处，直到明代，“药洲春晓”仍是“羊城八景”之一。后来，湖淤为池，水变成陆，那珍贵的九曜石也不知去向了。

到了清朝乾隆年间，广东学政使、著名的金石书法家、铁杆“米粉”翁方纲闻知米芾曾在药洲的九曜石上留有题刻，就四方寻找，但找了四年都一无所获。一个偶然的机会，翁方纲得知，原来的九曜石不知何年何月被移入了广东布政使署的东园里，便又在园内反复寻找，最终居然在榕树气根和竹丛里找到了！他心中大喜，当即命人挖出奇石进行清理，经仔细辨认，发现在一块名为“笏石”的石头上写着“药洲，米黻元章题”七个字。这是乾隆四十七年（1782 年）的事，距离米芾题留的时间已经过去了六百三十四年。

翁方纲想把九块珍贵的石头追回原址安放，便在此后的几年里一直向数任布政使提出还石要求，均未得到应允。他的继任者翁心存，就是著名的光绪皇帝的老师翁同龢的父亲，怀疑布政使的园内还有未现之石，就又进行了认真的搜寻。他派人斩除榕树气根，疏剔残石，果然又有了重大发现！翁心存发现的是米芾书写在石上的一首《九曜石》五言诗：

碧海出蜃阁，青空起夏云。
瑰奇九怪石，错落动乾文。

（米黻熙宁六年七月）

全部题刻共三十一字，而且有准确纪年。熙宁六年（1073 年），正是米芾在浛洸县尉的任上，当年二十三岁。由此断定，它是米芾的真迹确凿无疑。

药洲的九块怪石历经了近千年的世事沧桑，因为石上的米诗题刻而引起了无数后人的仰慕和追随。观赏、摩挲、留名题刻者不可胜计，所有可以书写的平面上都有历代文人留下的字迹，文化遗产之丰富，堪称大观。而要求归还九曜石于药洲故园之争，在清末两广总督张之洞的努力下几经迁徙后，最后在二十世纪五十年代迁回药洲故园安置，终于完成了翁方纲当年的夙愿，画上了句号。

据文物调查，发现米芾留在广州的题刻还不止药洲一处。在著名的光孝寺里，存有他为之题书的匾额。可惜的是，它在“文革”中难逃一劫，不知所终。

米芾以二十三岁的年纪，就能在都督府所在地广州的名石古迹上留下题刻，而且还不止一处，表明他的书法已经出人头地，声名鹊起了。

古往今来，几乎无出其右者。

在来浛洸任上之前，米芾似乎还未能以书法闻名，广州应该是他作为书法家的第一题，是他初露锋芒，绽放才华，从文艺青年到专业书法家的一个重要起点，是他艺术人生起飞的地方。

二

熙宁七年（1074 年），也就是米芾在广州留名题刻的第二年，他被调到临桂县任县尉，地点往西移动了六百里，职务却并没有提升。

临桂位于广西东北部，桂林市老城区西面，是今天桂林市的一个区。当时的临桂县属广南西路，在级别上比浛洸高了一点，属于第四等的紧县，但还是边远恶州。朝廷似乎并没有考虑原先“一任远，一任近”的规定，没有把米芾调回内地，却远放临桂，离家更远了一些。不知是高太后已经忘了他家的“藩邸旧恩”，还是只做了“一次性处理”就不再过问了？

不过，米芾从浛洸卸任后，到临桂赴任之前，有一个回京述职、再听从吏部调配的过程，这也使他在阔别家乡襄阳两年之后，有了难得的一次与家人团聚的机会。米芾很珍惜这个机会，他要对两位母亲尽一份儿子的孝心，要对妻子尽一份丈夫的责任，便足不出户地在家待了两个月之后，才又只身前往临桂赴任。

临桂自三国以来一直是郡、州、路、府的治所，素有“桂都首邑”之称。桂林山水甲天下，景色如画，是个搞艺术的好地方。可是，这里因为天远地偏，却也是战乱的酝酿地。

就在米芾任职临桂的前二十二年，广南西路刚刚经历过一场战争。一个名叫侬智高的少数民族头领，一个割据地方的军阀，趁着宋朝把全部的注意力都集中在北方前线的空当，率兵起事，侵州吞县，伪立了一个“南天国”，甚至企图“长驱以取荆湖、江南”，与宋朝瓜分南北，平起平坐。一时形势危急。

朝廷待西北战事稍缓，即从西北战场抽调精锐的骑兵，派出久经沙场的名将狄青率兵前去剿灭。狄青果然不负厚望，经过一场生死决战，终于打败了侬智高。狄青因此而升任枢密使，相当于国防部长。

桂林是当时的广南西路安抚使所在地，广西的政治中心兼军事中心，虽然这座城市没有遭到侬智高的攻陷，但也在这场战争中伤痕累累，元气大伤了。经过了二十多年的休养生息，到米芾来任县尉时，侬智高的余党还没有完全被剿灭，盘踞在深山大峒间的残兵余孽还时常出来骚扰作乱。在这山高皇帝远的地方，难免还有干些打家劫舍、剪径断路勾当的土匪出没。米芾虽是文人，但他作为“公安局长”，必须要尽剿匪缉盗、维护治安的责任，有时还要弹压民族矛盾和因施行新法而引起的民暴。

在中国历史上，作为一任区区县尉，米芾的政绩几乎可以忽略不提。然而在中国文化史上，米芾却是不可或缺的重要一页。

桂林的奇山秀水要比浛洸多得多，早在唐朝，韩愈就作了“江作青罗带，山如碧玉簪”的盛赞，但是，如果不是身临其境，置身其间，是不能真正领略其形胜的。那因风雨阴晴而带来的氤氲变化，无论谁来看了，都会惊叹这幅梦里家山的。已经小有名气的青年书法家、文人米芾是绝对不会放过这个天赐良机的。

公务之余，米芾那在襄阳形成的爱山爱水的性情又一次得到了淋漓尽致的发挥。他忘却了远离京师的烦恼，忘却了远离家乡的愁苦，陶醉于那变幻莫测的烟云，那浓淡相间的峰林，获得了比在家乡襄阳更多的身心愉悦和水墨山水启发。

一则宋人笔记中透露：说有人曾在杭州见到过一幅米芾画的《阳朔山图》，题款是："余少收画图，见奇巧皆不录，以为不应如是。及长，官于桂，见阳朔山，始知有笔力不能到者。向所不录，翻恨不巧矣。谁坐怀所历，作于阳朔万云亭"。由此说明，米芾确实画过桂林的山水。

米芾所作的画早已无存，但他有三通精彩而重要的题刻留在了桂林的伏波山和龙隐岩上。

伏波山位于漓江之滨，山下的还珠洞是个半敞式的岩洞，岩石上存有历代文人骚客的墨迹无数。米芾的遗迹最为弥足珍贵：

潘景纯、米黻，熙宁七年五月晦同游。

潘景纯是当时的临桂县令，他的官阶要比米芾大一级，因此题名要在米芾之前，但字却是米芾写的。

由此可见，米芾与县令相处得还是不错的。后来，米芾到了长沙任职，遇到潘景纯，还赠了他诗一首：

五年相遇一行频，笑佩笭箵望塞云。
曼倩未应徒为米，仲宣何事乐从军。
开尊共喜身强健，秣马还惊岁杪分。
此别固应尤作恶，天涯老去与谁群。

此诗用典，写得有点晦涩。笭箵，鱼篓。曼倩，汉朝东方朔的字，他曾上疏给武帝劝农桑。仲宣，三国时襄阳才子王粲的字，前面有介绍过，他曾在曹操手下任主簿。全诗回忆了同在桂林游于水滨的情景，充盈着怀旧的感情。这也说明，米芾是一个重情重义的人。

就在米芾的这一通留名题刻的旁边，还刻有一幅米芾的自画像。画像的上部刻有宋高宗赵构的题赞：

> 襄阳米芾，得名能书。六朝翰墨，渔猎无余。骨与气劲，妙逐神俱。风姿奕然，纵览起予。绍兴御书。

画像的右侧，则刻有米芾长子米友仁的跋语：

> 先南宫戏作此小像，真迹今归于御府。

画像的下方，是方信儒的《宝晋米公画像记》。就是这样一通画像碑，竟然集中了四位宋代大家的墨迹，实为难得。

一幅米书题刻和一幅米芾自画像，并排刻在还珠洞崖壁上，而这两幅作品前后却相差了一百四十一年。字是熙宁七年（1074 年）题的，而画则是南宋嘉定八年（1215 年）才刻上去的。

据米友仁说，米芾的自画像世传共有三幅，这一幅应该是第一幅，而且是作为米芾的标准像，被米氏后人移摹到了襄阳的米公祠内，作为祖宗真容而供奉。

龙隐岩和伏波山一样，也是桂林的一处名胜，也是以密密麻麻的崖壁碑刻而著名，但数量更多。米芾留下的那通碑，由米芾自书诗一首和李彦弼书程节的和诗两部分组成。说起碑的内容，二十多年后发生的一段故事，再次印证了米芾是一个不忘初心有情有义有胸怀的文人。

建中靖国元年（1101 年），已年过五十的米芾正在真州（今属江苏扬州）的任上。他的诗友和书友李彦弼因为元祐党人的事受到牵连，即将被贬到桂林去担任教授推官，路过真州时来向米芾辞行。想到即将要走的漫漫长路，李彦弼的心中不免有无限的惆怅和恐惧。米芾知道后，就把自己年轻时在桂林的所见所闻介绍给他，并说自己有一个知交叫程节，正在桂林任广南经略使，是当时广西的最高行政长官。米芾当即写了一首诗，让李彦弼带给程节，托程节关照他。

诗共十二行，写得有点难解，有几个生僻字，用现在的五笔等几种输入法都打不出来。这也是米芾一贯的风格！他所作的诗文差不多半数如此。但这也说明，他读的书足够多，学识足够渊博。否则，别说准确运用那些生字了，认不认识也说不定。这首诗的大意是：桂林是个令人神往的地方，桂林长官是个磊落有气度有长者风范的人物，我的朋友李彦弼能有机缘到那里去，实在是一件美事。人的一生就是在不断地攀登望不到顶的险峰，尤其是在失意时一定不要悲观失望发牢骚，只有保持良好的心境，才能像乘着轻便的马车一样，登上风光无限的顶峰。

李彦弼正愁前路无知己，得了这首无异于介绍信的诗，高高兴兴地去了。岂知那位程节，因为被派到这个蛮荒瘴疠之地，正是满腹的牢骚和忧愤不平，见到远在江淮之间的已经名满天下的米芾写诗前来问候致意，而且说到了自己的心坎儿上，不觉感到十分荣幸，当下“三四读不能休”，连连点赞“词翰俱美”，并和诗一首答谢：

万里湘南泮水遥，清风来拂瘴烟消。

袖中突兀龙蛇出，聊慰天涯久寂寥。

第二年，李彦弼书写了程节的和诗，附在米诗之后，送交龙隐寺刻在了龙隐洞口。

龙隐洞内米芾书碑的发现，使桂林一地就拥有了三幅米芾的异代不同时的题刻，这可以说是米芾诗书画代表作的集中展示，是桂林的荣耀，更是中国文化史上的幸事。

米芾任职临桂期间，还有两件重要的事情。一件事情是米芾开始了他一生中重要的著作《画史》的著述。一个二十四岁的年轻人就敢写史，而且还是记录绘画见闻和考证辨析的专业理论书，书成之后还被业界奉为经典，对后世产生了极其深远的影响，这充分说明了一个事实：当时的米芾已经有了丰富的见识和足够多的积累，绘画鉴赏水平已经达到了俯视古今的高度。

另一件重要的事情，就是他的大儿子的出生。熙宁七年（1074 年）是农历甲寅年，虎年，米芾到临桂任职才大半年，就从老家襄阳传来喜讯：许氏为他生了一个大胖小子！小名叫虎儿、寅哥，又叫鳌儿。据蔡肇为米芾写的墓志铭中说，他一生有五子八女，可以说是儿女绕膝了，而长子就是虎儿，大名初叫尹仁，后改为友仁，也是大名鼎鼎的书画家，米氏书法和米氏云山的传人，人称“小米”。关于米友仁的成长将会在后面再作介绍。

虎儿的出生，让米芾高兴得手舞足蹈，但由此引发了他更加浓烈的思乡之情。如果说当初远放岭南时他有一种热血报国的冲动的话，但有了儿子之后就不一样了，老婆孩子不在身边，都需要他的关怀和养活，也需要他的亲热。他好想回到襄阳工作，哪怕是到离襄阳近一点的地方还做县尉也好啊！

米芾想做到公私兼顾，这也是人之常情，但朝廷会满足他的要求吗？

八方交游

一

宋代的人事制度是不允许官员在自己的家乡任职的，这是为了防止偏袒乡里而实行的籍贯回避。米芾想回襄阳做官，只能是空想了。

但是，制度是死的，人是活的。不能回襄阳，调到离家近一点的地方还是有可能的，当然，得找到政策依据，也要有理由和借口。

米芾还真找到了政策依据！宋朝规定，远任的官员可以迁移到靠近家乡的地方任职，以体现人道主义的关怀。这个政策叫作“便养”。而申请“便养”的条件，米芾已经具备：米芾在岭南任职已近四年，两位母亲在襄阳与他的夫人儿子住在一起，孝敬长辈就是最好的理由。于是，米芾递交申请不久就得到批准，调他任长沙掾一职，相当于州长的副手，负责户籍、赋税和刑断之类的事。此后，他又担任荆湖南路安抚使谢景温的幕僚。米芾从此不再当公安局局长，而是开始做一个文职人员了。

谢景温是一个颇有争议的人物，在《宋史》中“差评”累累。他的妹妹嫁给了王安石的弟弟，和王安石是姻亲，为迎合王安石做过许多不光彩的事。他一生中在政治上起伏不定，但他博学多才，与米芾有共同的爱好，收藏有颜真卿的《送辛子序》帖和张旭的《全本千字文》帖等多家名帖法书。米芾在长沙时，常去借来欣赏和临摹。米芾想要的，是学习利用前人的文化艺术成果，至于成果占有者是什么政治立场，他才懒得管呢！

熙宁八年（1075年）秋，二十五岁的米芾来到长沙任职。

长沙当时是潭州的府治所在地，被列为第三等的望县，与浛洸和临桂相比，各方面条件都大为改善。毕竟，长沙与襄阳只有一江之隔，两地相距不到一千里，且同属荆湖南路管辖，路也好走多了，可以算是“便养”了。

米芾在长沙虽然还是一个微官小吏，却并非贬官罪臣，他不同于被放逐的屈原，也不似怀才不遇的贾谊，他还没有那种对命运不公的抱怨和嗟叹。他迫切的愿望，就是与家人生活在一起。好在他现在已经不受不准带家属的约束和限制了，他的母亲和妻儿随时都可以到长沙与他团聚，而且可以长住。这对于他的长子虎儿来说实在是太重要了，因为从后来米友仁所写的追忆文章中可以看出，米芾是带着家眷在长沙生活了许久的，潇湘烟雨给尚在儿时的米友仁留下了极其深刻的印象。

米芾所到之处，除了工作，业余生活就是他喜爱的诗、书、画、石，而且要饱览山水之美。这次工作调动，让米芾游遍楚山湘水，并有了巨大的收获。如果说家乡襄阳给予了米芾乳汁滋养的话，那么，现在他得到的就是精粮主食了。

收获之一，是他在从桂林北上赴任的途中，经过祁阳县（属荆湖南路永州零陵郡）时，见到了在中国书法史上赫赫有名的颜真卿的代表作《大唐中兴颂》碑。碑文是唐代文学家元结所撰，是对于安史之乱之后的思考和总结，经颜真卿书写成帖后，由名匠镌刻于摩崖之上，被后人誉为文、字、石“三绝碑”。米芾仰慕元结之文，更仰慕颜鲁公之书，他徘徊于摩崖之下，摩挲临写多遍，嗟叹良久，在碑旁留下了“米芾南官五年，求便养，得长沙掾。熙宁八年十月望，经浯溪”的题书，又题写了一首《过浯溪题壁》的五绝诗之后才恋恋不舍地离去。

收获之二，是他购得了一套《画潇湘八景图》的画，且都是出自前辈名家李成之手。李成是五代宋初的山水画家，字咸熙，师承荆浩、关仝，后来以造化为师，自成一家，风格氤氲灵动、淡雅俊逸，特别善于表现南方烟雨迷蒙的景物，在宋时与关仝和范宽并称为“宋三家”，被后世誉为“百代标程”。这套《画潇湘八景图》是他游历到湖南后留下的。米芾得到后，喜不自胜，不仅为每一幅画都作了一首诗、一篇序，而且还写了一篇总序，以记其事：

潇湘八景图诗总序米黻

潇水出道州，湘水出全州，至永州而合流焉。自湖而南，皆二水所经，至湘阴始与沅之水会，又至洞庭与巴江之水合，故湖之南皆可以潇湘名水。若湖之北，则汉沔荡荡，不得谓之潇湘。潇湘之景可得闻乎？洞庭南来，浩淼沉碧，叠嶂层岩，绵衍千里。际以天宇之虚碧，杂以烟霞之吞吐。风帆沙鸟出没往来，水竹云林映带左右。朝昏之气不同，四时之候不一。此则潇湘之大观也。若夫八景之极致，则具列于左，各系以序。

潇湘夜雨序

苦竹丛翳，鹧鸪哀鸣。江云黯黯，江水冥冥。翻河倒海，若注若倾。舞泣珠之渊客，悲鼓瑟之湘灵。

大王长啸起雄风，又逐行云入梦中。
想像瑶台环佩湿，令人断肠楚江东。

山市晴岚序

依山为郭，列肆为居。鱼虾之会，菱芡之都。来者于于，往者徐徐。林端缥缈，峦表萦纡。翠含山色，红射朝晖。舒不盈乎一掬，散则满乎太虚。

乱峰空翠晴还湿，山市岚昏近觉遥。
正值微寒堪索醉，酒旗从此不须招。

归浦远帆序

晴岚漾波，落霞照水。有叶其舟，捷如飞羽。幸济洪涛，将以宁处。家人候门，观笑容与。

汉江游女石榴裙，一道菱歌两岸闻。
估客归帆休怅望，闺中红粉正思君。

烟寺晚钟序

暝入松门，阴生莲宇。杖锡之僧，将归林莽。蒲宇一声，猿惊鹤举。幽谷云藏，东山月吐。

绝顶高僧未易逢，禅床长被白云封。
残钟已罢寥天远，杖锡时过紫盖峰。

渔村夕照序

翼翼其庐，濒崖以居。泛泛其艇，依荷与蒲。有鱼可鲙，有酒可需。收纶卷网，其乐何如？西山之晖，在我桑榆。

晒网柴门返照新，桃花流水认前津。
买鱼酤酒湘江去，远吊怀沙作赋人。

洞庭秋月序

群山南来，浩浩沧溟。飘风之不起，层浪之不生。夜气既清，清露斯零。素娥浴水，光荡金精。倒霓裳之清影，来广乐之天声。纤云不起，上下虚明。

李白曾移月下仙，烟波秋醉洞庭船。
我来更欲骑黄鹤，直向高楼一醉眠。

平沙落雁序

霜清木落，芦苇苍苍。群鸟肃肃，有列其行。或饮或啄，或鸣或翔。匪上林之不美，惧矰缴之是将。云飞水宿，聊以随阳。

阵断衡阳惜此回，沙明水碧岸莓苔。
相呼正喜无矰缴，又被孤城画角催。

江天暮雪序

岁晏江空，风严水结。冯夷翦冰，乱飘洒雪。浩歌者谁，一篷载月。独钓寒潭，于焉清绝。

蓑笠无踪失钓船，彤云黯淡混江天。
湘妃独对君山老，镜里修眉已皓然。

余购得李营丘《画潇湘八景图》，拜石余闲，逐景撰述。主人以当卧游对客，即如携眺。

（元丰三年夏四月　襄阳米黻书）

米芾所写的，当是李成画中之景物，但他所作的诗，却是自己在湘中之所见，语言清新，意境深远，借画和景物抒发了自己的胸臆，体现出米芾的追求和豪情。遗憾的是，这些画和米芾的题书都不知所终，只有米芾的诗和序的文字收录在《长沙府志》里。不过，你还能从这些文字中体味出米芾当时的心境大好，如果是文人画家，甚至能够凭想象大致复原出李成的画来。事实上，这些标题早已成为中国画中传统的题材。

在米芾的诗集中，还可以找到一首《题李成画》的诗：

画号为真理或然，悠悠觉梦本同筌。
殷勤封向青山去，要识江东李谪仙。

米芾以画家的视角与口吻，在这里表达的意思是，自己与李成是做着同一个山水之梦，要把自己的才情掷向青山。米芾日后以墨色为主来表现南方烟云变幻的草山，是深受李成的影响的。

收获之三，是他有机会看到了一幅绝世佳作——唐代画家阎立本的《步辇图》。这是一幅精彩绝伦的人物画，表现了唐太宗在接受吐蕃使者禄东赞代表国王松赞干布前来朝谒时的情景，被视为中国人物画的巅峰作之一，非一般人能够得见。米芾不仅亲眼见到了，而且还在画末题写了一段跋：

襄阳米黻，元丰三年八月廿八日，长沙静胜斋观。

这件事反映了米芾与《步辇图》特别的缘分。因为，像这类极品佳作，收藏者非富即贵，而且是轻易不肯示于人的。但他不仅向微官小吏米芾出示了，还让他题上了自己的款。题跋中的静胜斋，可能是画主人的斋号，莫非画主人与米芾一见如故，竟让他进入了自己的书房？这一点虽然不得而知，但米芾在《步辇图》上的题字应当是他一生中最早存世的墨迹书法。

收获之四，是他在岳麓山上的岳麓寺和道林寺中先后读到了李邕的《麓山寺碑》和沈传师、欧阳询的书法碑。前者是李邕的巅峰之作，被誉为千古名碑，名气不亚于颜真卿的那通《大唐中兴颂》碑。虽然前文说过，米芾因遭人讥讽弃李邕而师法沈传师了，但在他的心中，对李邕多有景仰之情而无贬低之意。后者分别是沈传师的《游道林岳麓寺诗》书法和欧阳询、欧阳通父子的"二欧碑"，是藏在道林寺中的珍品。米芾对这些名碑百读不厌，乐此不疲，曾留下了"手摩一丈石，读尽上元记"的诗句。

前面提到过，道林寺中沈传师的《游道林岳麓寺诗》(亦称《道林寺诗》)与米芾发生了一段令人啼笑皆非的公案。确切地说，这是一桩米芾至今难以洗白的冤案。

《道林寺诗》是一首长近两百字的七言古诗，原来并不是刻在石头上的一通碑，而是写在杉木牌上的墨笔书法，墨已经浸入了木板里面，因此虽然年代久远，墨色却没有褪脱。当年书写时的起顿转折、用笔走势都还可以看得一清二楚，无异于纸上的法帖。因而被称为"寺内第一绝"。米芾见到这个书法牌极为喜爱，也极为崇敬，他便去向和尚借来，放在自己的书房里反复欣赏临摹，揣摩沈书的精到笔法。直到半年之后，在寺僧的多次讨要之下，米芾才不舍地将书法牌归还。随后他又嘱咐寺僧，把这块字牌上的字描摹下来，直接刻在石上，使它成为碑，得以永久保存。米芾在《书史》和《宝章待访录·目睹》中记载了此事：

> 唐礼部尚书沈传师书《道林寺诗》，在潭州道林寺四绝堂，以杉板略薄，布粉不盖纹，故岁久墨不脱。……余官潭，留书斋半岁临学，后为摹石，僧希白摹。

然而，也许正是由于米芾对所爱之物久借不还的缘故，引起了一些人的反感和猜忌，甚至有人散布流言，编造出米芾窃书的故事，以致讹传。对于此事，蔡京的第四子蔡绦竟不加甄别地记录了下来，使得米芾的“一面之词”反而很少有人知晓和相信了。

据蔡绦说，米芾因为太爱沈传师的这块字了，好在这块牌子不太重，便于携带，而此时他已接到了调离长沙的任命，于是就把这块牌子打进了自己的行李之内，想趁着离开的机会逃之夭夭。蔡绦在其《铁围山丛谈》中，把这件事说得有板有眼，活灵活现：

> 长沙之湘西，有道林、岳麓二寺，名刹也。唐沈传师有《道林诗》，大字犹掌，书牌藏于寺中，常以一小阁贮之。米元章为微官时，游宦过其下，舣舟湘江，就寺主僧借观。一夕，张帆携之遁去。僧亟讼于官，官为遣健步追取还，世以为口实也。

意思是米芾带走了寺里的墨宝，寺僧急忙去官府报了案，官府派出捕快才把木牌追回。

按照蔡绦的说法，这无异于一桩盗窃案，或者是诈骗案。米芾从此便留下了一个千古笑谈，一桩千年公案。后来，他对别人收藏的字画因为爱之弥切而想方设法弄到手的一些巧取豪夺的行为，常常被人讥笑和嘲讽。

不管是蔡绦对此案的记述，还是世人对其不太光彩行为的指责，米芾除了自己的点滴记载，并没有自证清白，也没有辩解过，似乎是默认了，他一生“走自己的路，让别人说去吧”。可是，稍作分析便可发现，此案极有可能是一桩冤案。

一位当地的行政长官，前公安局局长，竟然窃取寺庙里的一件宝物，这无论如何也说不过去。就算米芾动过据为己有的念头，但绝不至于那么明目张胆地随意妄为。如果米芾真的做了摆不上台面之事，按常理，他应该不愿再提及甚至是避之唯恐不及，怎么会记载入书，还留下了“证人”摹石寺僧的名字呢？这恰恰说明了他的光明磊落。

蔡绦说米芾当时已接到了调离长沙的任命，便把那块牌子打入自己的行李之内，逃之夭夭了。这很可能是主观臆断。因为按照规定程序，米芾先要赴京述职，然后等候吏部的下一个任命，是异地履新还是就地安排，都得等待朝廷下发正式的文书，米芾不大可能事先接到调离的任命。

据《岳麓书院志》记载，沈传师所书的是一首长长的七言古诗，加上标题一共是196个字，每个字有巴掌大小，木牌面积之大可想而知，若米芾果真想带走它，要将它打入行李之内也绝非易事，嗜书艺如命的米芾难道有什么既不损伤作品又能掩人耳目的包装运输之法吗？

从米芾的成长经历看，没有发现他有“前科”，一向是君子爱“书”取之有道，怎么可能在年届而立之时失去理智，犯下如此低级的错误呢？在蔡肇为米芾写的墓志铭中，说他“家故饶财，既仕，悉以分族人。后贫不以为悔”。试想，一个仗义疏财且不计得失之人，怎么会做出如此龌龊之事呢？难道他神经错乱了吗？另外，米芾后来在从涟水卸任后回润州途中，当遭遇风浪时敢以命相誓，说“二舟一物如来暗，愿向洪波深处沉”，也反证了他为人的清白和坦荡。

最后一点，此案发生时，蔡絛尚在幼年，与米芾也没有交集，因而他后来的记述不是来自江湖传闻就是捕风捉影，缺乏真凭实据，而且是“孤证”，不足为信。

综上所述，所谓盗窃、诈骗之说不能成立。事实上，米芾的一些“巧取豪夺”行为也是事出有因的，不应该为世人所诟病。

在长沙，米芾还作了一篇《天马赋》给高太后的侄子，算是对高家施恩于他的一个回报吧。高太后对亲属管教甚严，坚持不给他们大官做，因此，这个侄子只被封了个群牧都监，其实就是个“弼马温”。但他是个官二代的土豪，喜欢附庸风雅搞收藏。他收藏了一幅唐代画马高手韩干的马画，非常珍贵，特地请米芾作题，以进一步提高画的身价。米芾不负所托，写了一篇长达401个字的赋，盛赞这幅画上的马。而书法更加出色，被后人评为“有掣衔顿辔，不受羁络之气”。比喻书法灵动，不受拘束。

从熙宁八年（1075年）到元丰三年（1080年），米芾在长沙任职整整五年，这是他一生中最长的任期。这五年，他收获颇丰，对其艺术观的形成有着相当重要的影响，潇湘的烟雨山水，对他以后水墨云山的创意，留下了深刻的印象。

临离开长沙之前，米芾做了一件惊人的举动：他把自己三十岁之前所作的诗文书法，一把火烧掉了！这种行为，是“悔其少作”的自惭？还是成熟老练后的扬弃？只有他自己知道了。这便是他留下作品“空白期”的主要原因。

二

不知是朝廷根本就没有重视米芾这样的微官小吏，还是高太后无暇顾及对他的提拔任用，从元丰四年（1081 年）到七年（1084 年），在离任长沙后长达四年的时间里，正值年富力强意气风发豪情满怀的米芾似乎被晾在了一边。遭遇了冷板凳的他，也许对人生有了新的感悟和思索，所以干脆在这一时段实施了一场说走就走的旅行，极大地张扬了从小养成的游历交友的性情。他的行踪忽东忽西，时南时北，四处奔走，居无定所，即使是在做官，也是担任从事、镇监之类的小职员，时间极短。零星的资料已经无法完整清晰地再现米芾经年的足迹。

在交通不方便的古代，一个普通的小官，能够在较长的时间里东游西逛，南来北往，是不同寻常的。因为不是出差，既不能公费旅游，也没有专车接送，更没有免费的午餐。他只是私下的投师访友，抑或是陌生造访。

在米芾心里，自己虽然三十而立，也有了些名气，但理想抱负难以实现，离大儒艺术家还有相当大的差距，想要更上一层楼，还需要进一步开阔眼界，再多一些阅历和见识，再得到一些高人的点拨，经过一种蝉蜕式的点化，获得更深刻的颖悟，才能破茧化蝶而出。登高望远，不是为了被整个世界看到，而是为了看到整个世界。

退一步说，多一个朋友多一条路。反正朝廷现在对自己不管不问，不如游历去吧！他乐得悠闲自在，尽情地挥洒自己的兴趣爱好。

于是，米芾从湖南长沙出发，足迹遍及广东的惠州，江西的庐山，上海的青龙镇（今青浦区），浙江的绍兴、山阴，江苏的金陵（南京）、苏州、吴江（吴淞江）、盱眙和山阳（今淮安），浙江的杭州、江宁，湖北的黄州等许多地方，又见到了许多名帖名画，创作了许多诗词文章，书写了许多留名题刻，他的朋友圈迅速扩容，增加了净惠法师、守一法师、李公麟、刘庠、王安石、苏轼等许多名人。他行踪不定，却并非漫无目的。

在这一番纵贯数省的远途旅行中，米芾所留下的墨迹，有两件不得不重点说一下。一是在庐山观看了李邕的《东林寺碑》及碑末裴休的题刻之后，米芾在碑上的裴书后跟书了“十月十六日，楚国米黻”这九个字的留名题刻，表示自己来观赏过这通名碑，也表露了与裴书一比高下的意思。不过，“楚国米黻”四个字却表示，他以出生和生活的地方来标明身份，显然是刻意回避自己的出身，说明他深受家庭成分问题的困扰，不得已而为之。但此碑在金代毁于寺火，后来的碑是寺僧据拓本重刻的。二是经过苏州时，米芾在吴江留下了《吴江舟中诗》，这是他最早存世的行书大字帖，横向尺幅达五米六，有一百二十五个字：

吴江舟中诗

昨风起西北，万艘皆乘便。

今风转而东，我舟十五纤。

力乏更雇夫，百金尚嫌贱。

船工怒斗语，夫坐视而怨。
添棹亦复车，黄胶生口咽。
河泥若祐夫，粘泥更不转。
添金工不怒，意满怨亦散。
一曳如风车，叫啖如临战。
旁观莺窦湖，渺渺无涯岸。
一滴不可汲，况彼西江远。
万事须乘时，汝来一何晚！

（朱邦彦自秀寄纸　吴江舟中作　米元章）

此帖点画翻飞，写得跌宕恣肆，飘逸生动，有几个字几乎从上到下直贯纸边，且带有草意，比长沙诸帖更为潇洒，富于创新性和个性特点，很有价值。而内容如实反映了民间疾苦，也是米芾人文情怀的体现。跋中提及有人从秀州（今浙江嘉兴）寄纸来求书，说明他当时已经书名大振了。

在这一番长达四年的行程中，令米芾感到十分高兴的是，他拜见了两位慕名已久的重量级人物。据米芾自己说，他“元丰中，至金陵识王介甫，过黄州识苏子瞻”。王介甫，即王安石，苏子瞻，即苏轼苏东坡。但有人考证，说米芾先拜见的苏轼，后拜见的王安石，与米芾自己所说顺序不一致，姑且存疑。谁先谁后无关紧要，可以肯定的是，这两次重要的会见就发生在元丰五年至六年（1082—1083 年）之间。

王安石比米芾大三十一岁，苏轼比米芾大十五岁。两人早已名满天下，一介小吏米芾是怎样得以晋见的呢？

俗话说，车走车路，马走马路。米芾有自己的敲门砖，也有机遇。

今天上海市的青浦区，过去叫青龙镇，是个古县，米芾任过大约半年的镇监。他在这里接到刘庠的信，说自己出任江宁知府，请米芾去当从事。这个从事虽然只是个吏属副职，但对于无所事事的米芾来说聊胜于无，他便答应去了。

刘庠在北宋是个名臣，字希道，八岁时就能作诗，曾任将作监主簿、开封府尹等职。他对王安石施行的新法很有意见，不肯附会。刘庠是雍丘人，后来米芾到他的家乡去做了三年的县令。

没想到，当米芾风尘仆仆地赶到江宁时，刘庠却因为被他举荐的人接受贪贿而受到牵连，以“举人不察”而免职了。人去楼空，米芾便没了饭碗，成了投靠无主的落魄之人。

在宋代，举荐一个人和被人举荐，是相当重要的事，这是朝廷的用人政策之一。倘若被举荐的人是个可用之才，朝廷会说你荐人得当，被举荐者也会为此而获得美誉，如果这个人出了问题，你就得承担举荐不当的过失，会被连坐，甚至会因举人失察而失职。刘庠因为这项政策成了受罚者，米芾也没有因为这项政策而成为受益者。他晚年曾抱怨说：我已经被人十四五次推荐了，为什么还不被重用?

米芾不想空手而归，他想起了闲居在此的著名的思想家、政治家、文学家、改革家，前宰相王安石。他要去拜谒。

可是，米芾知王安石，王安石却不知米芾。尽管王安石平易近人，没有架子，但毕竟是一品重臣，堂堂的荆国公。虽说已经下野，可退休的宰相也比他这待岗的微吏级别高了去了。王安石是个宠辱不惊的人，他下野后，就在江宁风景幽美的钟山下筑半山堂，淡定隐居。

米芾求见王安石，并不是政治上的投靠攀附，因为这时王安石已经没有实权了。米芾是想以诗文和书法来谒拜，求王安石给予指点。他相信，他的文和字是能够打动这位退隐的宰相的心的，必能投其所好。

不过，米芾去见王安石，手里还是拿着一块敲门砖的，那就是谢景温写的推介信。

米芾究竟是用什么方法立刻就获得了王安石的欢心，不得而知，但他不仅被王安石请进了自己的“昭文斋”，还对他的诗文大加赞赏，并摘取米芾一首律诗的句子题写在一把扇子上送给了他。

米芾一看到王安石的书法，他那因见多识广而练就的精于鉴定的特别技能在此刻就发挥作用了。他问：“大人您的书法是否学的杨凝式？”

王安石听了这话，大吃一惊：“我的确一直是在临写杨凝式的书体，可别人都不知道，你怎么一眼就能看出来呢？”

米芾说：“大人的书风，有一股桀骜不驯之气，率性放纵，然而又不出法度，显然是从杨氏变化而出的。”

王安石频频点头，不禁对眼前这位年轻人刮目相看了。

米芾之所以能够知晓世人少知的杨凝式，缘于他家富有的收藏和他自己的博闻强记与钻研。杨凝式是晚唐人，是被人称为“杨疯子”的书法大家，只是他的存世作品极少。米芾曾多次见过杨书的帖，并且十分喜欢那种天真烂漫、奔放奇逸的风格，所以非常眼熟，一见到就能认出。

王安石虽然不是书家，但他学识渊博，精于书道，对书法的理解高于书法而又在情理之中。他选择了不同于世俗的杨书作为师法对象，是与他心存改造这个世界的“政治狂人”之心相通的，都是具有叛逆性格的表现，从某种意义上讲，他是个反旧世俗的疯子。

杨氏那种癫狂放纵的书体，正合不同凡俗、后来被称为“米颠”的米芾胃口。所以他向王安石提起杨凝式的书法时，王安石认为遇到了知己。三个疯子在精神上相会了，怎能不感到身心愉悦！于是，二人结成了忘年之交。从此以后，王安石在写给米芾的书简中都是用的这种风格的字体，还亲笔抄录自己的诗作寄给他，可见对米芾十分看重，青眼有加。

米芾在王安石处，还有一个意外的收获，那就是结识了蔡肇。

米芾拜会王安石时，还有一位年轻人跟随在王的身边，名叫蔡肇，他是以弟子的身份侍从在侧，跟王安石做学问的。蔡肇文武双全，少年得志中了进士，深得王安石的赏识，后来被宋徽宗发现而得到了重用。

经王安石介绍，蔡肇与米芾二人志趣相投，惺惺相惜，很快就结交成了好友，在以后的时间里交往达三十年之久，可谓生死之交。在米芾与蔡肇的书信往还中，就有有名的《寒光二帖》，帖后的“天启亲”三字，潇洒地一笔书成，毫不拖泥带水，被后世的董其昌赞叹不已。

蔡肇与王安石的关系好，也与苏轼有交往，曾在苏轼的门下从游。如果米芾是后拜谒的苏轼，也许蔡会极力推介。

米芾对于苏轼这位文学家兼书法大师，以前只是遥远地景仰，他还记得小时候在襄阳与这位心目中的偶像面对面接触和交流时的情景。现在，二十多年过去了，人家对他还有印象吗？还会给予他礼遇吗？不管怎样，米芾产生了要与大师再见面并讨教的想法。

苏轼虽然仕途时顺时衰，但他的才名不为所掩，相反，越遭贬谪而越涨越高。他每到一地，虽处于穷乡僻壤，但只要一有文章写出，顷刻就能遍及城乡，口口相传。米芾拜谒苏轼的想法，起初只是隐藏在心

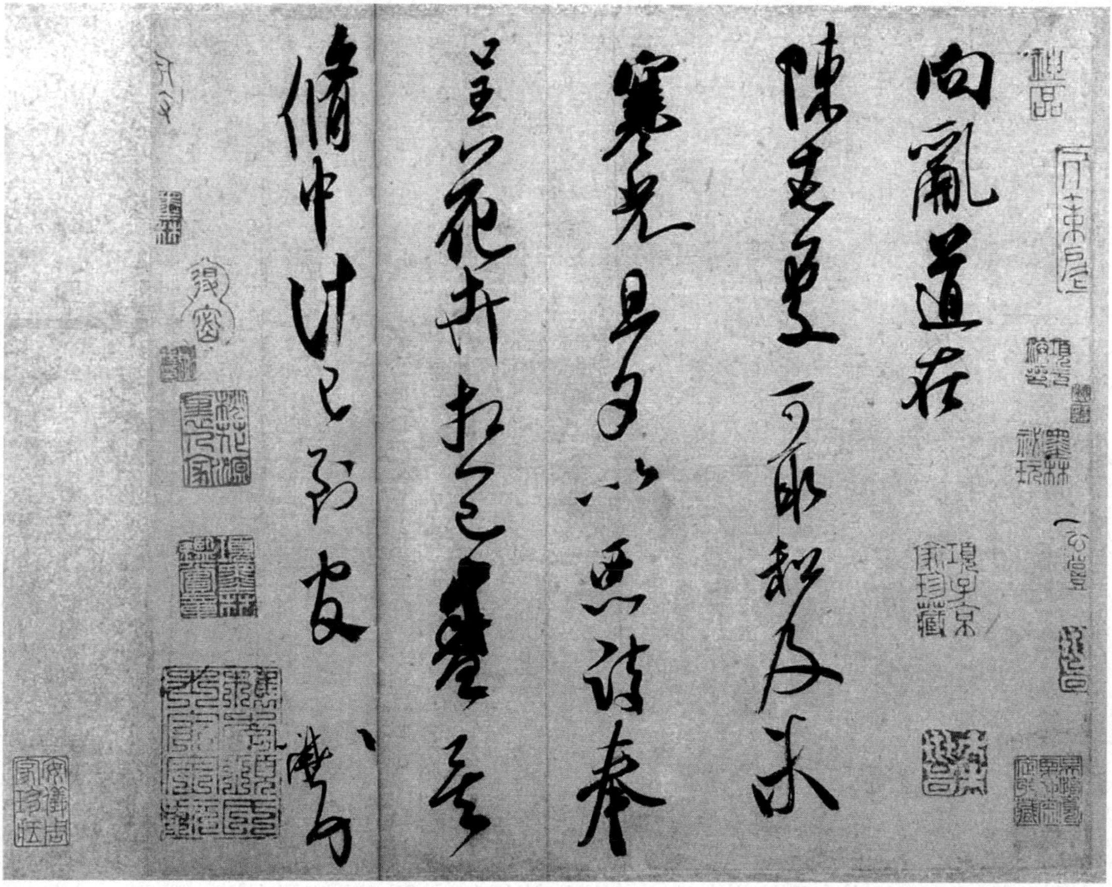

寒光帖

底，现在居然有机会实现了。

苏轼在中国人心目中的位置，就好比莎士比亚之于英国，歌德之于德国，普希金之于俄国。他那出众的人格，丰富的情趣，潇洒浪漫的行止，机智幽默的谈吐，更是与众不同的。他的诗、他的文章、他的书法，是从皇帝到平民甚至政敌们都在争相传诵的。然而，就是这样一位奇才、大学问家，竟被小人诬陷，受“乌台诗案”等不白之冤，累遭贬谪。

苏轼和王安石二人虽然政见不合，但在公余之暇，还是经常谈诗论文，互相应酬，他们之间是坦荡的君子之交，他们不把政治上的异见带入私人的交谊。有了这样的基础，米芾不管是在拜谒了新法领袖王安石之后再去拜谒旧党领袖苏轼，还是相反，似乎都应该没什么顾忌。不过，当时要到一个正处于下风的贬谪之臣的家里去，还是要鼓足一定的勇气的。米芾本是性情中人，不是一个看人家门前冷落就不下马的势利小人，他相信，苏轼一定会接纳他的诚意的。

苏轼当时被贬黄州（今湖北黄冈），靠耕种一块薄田维持全家人的生计，正处在自己仕途走到谷底的艰难时刻。他不仅干起了农活，而且皈依了佛教，成了一名居士。由于那块地是黄州城东的一块坡地，他就以“东坡居士”为号了。

当米芾辗转来到黄州拜见苏轼的时候，令苏轼吃了一惊。二人回忆起当年在襄阳相见时的情景，仿佛就在昨天，不禁感叹时移世易，世事变化无常。不过，苏轼一向豁达乐观，米芾的到来让他感到十分高兴。

苏轼是在自己的雪堂里会见米芾的，这是苏轼在东坡边盖的一处房子，盖的时候正是雪天，所以取名雪堂，其实只是竹篱茅舍，简陋得很。苏轼把它布置得简洁雅致，平时就在这里吟诗弄文，作画写字，当成了自己的书斋。苏轼就在雪堂里用自己劳动所出产的农作物招待了米芾。

米芾呈上了自己的诗文、书法和绘画，请苏轼指教。

苏轼为人坦荡，一向是直话直说、快人快语，从不怕得罪人。但他看了米芾的诗文却既不说好也不说不好。米芾的诗文才华令苏轼刮目相看是在二十年之后，他的《宝月观赋》让苏轼大为惊讶和赞赏，后文将会详细介绍。苏轼是大文豪，一般的诗文是不会入他的法眼的，他也不会轻易对一个年轻人的诗文作出高度评价，这是可以理解的。但话说回来，米芾的主要成就是在书法和绘画上，诗文要下一个档次，所以文学史上少有他的地位。

当时的米芾在书法上已小有成就，艺术上日益精进，与早年不可同日而语了。在他到黄州之前，苏轼对米芾的书名已经早有所闻。苏轼仔细看了米芾呈上的书法，先作了肯定和夸奖，然后便尖锐地指出了其中存在的症结："从你的书法上看，主要研习的是唐代书家，还不够古远。你要多多临习晋人的书法，才能有长进。"他进一步指出，晋人书法是从汉魏中传来，笔画间带有隶篆的古意。唐人重法度，少意趣。而学习晋人书法，要根据孔子"取乎其上，得乎其中；取乎其中，得乎其下；取乎其下，则无所得矣"的原则，师法最有成就的王羲之和王献之父子二人，他们的书法已经达到了精美圆熟的地步，承上启下，恣意多变，是后世书风的开启者，是我们学之不尽的。

有人可能会有疑问：历史已经演进到了宋代，如苏轼所言，舍"近"唐而求"远"晋，岂不是要"复古"吗？其实，"复古"并不意味着倒退，相反，当一个时代的文学艺术走过盛期，开始流于低迷颓废而不得不时移势易时，革新者总是“借古以开今”，取传统文化的基因，培之以时代精神，蜕变出新的艺术生命。

唐代书法，从欧阳询、虞世南到颜真卿、柳公权，经过几代书家的创造，楷书从技巧、法度到规范几乎尽善尽美。如何突破唐人法度的制约，始终是北宋书家面对的一道难题。无论是天资既高的蔡襄和自出新意的苏东坡，还是高视古人的黄庭坚和萧散奇险的米芾，都力图在表现自己的书法风貌的同时，凸显出一种标新立异的姿态，使学问之气郁郁芊芊发于笔墨之间，并给人以一种新的审美意境。他们在追求“信手”“潇洒”“个性”“自由”等的过程中，犹如游戏人生一样的“玩”文字意味，就像宋人的词一样，不仅是文字的意味如何表现，更有一种深情包含其中。他们身体力行，相互学习，相互影响，相互启发，带动和促进了北宋书法美学思想总体新趋向的形成：改变唐楷面貌，直接晋帖行书遗风，以“尚意”即重视书法艺术主体情感意绪的抒发和表现为特征。

“尚意”是相对于唐人书法“尚法”而言的，就是崇尚“意境”或“意趣”，不拘泥于唐人成法的意思。但“尚意”书法并不是随意地书写，真的像是游戏那样去“玩”，而是在学了唐代法度之后又抛弃并鄙视法度以后的另一种“遵法”。他们注重法度，更加注重书意。

米芾年轻时对古代大师的用笔、章法及气韵即有深刻的领悟，他的字处处能看到古人妙笔的影子，所以人谓其书“集古字”。东坡先生一语点醒梦中人，犹如催化剂一般使米芾茅塞顿开，恍然大悟，他那一直在憧憬中追求却又不甚明朗的目标顿时变得清晰起来。这是米芾黄州之行的最大收获。

自此之后，米芾对自己学习唐人书法进行了深刻反思，并发现了唐人书法的缺陷与不足，继而转学晋人书法“尚韵”的用笔精髓，追求自然率真、潇洒俊逸的审美境界，同时杂合众家，集古出新。在倡导和推进“尚意”思想与理论的进程中，米芾拒绝随声附和，他在接受和吸收苏轼“尚意”、黄庭坚“观韵”思想的基础上，别出机杼地提出要崇尚“得趣”。《书史》中有他对书法的看法和态度：“要之皆一戏，不当问拙工。意足我自足，放笔一戏空。”其“趣”带有“游”“玩”“戏”的特点，而其美学内涵不是别的，是对艺术主体最为内在、最为本真、最为自由的性灵情感与意绪的抒发。可以说，米芾之“趣”是比苏之“意”、黄之“韵”更富有主体内在精神与心灵自由和表现力、抒情性的艺术美学范畴。正因为米芾实现了超越，最终形成了自己的面貌和风格，所以成为尚意书法的代表性人物，影响深远。

米芾晚年在《海岳名言》中回忆道：

> 壮岁未能立家，人谓吾书为集古字，盖取诸长处，总而成之。既老始自成家，人见之，不知以何为祖也。

书法是个易入门而难精的艺术，它绝不仅仅是写字临帖，进入最高段位时，比拼的是综合实力和修养。米芾不仅上追魏晋乃至汉隶篆籀，更立足于广博深厚的书史、书学知识，由“集古字”到“不知以何为祖”的艺术创造道路，充分显示了他高度自觉的艺术创新精神，这就是米芾书法与苏轼、黄庭坚、蔡襄并称“宋四家”，最终影响超过另外三家的根本原因。

苏轼后来对米芾书法的评价是：

> 风樯阵马，沉着痛快，当与钟、王并行，非但不愧而已。

意思是米芾的书风好比乘风的帆船，临阵的战马，行进迅速，气势雄伟，书体坚劲而流利，遒劲而酣畅。苏轼的这个评价被后人肯定为对米芾书法的千古定评。

翁方纲则说：

> 米元章元丰中谒东坡于黄冈，承其余论，始专学晋人，其书大进。

有道是，书如其人。米芾极大地张扬了个性自由，他的书风流畅潇洒，纵肆狂放，超越于规范之外，字里行间映现着那种不愿受礼法约束的天性。不过，苏轼对米书“风樯阵马”的评价，当是在其中年之时。五十岁后，米芾的大字纵肆豪放，重起轻收，或轻入重顿，笔画如刀劈剑刺。一字之中的笔画粗细相差极为悬殊，粗者满锋铺毫，细处有如针划，有时主要笔画竟然成为飞白。这就是米芾在朝见徽宗时自谓的“臣书刷字”，一种开张劲健又灵动生活的精神跃然纸上。后来宋高宗以“神骏”比喻米芾晚年的书风，似乎比“风樯阵马”更加贴切。

苏轼的雪堂内，墙壁上画满了壁画，多是雪景，一派瘦水寒山、琼楼玉宇，那利用空白来表现出雪意的画法令米芾赏心悦目。据米芾记载，苏轼收藏的名画很多，他一高兴，就把最为宝贵的唐代画家吴道子的大作搬了出来，和米芾一起赏析评论。吴道子是名重千古的高手，苏轼和米芾在连声赞叹其画作严谨工整、丝丝入扣的同时，还谈到了另外一个问题，那就是如何与吴道子的画拉开距离？他们认为，吴的画虽然逼真，但缺少笔墨情趣，形有余而意不足，是典型的画家画。联想起时下的山水画，他们觉得，画家的集中点都在表现山水的形貌上，都只是用勾线填色的方法来完成的，是纯客观的写照，不能够表达自己胸中的感情，显得俗气。二人还特别推崇“诗佛”王维：“味摩诘（王维的字）之诗，诗中有画；观摩诘之画，画中有诗”（苏轼赞王维语）。所以，苏轼和米芾都想在画法上有所突破，创造出一种以意趣和笔墨为主的画来。这与书法的“尚意”思想如出一辙。

酒酣耳热之际，苏轼兴致高涨，当即铺纸提笔，为米芾表演了画竹木枯石的技法。一边画，一边和米芾讨论如何用笔墨来表现事物的意象。他们越说越投机，反复切磋只取其神逸而忽略其形状的运笔着墨技巧，以至于忘记了日月轮转。

他们没有意识到的是，二人形成的共识以及他们后来的倾力实践，改变了作画和看画的标准，创造出超越当代，迥异于古今的全新画风，出现了一个以写意为本质特征的崭新画种——文人画，或称士人画，“信笔作之，山石不取细，意似便已”，彻底颠覆了中国画的形式，与崇尚工巧富丽、追求真情实境的“院体画”或“画工画”形成了极端的反差。这两位“始作俑者”成了开宗立派的领导者，引领了艺术欣赏趣味和品评风气，影响了中国画坛近千年，而且还将继续发挥影响。

或许，在这次会面之前，二人早就有相同的想法萦绕于脑际，但仅仅是想法而已，也就是说，这次会面催生了一个绘画流派，如同一个全新的生命破壳而出，这是黄州“双雄会”非同寻常的重要意义，虽然这一创新在很长时间内并不为人们所理解和接受。

北宋初期，全国流行“水墨清劲”的山水画，以李成、关仝、范宽等为时代风尚代表的典型画家，技术上已臻极致，他们以神形兼备、细节描写准确的严谨画风，将中国写实主义绘画艺术推向了巅峰，这就是所谓的“院体画”。而文人画的肇始，以“尚意”贯通于书、画，以气韵、意境、笔法意趣为终极追求，摆脱了形似的羁绊，使绘画超越了技术性，深化了思想内涵，提升到了哲学、文学的精神层面，铸就了“幽情远思”的文人画美学灵魂，从而使中国绘画发展史由此开始产生了重要转折，改变了中国画史的发展方向，形成了写实与写意并行不悖的格局。

米芾与苏轼的见解如出一辙，不约而同，二人相谈甚欢，不亦乐乎。逗留日久，米芾拜别，犹自依依不舍。和金陵的拜见不同的是，米芾终生只见过王安石一次，日后只有通信。而黄州的拜见以后，米苏二人又在不同的地方和场合见面，最终成了志同道合的生死之交、穿越时间的忘年之交。

如果论资排辈，米芾对王安石和苏轼两位年长学者都应该称为师，执弟子之礼。但自从他们认识以来，米芾是从心底崇敬这两位已经名满天下的大才子，却一直只是把二人当前辈看待。然而王和苏也没有小看他，更没有怪罪于他。

三

在米芾拜谒王安石和苏轼的前夕，元丰五年（1082 年）的五月，有一件事必须得提一下，那就是神宗的第十一个儿子出生了。这个看起来与米芾毫不相干的人，和米芾晚年的命运紧紧地联系在了一起。他就是后来的宋徽宗赵佶。

元丰六年（1083 年）春，在拜访了王安石和苏轼之后，朝廷任命三十三岁的米芾到杭州去任观察推官，这个差事与他曾经担任过的长沙掾一职相当，只是观察使的幕僚，一个办公室主任之类的吏而已。官职没有升迁，但任职的地方却是风景秀丽的杭州。能到这个山水清丽之地，继续他公务之余的交游之旅，米芾倒也乐意。

从杭州交游开始，米芾启用了一个新号：鹿门居士。

这时的米芾，名气与日俱增，他是书法家、画家，也是个诗人，其作品受到了两位顶级大师的首肯。如果当时有中国书法家协会和中国美术家协会，米芾当是会员中的 super star。但不知是不是受到了王安石和苏轼的影响，他想做一名居士。

要做居士，随时都可以。佛教自东汉时从印度传入中原，数百年间有了很大的发展，它做了一些调整和改良，增加了帝王即是佛、事君即事佛等内容，宣称众生平等，人皆有佛性。唐代兴起的禅宗主张只要心中有佛就可以，不必出家，不必持戒，官照做，妻照娶，子照生，甚至可以吃荤，也算是信徒。这就使得佛教和中国的本土文化相融合了。北宋时，佛教已经采取了非常宽容的态度，欢迎一切有识之士加入。在家未剃度的男女信徒，那就是居士。做居士在宋代文坛非常流行，几乎所有的大文人都是著名的居士。如欧阳修号六一居士，王安石号半山居士，苏轼号东坡居士，这非但没有妨碍他们的仕途和艺术之路，却为他们增添了一块可以使自己灵魂得到升华的净土，一个可以宣泄自己情感的场所。而佛教也因为吸纳了这些儒雅风流的才子们，更具有信誉度和吸引力。因此，在宋朝，做一名居士，是一件很风雅的事，也是一件很普遍的事。

米芾早就是佛教信徒。青少年时期，他就去过襄阳一些寺院，受到过佛教的影响。襄阳著名的鹿门寺，是唐代田园诗人孟浩然隐居的地方，也是米芾常去的地方。在广州时，他曾在光孝寺为佛号题名。以后的多处题名中都可见到他与僧人同住的记录。他定居润州后就住在甘露寺内的净名斋。这一系列的行为，说明他心中有佛。现在，他便以自己早年多次游历过的鹿门寺为号，取名为“鹿门居士”。

北宋中期的杭州，还远没有达到南宋时期的杭州那般繁荣。杭州的繁荣，先是归功于苏轼的治理，后是由于南渡的朝廷。苏轼曾两次任职杭州，而米芾这次赴任的时间，是在苏轼的两次任职之间。那时的杭州，还没有被称为“天堂”。称为“天堂”最早的文字记录在南宋前期范成大的《吴郡志》上，“谚曰：‘天上天堂，地下苏杭。’”其中“苏”指苏州。

不过，杭州的山水是吸引人的，而米芾有的是时间去寻幽访胜、优游闲逛，同时着意去拜访朋友和寻找一些古代书法名帖。果然，功夫不负有心人，他结识了苏舜钦的儿子，从他那里获得了心仪已久的《中秋帖》。这幅只有二十二字的书帖是晋代大家王献之最著名的作品，被誉为传世之宝、绝世精品，米芾兴奋地朝夕玩味，心摹手追。今传《中秋帖》墨迹据说是他的临本，形神精妙至极。米芾又在别处见到了唐代怀素的《自序》帖，但没有买下。又在沈文通的儿子处购得了一直追寻着的张旭的《秋深帖》。两件秋帖的获得，是米芾最为适意舒心的快事，他此后一直珍藏在身边，连睡觉都要放在枕边，怕有闪失。后来，这两件墨迹皆被视为宝晋斋的“铭心绝品”。

位于杭州南边群山之中的龙井，是许多著名的寺庙所在地，有一些高僧住持，其实就是穿着袈裟的文人。米芾经常去偷得浮生半日闲。一次偶然的机会，他为一位高僧书写了一通著名的《杭州龙井方圆庵记》书帖。

元丰六年四月九日，杭州南山的僧官守一法师到龙井寿圣院方圆庵去拜会辩才和尚，二人讲经说法，谈古论今，十分投机。归来后，守一为此专门写了《龙井山方圆庵记》，以示纪念。文中盛赞辩才法师：

> 天竺辩才法师以智者教传四十年，学者如归，四方风靡，于是晦者明，窒者通，大小之机，无不遂者。不居其功，不宿于名，乃辞其交游，去其弟子，而求于寂寞之滨，得龙井之居以隐焉。南山守一往见之，过龙泓，登凤篁岭，引自周览，以索其居。岌然群峰密围，潨然而不蔽翳，四顾若失，莫知是其向。逡巡下危磴，行深林，得之于烟云仿佛之间，遂造而揖之。

米芾读了，十分喜欢，便不辞辛劳，把全篇共 777 字的记书抄写成帖。守一法师喜出望外，请人将此帖刻成碑，置放在龙井。

米芾这次的书法风格，与以前的作品相比有了相当大的改变，带有晋书的痕迹很重，显然是他从黄州拜访苏轼回来后，接受了学书要上追晋人的观点，特别是从二王的书法中寻找真谛。这是他专心临摹《圣教序》并从中上溯到王羲之的结果，是米芾“集古字”时期的一个代表作，而其欹侧多姿、动感十足的个性风格已十分鲜明。

就是在这一通帖上，米芾第一次署名“鹿门居士”。但此后，米芾的这个号只是偶尔用之，也许他认为，在非佛教场所不大适合用这个号吧。

在杭州，米芾的足迹并不限于本城，他还有浙东之行。

绍兴是王羲之的旧居之地，兰亭就在那里，米芾早就有东去“朝圣”的想法。况且，民间必有私藏的王帖，所以他是非去不可的。遗憾的是，他打听到了二王的几本真迹所在之处，也专程上门去商谈或借或买，但收藏者就是不肯出手。米芾只能近距离看上几眼之后怏怏而归。

米芾在杭州的工作是轻松的，生活是充实的，收获也是蛮大的。如果不是接连发生了几件事，他也许能够在美丽的西湖边等到任期结束，得到应有的升迁。

第一件事，是在元丰七年（1084 年）时，米芾的三儿子友知出生了。长子友仁，三子友知，他们两个都是米芾艺术事业的接班人。

第二件事，是在元丰八年（1085 年）时，神宗皇帝驾崩了。

神宗一驾崩，继位的儿子哲宗还不足十岁，属于未成年，这垂帘听政的大权就顺理成章地落在了哲宗的祖母高太皇太后身上。

高太皇太后一朝权在手，便把令来行，她做的第一件事就是召回反对变法被贬的旧党领袖司马光，让他来担任宰辅副相。司马光果然不负所望，一上台就奏请废除新法，曾被新党贬谪的苏轼等旧党成员立刻命运逆转，纷纷被官复原职或另行任用。

高太皇太后是米老太太的旧主人，既然已经大权在握了，应该可以为米芾的升迁帮一点忙了。米芾的心里不禁有了一丝窃喜，一丝期待。

然而没想到，在毫无征兆的状态下发生的第三件事给了米芾当头一棒：他的生母，米老太太阎氏去世了！

这对米芾的打击实在是太大了。他只得先办完老太太的丧事再说。

按封建社会的礼制，父母去世，自己必须辞去一切官职，在家居丧守孝二十七个月，即所谓守孝三年，叫作丁忧。丁忧期间，不能做官，不能应考，不能嫁娶，也不能赴宴，不能穿吉服，甚至不能换掉旧的门符。古代把父母去世后必须丁忧这件事看得非常重要，不管你是当了多大多重要的官，都必须去职，如果不告丁忧，将会被万夫所指，甚至会获罪受罚。宋代丁忧制度作为古代丁忧制度发展一个起承转合的历史转折点，其变化及其对官员仕途乃至政局的影响具有深远的意义。米芾的母亲是死在他的任上，他必须扶柩回乡安葬，丧事的一应事务都得由他来打理，他的几个孩子都还年幼，没有人来帮他。

据乾隆《镇江府志》：米芾父光辅，左武卫将军赠中散大夫，母赠丹阳县太君阎氏皆葬丹徒黄鹤山。这与米友仁的记录是一致的。因而米芾一定是把米老太太的棺柩运回润州与米老太爷合葬在一处的。

从杭州到润州，路途只有几百里，可以沿着隋代开凿的江南运河走水路，应该比较便捷。但是米芾并不是单身行走，而是扶柩而行，还要带着众多家小，其中还有一名一岁的小孩友知，沿途许多劳顿，自不必说。这时的米芾，虽然只有三十五岁，但他自述已经“发白齿落，颓然一老翁”了。可能是家庭负担过重所致。

从杭州到润州要经过苏州。苏州是与杭州齐名的四大“中国运河之都”之一，在这里，运河折向西北，经无锡、常州之后才到润州。前年，米芾路过这里时结识了许多朋友。这次一路辛苦，他便在苏州停舟歇脚，顺便见一见故旧。

听说米芾回乡丁忧，朋友们都来慰问。刚刚获赦的苏轼，这时正在从宜兴到登州赴任的路上，听到米家的噩耗，也在舟中写了悼词来，劝米芾“唯千万节哀自重”。

米芾停留期间，苏州的郡守章岵正在筹备为当地九位年高德劭的老人举办庆祝酒会，大家听说青年书法家米芾在此，慕他的才名，就特邀他参与此事并为之作一篇序。米芾也不推辞，他一挥而就，书写了一篇长长的《九隽老会序草》，说了许多称颂乡风、恭敬老人之类的吉祥话。

不过，米芾这次是为丁母忧而行，只能匆匆离去。

米芾将母亲灵柩运往润州与父亲合葬，既说明米老太爷逝世后就安葬在任官之地，也说明在此之前米芾已经以润州为家了，但没有资料明确记述他具体是什么时间从襄阳移居润州定居的。

徙居润州

一

《宋史·米芾传》等史料中关于米芾的籍贯，大多数记载为“吴人”，而不涉及襄阳。

其实，史料中所记之“吴”，并非客居苏州之误，而是指江苏省西南部的镇江，唐宋以前是长江的入海口，又称“京口”“海门”。三国时孙权曾在这里建吴国政权，此后镇江即有“吴”之称。按照古代地理概念，镇江地处吴、楚之交，一直有“吴头楚尾”之说，唐至宋初镇江为丹阳郡。南宋镇江名士刘宰对米芾籍贯以及“吴人”说作了准确的描述。

刘宰在《京口耆旧传·米芾传》中说：米芾字元章，……太原人。其父尝家襄阳，未几徙丹徒，故史书曰吴人。丹徒为润州属县。

那么，米芾究竟是何时从襄阳移居丹徒的？这与其父亲米佐的宦历有关。宋代官员往往调动频繁，迁居计划赶不上官职变化，任职与安家居住经常不在同一地方。

曾任吴江县（今属江苏）主簿的程俱在其所著《北山小集·题米元章墓》中说："中年乐南徐（镇江古称）山川之美，因家焉。"但米友仁《潇湘奇观图》后的自跋中却这样记述："先公居镇江四十年"。米芾五十八岁去世，如此算来，米芾应该是十八岁时迁居镇江的，而不是"中年"。

根据米芾的履职记录，按时间顺序，大体上可以推排出米芾的生活轨迹：米芾幼年至青少年时代跟随父母于襄阳任所，十七八岁时，因父亲米光辅有丹徒之任，遂随父迁徙至丹徒定居。但由于一直在外做官或游历，米芾居家时间不多，直到中年才真正在润州置宅安家。这就与程俱的记载和米友仁的记述都不矛盾了。

润州是米芾的第二故乡，是他一生中生活时间最长的地方。他在此不仅有具体的住址，而且留下了许多墨迹，他的父母和他都归葬于此。那么，米芾把这个第二故乡视为自己的桑梓之地，除了父母的原因外，还有其他原因吗？

米芾前半生萍踪浪迹，到过许多好地方，他有可能定居在其他的城市，如襄阳、长沙、杭州等地，但他为何最终选择了润州呢？

襄阳的山水、人文环境都给米芾留下了非常深刻的儿时记忆，所以尽管他后来走遍天涯，都不忘署名"襄阳米芾"。但是，由于父亲到江南做官，他又随母亲进京，不可能再回襄阳去了，只得选择另一处地方定居。按照人们自幼形成的印象，这第二故乡必定会带有第一故乡的印记，至少有若干特色与前一故乡相符。程俱说他“中年乐南徐山川之美，因家焉”。基本上道出了他选中润州定居的理由。

润州位于长江之南，西靠南京，东邻常州，秦时始称丹徒县。东汉时，因孙权移治所于此，称为京口。晋室南渡时，在此设侨郡南徐州，因此在南北朝时都称南徐。中晚唐时一度称过丹阳，宋代在此设镇江军节度使。因这里曾是徽宗的封邑，所以升润州为镇江府。一个人的户口，要落在一个最小的行政单位，所以人说米芾“举家徙丹徒”。

润州和襄阳很相似，长江交通东西，大运河沟通南北。在当时，润州经济文化相当发达繁荣，是一座十分宜居的城市，城内外遍布豪绅府第，私家园林，古刹道观，茶肆酒楼。范仲淹守润州时曾有《京口即事》诗：“六朝人薄命，不见此升平。”感叹其景象。就在米芾丁母忧十一年后，十四岁的赵佶被他的哥哥哲宗封为端王，把苏州和润州两块好地盘都封给了他，这也说明，润州地位是很重要的。

从私下的条件来看，米芾的祖坟在润州，这里背山面江，“风水”很好。

还有一个重要的条件，润州的社会人文环境良好。从东晋以来，南迁的士族文人很多，世代流传，形成了一种浓厚的文化积淀。这里出过包括王羲之在内的众多文学家和书画家，散落在民间的晋唐法帖名画，数量十分可观，米芾不能不动心。日后的事实也证明，他在润州一带收到的字画不在少数。

米芾扶生母灵柩归葬润州的时候，已届中年，他嗟叹道：“人生以七十为期，吾年三十六矣。”此时他心情很不平静。前半生四海漂泊，只做了几任小官，并未飞黄腾达，而现在生父母双亡，自己拖家带口，前途未卜，怎不令人愁肠百结！好在丁忧只是暂时的“带薪休假”而已，所以除了悲伤，以及为功名未就而遗憾，为年华将逝而着急外，心理上的负担还不算太重。

米芾是个孝子，丧事办完之后，他还坚持按时按节令上坟祭扫。这期间，他有一件重要的事要办：安居。他要服丧守孝两年多，即使服满后仍赴外任，眼下一家人也得有地方住啊！

当年米老太爷在润州当官的时候，或许是有住宅的，但他老人家去世已经十几年了，米芾又长年在外，即使有住宅，想必也早已颓败无存了。米芾必须要新建或者购买一个住宅，至少要租借一处住所以解燃眉之急。

米芾考察了一圈，最后把目光聚焦在了北固山上。

北固山有座著名的甘露寺，传说是三国时刘备招亲的地方，寺里藏着大量的字画。米芾不可能在寺里建宅，但他和寺中的方丈仲宣是好朋友，彼此经常往来，便提出了借居的要求。仲宣爽快地答应借给他僧舍居住。当初米芾的本心，或许是冲着那里收藏的字画去的。

米芾以居士的身份，住进了甘露寺中的一处临时居所，以为笔墨游憩之地，并为之起了个斋号：“净名斋”。从此，这里也成为文人雅士朋友经常聚首的一个佳处。友人蒋之奇来访时，曾赠诗句：“为借文殊方丈地，中间容取病维摩。”

佛教经典《维摩诘经》也被翻译成“净名经”，是意译，意思是洁净而无诟。这正合了米芾爱洁成癖的胃口，也意味着心静处当无尘俗杂念之意。米芾以净名为斋号，表明他已经入了佛门，不仅仅只是一位“鹿门居士”了。

米芾对这一清静的住所很满意，每天在里面写字作画。他说："吾家法书每日一阅"，意思是说，每天都要取出自己珍藏的前代法帖面窗临摹，书写尺幅。同时，他还经常出入寺中藏画之室，窥前人妙法以汲取营养。在他的文集中，有好几首关于"净名斋"的诗，其中一首是：

山晚烟栖树，渔收鹭宿沙。
曲生初月魄，远淡满川霞。
依静家如寺，游频寺是家。
何须传大士？芰制著袈裟。

"依静家如寺，游频寺是家"两句，把他当前不僧不俗、居于寺和家之间的关系表述得十分透彻。他在这里居住的时间并不算长，但对它的感情非常深厚，直到晚年，他还专门画了一幅《净名斋图》，然后又作了一篇《净名斋记》，并秉笔写了一幅书帖，热情洋溢，气魄很大。其开头是这样写的：

带江万里，十郡百邑，缭山为城，临流为隍者，惟吾丹徒。重楼参差，巧若图刓。地灵极倪而云霞出没，星辰挂腹而天光不夜。高三景、小万有者，惟吾甘露。东北极海野，西南朝数山者，谓之多景……

这幅帖可谓是文、画、书三绝的佳作，文章句不加点，书法相当出色，成熟老到，通篇一气呵成。然而，靖康之乱以后，《净名斋图》就不知去向了，《净名斋记》几经辗转，亦流失不见，虽然米芾的曾孙米句容将其拓本刻成了碑，但文字有了讹误，令人叹惜。

北固山地理交通位置很好，风景优美，山上除了甘露寺，还建有多景楼和北固亭，文人士大夫北上南下，宦游出仕路过这里时略作停歇是一种常态，这也是他们互相唱酬的极好机会，很多的文化信息就借此传达，精湛的诗文也借此留存。唐代的王湾曾在这里留下了著名的《次北固山下》的诗："客路青山外，行舟绿水前。潮平两岸阔，风正一帆悬。海日生残夜，江春入旧年。乡书何处达，归雁洛阳边。"米芾在此丁忧期间，闲居无事，迎来送往的应酬不少，他与众多文人墨客一道，留下了许多的风雅之作。

米芾有一首《秋暑憩多景楼》的诗：

纵目天容旷，披襟海共开。
山光随眦到，云影度江来。
世界渐双足（惟未入闽），生涯付一杯。
横风多景梦，应似穆王台。

括号中"惟未入闽"四字是米芾自己加的。他为这首诗书写了一帖，后世书家评述此帖说书体圆熟自信，已入法度，与日后的《苕溪》《蜀素》二帖形神十分接近，显然已日趋成熟，自成一家了。这一时段，米芾著名的书帖还有《相从帖》《张季明帖》等。张季明即唐代的张旭，从书帖的内容中得知，米芾收到了一幅张旭的手迹，狂喜之情，溢于笔端。而书帖的字的结体，与米芾以前的所书有了很大不同。

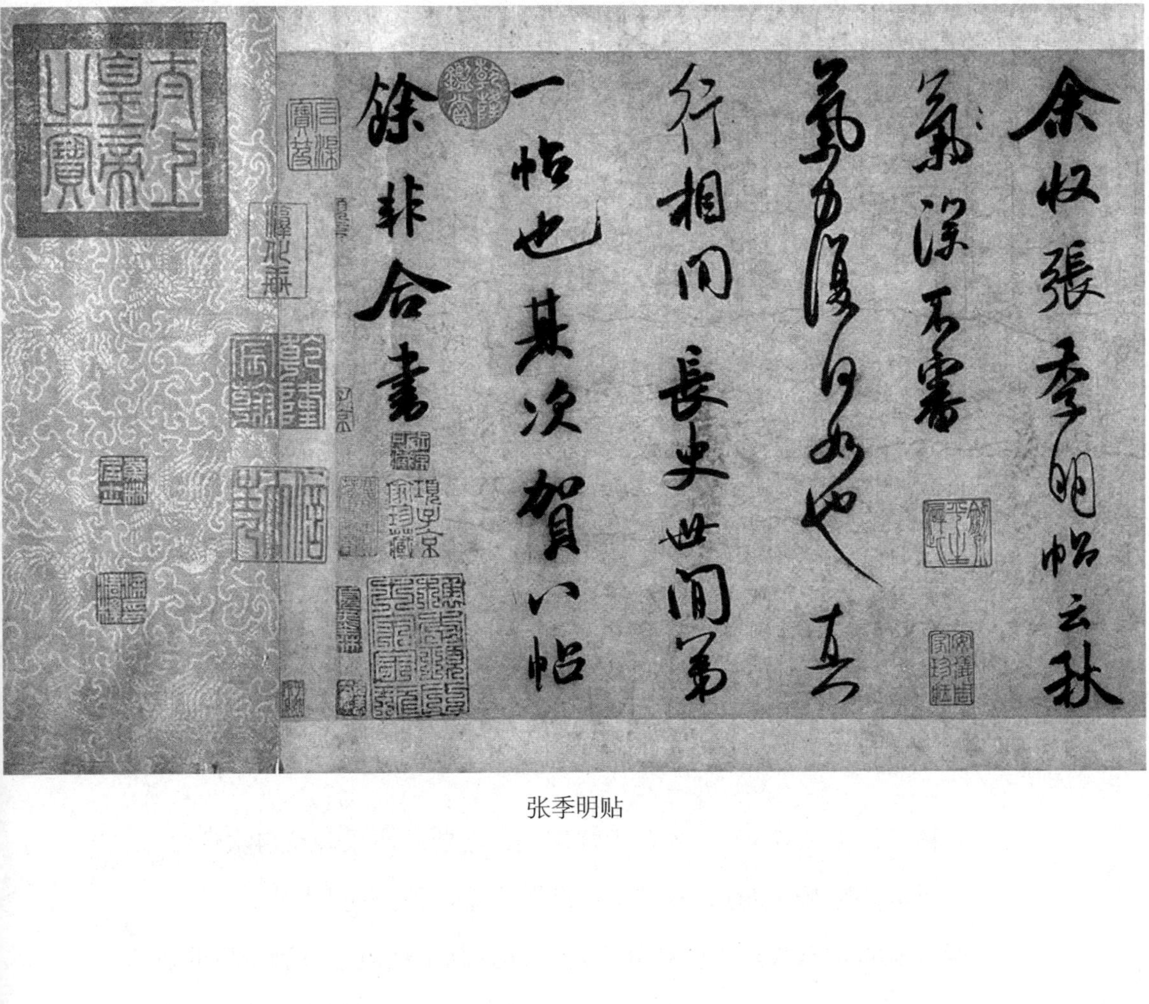

张季明贴

米芾是一个闲不住的人。元祐元年（1086 年），三十六岁的米芾在练书、收藏之余，开始对自己寓目的法帖作笔记，是他以前的积累的总结。这些笔记后来结集成传诸后世的《宝章待访录》，是米芾继《画史》之后写出的第二本笔记式体例的书，他后来所著《书史》和《砚史》等书也是如此。本书中最宝贵的，是他对自己半生中在书画方面的所见所闻和藏品的评鉴和品定，那精到的眼光和准确的判定，不仅为书画的流传留下了资料，还为确定书画的优劣等级做了论断，皆为真知灼见，要言不烦，成为后世书画著录书籍的典范。这是作为书画鉴定大家米芾的重大贡献。

“净名斋”毕竟只是米芾的临时住所，不能算是安居。他真正拥有自己的房产，是在他三十九岁担任润州教授职务之后。

二

元祐二年（1087 年），米芾丁忧期满，他要回汴梁等待再次任命。然而，两年多的历史变迁，却让米芾真切地感受到了物是人非。

两年前的元丰八年（1085 年）春，神宗赵顼病故，不满十岁的哲宗赵煦即位，朝政及一切事务全由他的祖母高太皇太后做主。高太皇太后是支持旧党的保守派，她一掌权就改弦更张，重新起用当年反对新法的司马光、刘挚、苏轼和苏辙，第二年，也就是元祐元年（1086 年），原“新党”领袖王安石和反对变法的“旧党”领袖司马光相继病故，高太皇太后又起用了文彦博、吕公著、范纯仁和吕大防等大批保守派人物。与此同时，列为王安石新党的变法派官员，如蔡确、章惇和吕惠卿等人全部被贬黜，新法大部废除，许多旧法一一恢复。如差役法，知开封府蔡京依司马光的限令，在五天之内全部恢复。

尽管高太皇太后有十分优秀的执政才能，被人称为“女中尧舜”。她勤俭廉政，励精图治，执政期间政治比较清明，经济也相当繁荣。但旧法对社会的危害较熙宁变法之前还要严重，通过变法而积聚起来的钱财，也在反变法派执政的几年当中“非理耗散殆尽”。这就是历史上所谓的“元祐更化”。

然而，新旧两党的争斗并未因此而休止。“元祐更化”是北宋新旧党争全面爆发的一个转折点，为后来新党的反攻倒算埋下了祸根。高太皇太后一死，复辟旧制的反变法派随之垮台，并受到了倍加沉重的打击。

在封建社会，一个人的官职备受关注，不仅在于它能够实现抱负、扬名立万、享受待遇，还在于当官容易受到大群人的追捧，甚至言行举止和兴趣爱好等都会被人仿效，尤其是大官。所以，为求一官者趋之若鹜。当然，这里所指的是勤廉为民的好官。米芾就是抱有此心态的人之一。《宋史》中说，哲宗时全国的官员人数已达二万八千多员，这对于当时的中国来说，无疑是一个天文数字，僧多粥少，难以分配。宋朝对官员升迁的考绩和铨法过程称为“磨勘”，磨即等待，勘即考查，它使官不常任，防止官员因在任时间过长而贪污舞弊。其出发点和初衷虽好，但实际上变成了一种不断折磨官员的制度，上司不断地折磨着官员的耐心、资历、性格乃至钱财，而官员们在卸职回京师等待再次任命时，简直就是一场严厉的考试，如果不上下活动，是很难获得好的职务的。因此，跑官要官便成为官场常态。

米芾此次回京待命，心态已不似前几次那般平静，而是显得有些急切和不安。论报效朝廷，自己可谓履职尽责；论文学艺术成就，凭自己的“综合实力”，应该名列全国前茅了。眼看年华渐老，为什么还得不到提拔重用呢？自己的才华何时才能被朝廷赏识、被公众普遍认可呢？自己的仕进之路真的被家世和身份问题阻滞了吗？米芾的心情十分复杂，他宁愿相信朝廷是公平公正的，不屑于低三下四地去求人办事，更不愿意投机钻营，但是现在情势所迫，他又觉得还是得去走走门子。不过，米芾认为，自己还是有一定的优势的。

在米芾看来，眼前似乎形势一片大好：亦师亦友的苏轼已经回京复职，任中书舍人，是高太皇太后身边的红人，春风得意；担任吏部侍郎的是他的弟弟苏辙；他当年通过魏泰结识的好友蒋之奇正担任着户部侍郎。他们不会不帮自己的忙。还有高太皇太后的家属们，他们与米芾曾经是儿时的玩伴，现都在京师担任要职，也可助一臂之力。紧要的关头，也许还可以替他去求求那位高高在上的高太皇太后。

此外，米芾还认识一些名人和文士朋友，比如一些著名的书画家和诗人词客，他们能够影响公众，左右社会舆论。

米芾憧憬着明天，他相信，这一回必定会有锦绣前程在前面等待着他。他兴致勃勃地沿着汴水向西北而行，在路过安徽宿县的时候，居然还幸运地购到了一帧李邕的书帖，他爱不释手，急不可待地就在船上自行装裱好了这帧书帖。

书画装裱这种事，说大不大，说小也不小，古人曾有“三分画，七分裱”之说，因为弄不好会把珍贵的作品损毁了，如果把作品剥了层、或者玷污了，那也有可能一文不值了。米芾有这等匠人的本事，是缘于他见多识广，无师自通，自学成才。这里要顺便提一句的是，由于担心书画作品遭玷污损毁，对于自己心爱的藏品，米芾从不准任何人染指，其洁癖与日俱增。

东京汴梁，这个当时中国最繁华的大都市，米芾已不是第一次来了，但他那卑微的出身和外放岭南的经历却时刻在提醒着他，虽然自己能够厕身于显贵之间，可人比人气死人，他是不能和他们平起平坐的。想到自己一直是沉浮于底层的下等官员，未免心生绝望和沮丧。然而，他又和其他士人一样，在心底还存活着一丝平步青云的希望和幻想。他认为，自己除了上面所说的那些有利条件外，还有一个最有利的条件，就是他的书画以及鉴赏水平。凭着这一点，就能填平横亘在他和权贵们之间的鸿沟，他只需要手持一卷，就能敲开那紧闭的朱门，甚至登堂入室。

北宋整个时代文化氛围很浓，上到帝王贵侯，下至市井百姓，都喜欢收藏字画古玩，风气盛行，京师最繁华的地段大相国寺，成为文化交易市场。米芾以书画、收藏和精鉴名世，这三大名声足以让他走进一座又一座豪门大院。

米芾可能也想过，自己的出身、经历和背景，以及囊中的银子，都不能与那些云集于京师的待补官员们相提并论，自己的能力也不是经天纬地之才，他只能把简历和述职报告递到吏部，等待那些官僚们的接见和放恩，一切随缘。

俗话说，朝中无人不做官。谁能在朝中帮他谋到一个好位置呢？米芾觉得不能坐等和空等。

于是，米芾凭着书画及其鉴赏技艺作敲门砖，走进了不止一处大门，甚至王侯相府。驸马王诜、宗室赵令穰、太师李玮、高太皇太后的侄子高公绘，这些皇亲国戚的府上，他也照样登门不误。

米芾在好友王涣之的引见下，进入检校太师李玮的家时，竟意外地发现他家收藏有晋代各位名家的墨迹宝帖十四幅，还有八幅李成的山水画！米芾看得目瞪口呆，大呼过瘾，羡慕不已，恨不得购为己有。趁此机会，米芾在太师面前也露了一手：他把部分因年代久远保存不好已破烂不堪的书帖进行了重新装裱，并应李玮所请在新轴上作了加题："李氏法书第一，亦天下法书第一也。"成为当时的一件雅闻。十四年后，米芾终将其中的谢安《八月五日帖》收入"宝晋斋"。

然而，米芾在等待的煎熬之中滞留京城时日已久，却迟迟没有任命的消息下来。

米芾心想，自己是来京师求职的，与其这样干等空耗，不如剑走偏锋，另辟蹊径。汴梁是人才和文化荟萃之地，要在这些人精中冒出头来，并不容易。只有出奇招，才能使别人关注自己。

三十七岁的米芾，已经在文坛艺苑有了名气，也算是一位誉满京师的名人了，但并未达到鹤立鸡群的地步。怎样才能做到"才美外见"、吸引大众的眼球呢？他会佳友、赏名迹之余，想到了一个利用众多机会展示自己才华的"奇招"：在出席一些社会活动时，比如饮宴聚会、携伎游园、交往唱酬等，以一种奇装异服出席。有关书籍中说他"洒落不群，冠服多用古制"，时人称之为"衣冠唐制度，人物晋风流。"

有一个皮匠出身的人准备改行开酒楼，听说米芾的字写得好名气也大，就找上门来请他帮忙写个招牌，想借光招揽生意。米芾巴不得有人求他写字题匾，当即爽快地答应了，问道："起个什么名字好呢？"皮匠没有念过书，大字不识一箩筐，也想不出什么雅致的酒楼名来，只是说要大气好听。米芾说："你先回去，在酒店门前摆上书案，我一会儿到现场去题写匾额。"皮匠没想到，这位书法家不仅不摆架子，而且还上门服务，喜滋滋地回家准备去了。米芾换上唐装，带上文房四宝，摇头晃脑、不紧不慢地来到皮匠的酒店门前。这时，现场聚集了不少看热闹的人。待磨墨已毕，只见米芾略略环顾众人，便抻纸提笔，饱蘸浓墨，犹如舞剑一般，一番闪展腾挪，笔锋下三个大字应势而出：王皮楼。现场的人看了，不禁窃窃私语起来：这是什么名字啊？搞这么大的架势，啥意思呢？皮匠虽然不识字，但是自己的姓"王"和与自己以前的职业相关的"皮"还是认得的，他一下子着急起来：怎么还是皮匠啊？我已经做了几十年皮匠了，不想再做这行了。米芾诙谐地笑道："你再看！"只见他又提起笔来，飞快地添上了几点，那三个字立刻变成了"玉波楼"。顿时，人群中爆发出一片喝彩和叫好声。皮匠乐了，逢人便说酒楼的名字是当今著名的书法家米芾题写的。

米芾就以这样的做法来博取名声，就好比今天的明星在街头卖萌作秀，炒作自己，成了当时京师的一道奇异风景。有一次，他出门赴宴，戴了一顶高檐帽，结果因为帽子太高，不能戴着坐进轿子里去，米芾又不肯让随从代劳拿着，生怕他们弄脏了。最后只得让随从拆了轿子的顶盖，让帽子伸出轿子外，招摇过市，一路上为人所惊笑。半路上遇到了好友晁以道，晁见状也忍俊不禁："米兄，你简直就像是坐在槛车里示众的囚犯啊！"米芾下轿与曹相见，二人哈哈大笑。

其实，宋代虽然对士大夫的服装颜色有所限制，但对冠帽并无统一要求。为了标榜自己与众不同，宋人多喜欢戴形式各异的帽巾，像米芾这样穿戴着奇异冠服的人还大有人在，比如苏东坡就戴一种筒高檐短的高帽子翩然出游，不仅没有人笑话他，还被视为引领时尚，有许多人模仿他。为什么米芾却被人笑为怪异癫狂呢？也许是他把这种癫狂作派带到了官府衙门中去，弄巧成拙了吧。

米芾对自己丁忧后赴京听命求职，本来是抱有相当大的期望的。一个中年艺术家，自觉在书画上已经誉满朝野，正在雄心勃勃的年纪，又暗自思量太皇太后以及那些已攀上关系的朝廷大员可以当自己的后台，能够帮扶自己得到重任，做一点匡扶社稷的大事。可是，他想得太天真了，官场上的事并非小孩过家家游戏那么简单，何况那些大老爷们，根本没有把他这个微吏放在眼里，而他的朋友们，则往往是有劲使不上，或者由于种种原因而帮不上忙。

米芾或许不知道，他的任命迟迟不下来，也可能是因为他太出名了，行为太出格了。在有些领导眼里，米芾的那些癫狂作派，作为一名艺人是无可厚非的，但作为一名官员就不合时宜了。应酬归应酬，送礼照单全收，“原则”是不能不讲的，对一个穿着奇装异服张扬过市的人，人事部门是不看好的，把一个重要的部门或地区交给这样的人去管理，领导是不放心的。另外，他们压根儿瞧不起这位奶妈的儿子，认为他出身贱浊，不配委以重任。米芾一直被一种无形的种族和身份的双重歧视压制着。

等待任命的事一拖再拖，米芾也只能听天由命了。不过，在等待的过程中，他遇到了一场文坛盛事，那就是能与东晋时的兰亭雅集齐名媲美的西园雅集。

西园是驸马王诜的宅园，享有盛名。王诜，开封人，字晋卿，是英宗和高太皇太后的女婿，英宗的次女魏国公主嫁给了他。神宗很喜欢这个妹妹，按旧例赐她以宅第作为陪嫁，王诜也就因宅而建成一处花园。因为王诜是当时有名的书画家，喜爱交游，结识的多是名士，经常在园内举办各种雅集，所以远近闻名。

参加这次文人聚会的，都是“独步当时，流声后代”的著名文人，他们当中有大名鼎鼎的苏轼、苏辙，有“苏门四学士”黄庭坚、晁补之、张耒、秦观，有苏轼的幕僚李端叔，画家李公麟、王诜、刘泾，文人郑靖老，藏书家王仲至，圆通和尚，陈碧虚道士，再就是米芾和他的朋友蔡肇。一共是十六个人。米芾当时的名气与日俱增，在文艺圈大放异彩，苏轼、王诜等人都很看重他，盛情邀请他出席。

这十六个人聚集在王诜家的花园里，进行了一次文艺雅集，事后，画家李公麟根据这次雅集作了一幅《西园雅集图》，把这次雅集的场景做了写实性的描绘。

李公麟是北宋人物画的代表性画家，以结构准确、线条严谨、笔法潇洒而出名。是米芾唯一认可，以为能与之共同探讨绘画艺术的当代画家。在没有照相机的时代，他能根据记忆，把众多人物不同的相貌、服装、气质、动作，以及花园的场景，都一一细致地描绘出来。他的这幅画，到末代皇帝溥仪出宫时还在。

光有李公麟的画还不够，还有米芾的《西园雅集图记》文章和书法。这样，这次著名的雅集就有了画、文、书三绝的作品。

米芾的文章是这样写的：

> 李伯时效唐小李将军为著色泉石，云物草木花竹皆妙绝动人。而人物秀发，各肖其形，自有林下风味，无一点尘埃

气，不为凡笔也。其乌帽黄道服、捉笔而书者为东坡先生。仙桃巾紫裘而坐观者为王晋卿。幅巾青衣据方几而凝伫者，为丹阳蔡天启。捉椅而视者，为李端叔。后有女奴云鬟翠饰，侍立自然，富贵风韵，乃晋卿之家姬也。孤松盘郁，上有凌霄缠络，红绿相间。下有大石案，陈设古器、瑶琴，芭蕉围绕。坐于石盘旁，道帽紫衣，右手倚石，左手执卷而观者，为苏子由。团巾茧衣，手秉蕉扇而熟视者为黄鲁直。幅巾野褐，据横卷画渊明归去来者为李伯时。披巾青服抚肩而立者为曹无咎。跪而捉石观画者为张文潜。道巾素衣按膝而俯视者为郑靖老。后有童子执灵寿杖而立。二人坐于蟠根古桧下者，幅巾青衣袖手侧听者为秦少游。琴尾冠紫道服摘阮者为陈碧虚。唐巾深衣昂首而题石者为米元章。幅巾袖手而仰观者为王仲至。前有鬅头顽童捧古砚而立，后有锦石桥竹径缭绕于清溪深处。翠荫茂密中有袈裟坐蒲团而说无生论者为圆通大师。傍有福巾褐衣而谛听者为刘巨济。二人并坐于怪石之上，下有激湍环流于大溪之中，水石潺湲，风竹相吞，炉烟方袅，草木自馨，人间清旷之乐不逊于此，嗟呼！汹涌于名利之域而不知退者，岂易得此耶！自东坡而下，凡十有六人，以文章议论，博学辨识，英辞妙墨，好古多闻，雄豪绝俗之资，高僧羽流之杰，卓然高致，名动四夷，后之览者，不独图画之可观，亦足仿佛其人耳！

这段文字写得相当具体详细，把所有参加人员的位置、动作和服饰都介绍得很清楚，从而给人一种形象感，也为那幅名画提供了说明。

根据文中记述，李公麟当场所画的并不是《西园雅集图》，而是《渊明归去来图》。这说明，《西园雅集图》是事后根据回忆画成的，而米芾所撰写的那篇记也不是当场写的，也不是题在画上，而是一幅独立的书法长卷。

虽然画中共有十六位主要人物，但全画的中心人物显然非苏东坡莫属。当时，他担任了翰林学士，成为御用的首席笔杆子，是全国当然的文坛领袖，艺术盟主，由他召集这次“群英会”，是理所当然的。

雅集的“规定动作”是文艺家一齐动手，各显其能。文者吟诗，书者命笔，绘者丹青。按照常规礼仪，这种雅集都是由德高望重的人来牵头动笔的。以文采论，当首推苏东坡。以绘画论，李公麟当仁不让。若以书法论，苏东坡、黄庭坚、刘泾三人与米芾水平相当，且苏东坡的辈分高于米芾。但三十七岁的米芾却单独另开了一桌，不肯跟在东坡后头做附骥。

米芾之所以要跑到一边去单开一桌，是想要在这次京师最有名的文人雅集上来显示一下自己的才能，所以才会如此特立独行。按他的年资，是不能排在最前面的，即使要让他来写字，也必须等到苏、李停笔之后才行。于是，他另开战场，与别人拉开了距离。当然，他对自己的书法很自信也很自负，觉得可以借此机会在已经名满天下的前辈苏轼以及众多名士面前展示和炫耀一下技艺。

米芾要离开众人去单开一桌，其中的原因还有他越来越严重的洁癖。他行不与人同车，坐不与人同席，食不与人同器，身上偶有污秽，便要立刻洗涤。更有意思的是，他后来在给一个女儿定亲的时候，挑来选去总是感觉不合适。有个南方来的小伙子，名叫段拂，字去尘。米芾一看这个名字就高兴地说："这个年轻人好，已经拂去灰尘了，再去一次尘那就更干净。"然后满意地把女儿嫁了过去。段拂于南渡后官至参知政事（副相），由此看来，米芾并不仅仅是以名择婿，其眼力不凡，只不过是借此开了个玩笑。其实，米芾的洁癖缘于他那圣洁的书画情结，尤其是对收藏品不容玷污的自我保护意识，只是发展到自我泛滥了，当然也不排除是出于心理性的。但由此造成了倨傲而不合群的印象，被人认为是有"举世皆浊我独清"想法的表现。

米芾的异常举动吸引了众人的关注，大家都表示理解和尊重，并称赞他的诗文和书法妙绝，公推他为雅集书写"纪要"，这正中了米芾的下怀。于是，《西园雅集图记》便这样诞生了。

雅集的内容，除了饮酒作乐、弹琴赋诗，还有一个就是品鉴主人的收藏。王诜是个书画家，也是个收藏家，家中的前代书画作品不可胜数。这次他拿出来给大家欣赏的是《莲花经》。不过，他的收藏虽富，却未必都是合法所得，因为这位驸马爷有一个不好的脾气，就是看到别人收藏的好东西后，一借不还。无论是苏轼还是米芾，都在文章中多次出现过"被晋卿借去不还"的字样。

这次雅集影响巨大，从那以后，有关西园雅集的仿作不绝于书，但李公麟的画和米芾的书法却是杳如黄鹤，不见踪影了。现在襄阳的米公祠里保存有一通《南宫先生西园雅集图记》的碑刻，是根据雍正十一年（1733 年）乡里范益所撰书的版本刻的，是他学的米字，并非米芾手迹。

在京滞留半年多了，米芾虽然赢得了不少声名，提高了知名度，但仕途上却毫无进展。他的心情不太好，决定离京南下，然而不是回乡。

三

俗话说，在家千日好，出门一时难。京城虽好，但居大不易，每住一天都要花银子，米芾花不起，何况还要花钱去收购那些古代的字画。

收藏字画是米芾的一大嗜好，遇到心爱之物必欲得之而后快。他甚至为了购藏书画之便，申请调到历代名迹丰富的洛阳和苏州两地去任职。就在滞留京师的半年里，他终于收到了倾心已久的王献之的《范新妇帖》的唐人摹本。自从下决心师追晋人法书之后，二王的书法就是他尊崇的对象，而对王献之的喜爱更甚于王羲之，更符合他的性格。他得知苏激家藏有此帖后，便百般央求，倾囊而出，终于到手。欣喜之余，他自作了尾跋诗三首，书在帖后，又请好友林希、蒋之奇、吕升卿和刘泾等人相继题诗和之，然后集中成一轴装裱，作为至宝而收藏。有意思的是，这件藏品后来被林希借去不还！米芾又遭遇了别人的巧取豪夺。联想到王诜的同样行为，似乎可以得出这样的判断和结论：当时那些酷爱字画和收藏的同道中人，“窃书不算偷”已经成为一种陋习，成为一种常见现象。

米芾这次南下是到扬州，在谢景温帐下当幕僚。

前文说到过，米芾在长沙时曾当过谢景温的幕僚，现在谢正在扬州任江淮荆浙转运使。老领导相邀，恰逢自己囊中羞涩之际。于是，米芾便答应了，当是一种权宜之计。

米芾愿意来扬州，有几方面的考虑。一是自己目前无所任的局面有所改变，暂时有点事做了。二是扬州与润州只一江之隔，可以就近照顾家中。三是扬州有“中国运河第一城”的美誉，有很多文人雅士居住或过往，文化氛围浓厚，可以一抒胸臆。

然而，年近不惑又“自负其才”的米芾觉得怀才不遇，心中仍有不平之气，未免抱屈任职，牢骚借诗而发。他这个时期的诗作较多，岳珂《宝晋英光集》中有其杂咏六首。且看之一：

得官尘土古扬州，好客常稀俗客稠。
掩簿叱胥无浑我，冒风踏雪作清游。

据米芾后来所记，这一时期他是“抱疾端忧，养目文艺”，醉心于书画艺术。这其实是在翰墨之中寻求饱受冷落和羞辱之后的补偿，是一种无奈的自我排解和心理平衡，也是自剖其痴迷于书法艺术而终身无悔的原因。

米芾在扬州待的时间并不长，却又有了新的收获。每能得见真迹精品，他必想法借来临摹，然后或是归还真迹，留下赝品以利日后与人交换。或是把真品和赝品一起还给主人，让他自己来辨别真伪进行挑选。假如你眼拙，就会让他“捡漏”。这样一种投机取巧的手法，全靠他那高超的临摹功夫。因此，我们现今看到的“二王”等晋唐书法家的作品，未必百分之百是“真迹”，其中很有可能掺杂着米芾的仿制品。

有一次，一个书画商人拿着一幅唐人的真迹找到米芾，说有意要卖给米芾，但价钱有点高。米芾说：你先放在这里，五天后你再来，我若要，你把钱拿走；我若不要，你把东西拿走。商人答应了。到了第七天，商人来了。米芾说：作品我看了，不错，可价钱太高了，你又不肯让价，就请你把它拿回去吧。接着就打开一个卷轴说道：你看好，是不是这幅？商人客气地答道：没错，就是它。商人回去了。可是第二天，商人又拿着那幅作品回来了。一见面，米芾就笑道：我知道你今天准来，有朋友请我，我都没去，在这儿等你。商人心里马上就明白了，说：是我眼拙，把您的临本拿走了，今天特来奉还。米芾大笑道：你不来找我，我也会去找你的，你拿走了临本，我心里特别高兴，因为它验证了我的临摹功夫，有一种说不出的愉快。商人取起原本真迹，把临本还给米芾，有些不好意思地走了。

对于此类事情，米芾不仅不隐瞒，而且常在朋友圈中叙说，每次都笑得前仰后合，为之自鸣得意，谓之"用智"。其实，玩弄这种"掉包"和偷梁换柱手段的"好事者"并非只米芾一人，即便精明如米芾，也有被人瞒天过海的时候。这应该算是文人士大夫之间的一种"雅谑"吧！

米芾的一位朋友安师文也是收藏家，家中竟然藏有多幅颜真卿的真迹，其中一幅就是名震天下的《争座位帖》。前文说过，米芾年轻时曾借来临了一本，而这个临本竟被他人当成真品收藏了，成为文艺界和收藏界的趣闻轶事。

此次来扬州，米芾一是得知安师文家有一幅颜真卿的《乞米帖》被苏舜元的儿子苏澥拿走了，便赶紧去借来阅看、临摹，可能就此留下了赝本。二是从安师文手中借到了三幅怀素的绢素本书帖，临习了一个多月才还。可能也留下了赝本。三是发现苏舜元家竟收有三个版本的《兰亭集序》，经过反复观鉴，米芾认定他儿子苏洎手中的一本最为精妙。他与苏洎关系密切，便用自己收藏的八幅画来与他交换，取得此帖。这八幅画也都是绝世精品，其中包括王维所画的雪景六幅。这样一种交易，在一般书画家看来，似乎并不划算，因为普遍认为画要比字贵。但在米芾眼中，画的价值不如他所看中的晋唐书法。他获得这幅朝思暮想的精品之后，把它评为天下行书第一，在帖后题写了跋，并附古风诗一首，足见重视。因为只是摹本，所以又评为“下真迹一等”。而他诗中所书王羲之在此帖中写的“之”字最多，但无一重复的说法，是书坛上最早出现的论定，并为后世的书家所肯定。

幕僚犹如参谋，古今同概。一要靠才学和智谋，为长官出谋划策；二要做长官的耳、眼、手、腿，必须勤快；三要以长官的意志为意志，做长官不能做或不愿做的事，甚至还要违背心愿阿谀奉承。可惜米芾对这三点都不在行，他一心只是痴迷在收藏和书画上，而且仍然穿戴奇装异服，佯狂玩世，保持洁癖，有时还自比醉酒的嵇康阮籍，以至于在繁华的扬州城颠名大噪，令其上司谢景温颇为不悦。

既然有了分歧，彼此都不是对方理想的伙伴，那就友好分手吧。米芾的扬州之任仅数月，他就辞别谢景温，去做东南之游了。

扬州隔江就是润州，米芾先要回家去看一看。

这时的润州太守是杨杰，也是一位颇有才华的文化人，与米芾是老相识、老朋友。听说米芾回家来了，就要设宴为他接风。

米芾回到润州时，是元祐三年（1088 年）的早春二月，这个季节最佳的美食就是河豚。河豚是一种淡水无鳞鱼，润州一带是河豚的产区，每年早春时河豚会从海口溯江而上，在此云集产卵孵化，这也是捕食河豚的最好时节。河豚肉味极其鲜美，非其他食物可比，然而身体里有剧毒，如果没有洗净，或是烹煮不熟，就有中毒死亡的危险，被誉为“美味杀手”。苏东坡曾为它写下了“春江水暖鸭先知，正是河豚欲上时”的诗句，并说为了这种美味“值得一死”。

杨杰本想用河豚来招待米芾的，可是因为当时烹饪不得法而致人中毒死亡的事时有发生，杨杰怕万一毒死了这位文化名人担当不起，就用另外一种相似却无毒的鱼代替河豚来招待他。

杨杰有心要耍弄米芾一下，入席之后，他不动声色地举筷相邀：“今日为君作河豚。”

米芾听说过这种毒鱼的厉害，但没见过也没尝过。他踌躇再三，就是不敢下箸。

杨杰见他不敢吃，且面露难色，不禁哈哈大笑：“公可无疑，此赝本耳！”让他但食无妨。

听到“赝本”二字，米芾这才回过神来，知道这是杨杰在讥讽他以临摹的书画赝品作伪的事，不觉面露愧色。杨杰的做法似乎有些过头，但他并无恶意，认为好友之间开开玩笑是不要紧的。米芾也是聪明人，一点就明，两人的交谊并没有受到此事的影响。

米芾在润州待了不到一个月，就和陈文老、刘泾等朋友相携同游常州和宜兴去了。这两个地方都是文化古城，米芾留下了题名和墨迹。

米芾在常州游览时，还发生了一件有趣的事。在一承姓的富商家里，有一块形状极佳的奇石，石头主人慕米芾之名请求题字留念。米芾是爱石之人，当即提笔一挥而就，在石上题了“第一山，米黻识”六个字。以米芾当时的声望，这块石头应该立刻身价百倍了。可这位承姓的富二代是个没有文化的土豪，认为在吴语中“黻”与“费”同音，不吉利，竟然把这块珍贵的奇石砸碎了！留下了斯文扫地的笑谈。

米芾此行似乎漫无目的，走了些冤枉路。他又到浙东的绍兴、海宁等地，探访王羲之父子的书踪墨迹之后，便往北折返苏州，盘桓于此达半年之久。

上次到苏州，他是奔丧路过，不便久停。这回有了时间，米芾是想在这块东吴旧地与朋友们多聚聚吧！于是，他成天携友赏花、乘船游玩、饮酒喝茶、写字作画、欣赏古董。

在这里，米芾遇到了书画作伪高手葛藻。葛藻，字季忱，丹徒人，算是米芾的同乡和朋友。他有两个哥哥，三兄弟都善书，也善于作赝。葛藻很有生意头脑，曾把米芾临帖后的字纸收起来，装裱后盖上自己刻的伪印章，制成卷轴卖给收藏爱好者。米芾作伪，重在炫技，并无主观作案的动机，但客观上拉低了自身的形象。葛藻作伪，则是赤裸裸地奔着银子去的，作案动机明显。

在苏州，米芾访知在一俞姓大家中藏有殷令名的《头陀寺碑》的原书帖，便找上门去，用王维所画的《帝王图》换得了此帖。殷令名是唐代著名的书画家，只是今人所知甚少。米芾得帖后，细细品鉴，并在帖上加了跋。

就在得到《头陀寺碑》帖的第二天，米芾接到了林希的邀请，让他去湖州做客。

林希，字子中，后官至中书舍人，是新党的悍将，是个公认的小人。哲宗“绍述”时他顶替苏轼的“笔杆子”位置，对旧党定罪贬谪的诏书皆出自他之手，极尽诋毁和人身攻击之能事，被许多人鄙视和不齿，连他自己也觉得阴损缺德：“坏了名节也！”现在林希在湖州做太守，尚未得志。他过去与米芾有交情，所以邀请他去湖州消遣。

米芾的心目中只有艺术，他用艺术之眼看待一切事物，用纯洁之心对待一切世事，认为天下之人皆好人，不管新党旧党。一听说林希有请，便欣然前往。

湖州地处浙江省北部，是一座江南古城。从苏州去湖州，要乘船经运河。运河上有一座横跨的垂虹桥，桥中央有一亭，叫垂虹亭，是吴江有名的游览胜地，有很多文人雅士的诗词吟咏。米芾路过这里时，不免技痒，题写了《吴江垂虹亭》诗二首。

其一是：

断云一片洞庭帆，玉破鲈鱼霜破柑。
好作新诗寄桑苎，垂虹秋色满东南。

其二是：

泛泛五湖霜气清，漫漫不辨水天形。
何须织女支机石，且戏嫦娥称客星。
（时为湖州之行）

遗憾的是，这座名气极大的桥在 1967 年倒塌了。

湖州是颜真卿晚年任刺史的地方，米芾到时，正值当地人新建了一座纪念这位忠烈刚正前贤的祠堂。米芾前往拜望，看到新塑的颜真卿像英气仙骨，凛然如在，感慨良多，于是题写了一篇很长的《颜鲁公碑阴记》，署名襄阳漫士。

林希的名声虽然不好，但他看起来是个雅而好文的人。他收藏有一卷上好的蜀素，是蜀地出产的绢帛，用蚕丝织成，因为是未染过的原色，所以称为素。这卷蜀素已在林希家保存了二十多年，细腻光净，是书写的绝好材料。他先把它装潢成长卷，请当朝的各位名家在卷首上题跋，而把当中空着，想请最有名的书家来写正中的书堂。这次邀来米芾，便拿出了这卷蜀素，请他命笔。

古代纸张尚未普及时，多是在素绢上书画，称为绢本。新织出的绢里面还含有蚕丝的动物胶，不太吸墨，表面也留有断丝的微小纤维，不够光滑，等放置一段时间之后，动物胶挥发掉了，细小纤维也磨掉了，这时用来书写是最适宜的。识货的米芾一见就连声说好，还没书写就来了兴致。

米芾是在位于苕溪边的一处叫溪堂的地方完成此卷的，题款写得很明确。湖州在太湖之南，距杭州和苏州都不远，是著名的鱼米之乡，好山好水好风景，加之好绢素，米芾心情大好，一下子就写了八首诗，有五言七言的古风，也有七绝，全是他的近作，前几天在垂虹亭上所作的两首也被他书写在内了。八首诗虽然不是一气呵成，但写得淋漓酣畅，上下贯通，是米芾的得意之作。有评论家认为，这是他一生中最为杰出的佳构。这就是著名的《蜀素帖》。

《蜀素帖》全是米芾最为擅长的行书，因为是写在不会洇化的绢上，所以运笔时要慢一些，这样笔力就可以透入绢内，显得刚硬遒劲而含蓄，不像在纸上所书的那样用笔枯涩而有飞白。用笔和转折显得从容而自信，潇洒率意，书体的风格不同于他那种带有狂肆奔放的“刷字”（米芾的自我评述，后面将详细介绍），而是在摇曳多姿的外表内蕴含着力度，气韵生动。从字的奇诡的结体上可以看出是从王体化出，有其自

蜀素帖

己的风格。明代著名书画家董其昌在卷后加的题跋中称 :“米元章此卷如狮子捉象，以全力赴之，当为生平合作！”所谓合作，就是杰作，这一点也没有虚夸的成分。

早在上个月，米芾路过无锡的时候，写了与朋友作别的一首诗《苕溪诗》，也是充满着自信的娴熟书体。由于湖州有苕溪流入无锡太湖，所以称为《苕溪诗》。然而，其用笔风格与《蜀素帖》有较大的不同，前者多以圆润的中锋出之，而后者则多以侧锋取妍。这正是米芾的高明和可贵之处，他虽然天资高迈，个性风格强烈，却从不故步自封，而是苦心追索，标新立异，拒绝平庸，不走寻常路，所以书艺不断长进。

《蜀素帖》和《苕溪诗》，都是米芾炉火纯青时的扛鼎之作，足以和前世的《兰亭集序》媲美。但米芾不会想到，这两通帖会在中国书坛上留下深刻的印记，在后世引起那么大的反响。

政治上失意，却在艺术上得意，这似乎是艺术创作上的一个潜规则。历史上许多杰出的艺术品往往就出于在政治上失意的人之手。米芾的这两通书帖除了超绝的书法价值外，其书写的诗也可圈可点，内容中还有着若干的潜台词。比如,《苕溪诗》中的“秋帆寻贺老”和“过剡如寻戴”，是到浙东一带去追寻贺知章和戴颙的行迹，仰慕他们在成功之后就去归隐。《蜀素帖》里的《拟古》一诗里，他拿青松来说事，说松树只顾凌霄而耻于屈盘，暗喻自己不愿屈就于人。另外，他还把林希比作颜鲁公，称之为“密友”，殊不知，正是这位“密友”起草了中伤他另一位“密友”苏轼的诏书。当然，诗中也有一些发牢骚的话。

四

米芾这次的东南之行，是想借游山玩水来排解一下怏怏不快的情绪，好在收获不小，不虚此行。然而，在他的心中，挥之不去的还是那渺茫的前程情结：相望不识已陌路，不知何处是归途。

元祐四年（1089年），米芾回到润州。吏部久拖不决的任命终于下来了，让他就任润州教授。他不免有些欣欣然，因为古今中外很多官场失意之人，大多寄身于教职，不能以自身之力来施政，就以自身的学识去影响别人，给施政者以咨询。这是一条进退两便的道路。米芾不仅获得了这一职务，而且是在自己的家乡就任，这是连苏轼那样的大文豪也难以办到的事，何乐而不为？

教授一职，起于宋朝的兴学运动，目的就是普及教育，培养人才。教授是当地最高的学术职务，是负责教育的官员，职责是教习生员，不同于现在只是高级职称。

米芾回润州之后，原先所借住的“净名斋”已显得相当拥挤，因为家中人口增多，收藏也多了，所以他想要买块地盖属于自己的房子了。

他四处寻觅，又托人打听，最后在北固山西南看中了一块地，地势朝南向阳，邻近一泓清泉，向西可望长江，周围树木茂密，环境十分幽静。这里曾是晋唐时人家的宅基地，而且离润州州学衙门不远。

碰巧的是，这块地的主人不是别人，而是苏舜元的孙子苏洎，是米芾的好友。米芾曾从苏洎处得到过不少宝帖。现在米芾想要这块地，心想应该好商量。没料到，苏家却不肯出手，说除非他拿出那块李后主的研山来换。

李后主的研山是个什么稀奇玩艺儿？苏洎又怎么知道米芾手里有这样东西呢？

原来，所谓李后主的研山，其实是南唐后主李煜曾经收藏的一块奇石做成的砚台。称之为研山，是因为这种砚是在奇石的自然之形上略加雕饰而成，叫作意匠之法，它更多地保存了石的形状之美。这块奇石叫灵璧石，直径有一尺多，上面奇峰耸峙，竟然有三十六座，每一峰的大小如手指，峰的左右则是徐缓的坡阜，当中一处低平，被凿平后成为砚池。它的实用功能自不必说，审美观赏价值不可估量。那位风流皇帝是位砚迷，对此砚视若至宝，在兵临城下江山易主之时，仍返回皇宫，带上“灵璧研山”再逃命。南唐国破之后，此砚流落民间，几经辗转，竟鬼使神差地为爱石成癖的米芾所得。因它出身名贵，又具异形雅趣，米芾得到之后狂喜不迭，睡觉都抱在怀中，一连三天都不放手。

米芾爱奇石爱研山的故事后面还要详细讲述。却说苏洎与米芾有共同的爱好，他早就窥见米芾得此研山后激动地显摆嘚瑟的情形，已是三九天的萝卜——动（冻）了心，这时恰逢米芾要买他家的宅基地，便趁机提出不要现金，而要夺人所爱。看来，古人讲财不露富，还是有道理的。

米芾爱石胜过爱真理，要想放弃它，犹如割肉剜心，实在舍不得。但为了全家人的安居，也只好忍痛割爱了。经过好友王涣之兄弟从中斡旋中介，邀众人在甘露寺内饮茶相会，米芾出石，苏氏出地契，二人画押成交。

米芾得地后，随即建起一宅，自己命名为“海岳庵”。之所以用“海”来命名，是因为此地临江，唐宋时润州是长江的入海口，五代时还在此设过镇海军。同时，此地又邻北固山，加之米芾自号鹿门居士，庵就是僧舍，所以“海岳庵”其实是他所居之地的环境和人文心态的一个概括。

结束了寄宿的生活，米芾总算是真正安家润州了。新居近寺依山傍水，米芾对此十分满意。他自题了“天开海岳”四字作为书斋的匾额，把自己历年来收集的字画、石头和古玩都放进去。从此，他也以“海岳外史”自号，每天在里面流连吟哦，面纸书画。他还把自画像刻在石板上，由大儿子米友仁作赞，挂在家里。

在州学里做教授的事并不繁杂，下了班就可以回家去摆弄他的那些收藏，也可以去找朋友们雅游聚会。这个时期的米芾是安居乐业的，也是轻松怡然的。

新居落成不久，米芾就又新得了一块研山，并写了一首《研山诗》，表露出了平淡的心情：

山研云初抱，奁书客不传。
北窗多异气，正对净名天。

此后，米芾每常宦海倦游于栖息之地，徜徉于山水之间，诗情便油然而生。这类诗立意高远，不随流俗，其语言风格与同代人作品相比，也的确不同凡响。且看两首佳作。

一首是“净名五首之一”：

纵目天容旷，披襟海共开。
山形当槛走，云影度江来。
世界惭双足，生涯付一杯。
横风多景梦，壶岭酌泉回。

壶岭乃一研山的名字。另一首是《和孙少述润州望海楼》，颇有气势：

云间铁瓮近青天，缥缈飞楼百尺连。
三峡江声流笔底，六朝帆影落樽前。
几番画角催红日，无事沧州起白烟。
忽忆赏心何处是，春风秋月两茫然。

这种风雅之事，乃米芾平日乐意所为，不必尽述。然而，当地著名的风景名胜金山和焦山，他是直到任期快满的元祐六年（1091 年）初才去游览的。这是位于北固山东西两侧，长江当中的两座小小的孤岛。他先后题写了诗、词和赋，并在焦山临摹了名碑《瘗鹤铭》，留下了题刻。不知为什么，米芾游金山的那些书帖一幅也没有留存下来。

但多才多艺的米芾一生为润州留下了多种多样的艺术遗产。其中《净名斋记》《研山铭》《敝居帖》《多景楼诗》等众多书法墨帖传之于后世，影响极其深远。还有他那著名的“米家云山”的技法就产生在这里。

那时的润州城，是一座以交通和风景名胜而闻名的城市，非常宜居，所以很多名人都在这里买地置宅居住。当朝宰相陈升之和苏颂，都在润州定居，建有宅第。后来权势炎炎的宰相章惇，这时受到排斥，也在城中置有别业闲居。曾任权三司使的沈括，也在城里买地，筑了著名的“梦溪园”，他被贬后，就居住在园里埋头著他的《梦溪笔谈》。

就在米芾被任命为润州教授之际，湖州太守林希被调来润州接替杨杰。这两人都是米芾的老朋友，不管谁当太守，米芾都觉得会给自己三分薄面而有所担待。他与林希更熟，所以更感惬意。

也是在这个时候，苏轼遭到了赵挺之等人的弹劾。苏轼本人也想远离朝廷中枢的繁杂交纷，便主动上书请求补外，被命以龙图阁学士的身份担任杭州太守，相当于杭州市长。苏轼生性豁朗，觉得可以做点实事了，就愉快地乘船南下，计划在润州稍作停留，与朋友聚会后再去赴任。

苏轼一生中有十一次来润州，这次是第九次过润州。他所要见的朋友主要是林希和沈括，顺便也来看望一下米芾和其他朋友。

没想到，这次聚会却让米芾出足了风头。

苏颂是苏轼的宗叔，而林希与苏颂是儿女亲家，因此苏轼与林希有着转弯抹角的姻亲关系，但因政见不同而成了政敌，却又并非水火不容。这时林希正是润州的地方官，对大文豪苏轼还是很讲礼节的。

沈括和苏轼的关系也相当复杂。沈曾是新党的中坚人物，与苏的政见不同，导致苏轼被贬黄州的“乌台诗案”的重要“证据”，竟是苏轼送给沈括的一册诗书，就是他提供给了当局的。此番苏轼来见“废闲在润”的沈括，沈心有歉疚，所以非常谦恭，竭尽礼仪。

虽然心中的块垒难以化去，但苏轼不是小肚鸡肠之人，而且座中还有他人，谈论的话题就不那么尴尬了。他们都是文人，所乐意在文艺。

苏轼首先拿出随身携带的吴道子的画作供大家欣赏，赢得了一片点赞。此画米芾上次赴黄州时看过，这次再看又有新的收获。

接着，林希把不久前米芾所书的《蜀素帖》取出来展示，结果众人对米芾刮目相看，苏轼大加赞赏，认为米芾的书法已经从唐人上追到晋人，意境疏远，潇洒俊逸，大有新貌，已宛然具二王之风了，就豪放倜傥而言，又更近大令王献之，日后当与《兰亭集序》并肩。米芾和林希听了，都非常得意，一个是为写出了精品，一个是为收藏到了精品。

沈括以博学闻名，他说这次拿来了自己收藏的两件宝贝，供大家开眼。一件是王献之的书帖，另一件是唐代周昉画的五花马。谁知打开一看，米芾竟然哈哈大笑。他先指着那幅字说，这是他年轻时在常州一家人借来临的废帖，当时就扔了，不知何人取去装裱成了赝品！沈括大吃一惊，勃然变色说："怎么可能？这帖在我家收藏很久了，怎么会是你的临本？"米芾也不顾他的颜面，笑道："你不信可以再仔细看看，纸缝间应该还留有我盖的印章，哪有变了主人就认不出来物件的啊！"大家翻开一看，那小印果然还在。米芾又指着那幅画说，这件虽然是真迹，可是因为四周空白处的绢都有破损，你就用剪刀沿着马的轮廓剪去四边，把这单独余下的马贴到新鲜的绢上，裱成了横轴。一幅好好的原作就这样糟蹋了，简直是有辱斯文！

米芾越说越起劲，又谈起了有关书画的材料和制作的知识，以及对于收藏和鉴赏的见解，说得头头是道，大家听得津津有味，既惊讶又佩服。米芾扎扎实实地露了一回脸。

平心而论，沈括的学问很高，百科皆能，堪称博学，然而并不多才，在技艺上差苏轼和米芾不止一个等次，既不善书，也不善画，只是喜欢收藏而已。这次沈括失了面子，受到了讥笑和打击，从此以后对米芾就心生芥蒂了，在《梦溪笔谈》中提到书画时，甚至负气地夸赞章惇善书，而对米芾的书法只字不提。

米芾与苏轼有着很多的共同语言，尤其是在书画的爱好和欣赏方面。但在这种人多嘴杂的场合，未免言不尽意。米芾还想与苏轼有更多的切磋交流。于是，在散席后的第二天，米芾追到苏轼的船上，又专门宴请了这位亦师亦友的高人。

话题从现时的书风谈起，谈到当年苏轼教他从唐人上追到晋人的往事，十分感慨。宴毕，米芾特地邀请苏轼到新建的“海岳庵”去欣赏他的收藏。

一般请客人到自己家里来，如果客人不大遵从主人的习惯，或者有些行为举止不太雅观，即使主人心有不悦，也会包容，很少当面说出来，最多只是以后尽量不请这样的人来做客就是了。而米芾请苏轼去欣赏他的收藏，却实实在在地让这位大人物领教了什么叫作规矩和拘束。

米芾先要把家中所有的门窗、坐榻、器具全部洗涤一遍，觉得干净了，再覆盖上布罩，防止灰尘落下。客人入室时，要请他们先洗净手，自己取来一只长柄的银斗，让小童提着，把水浇在手上。洗后不能用布来擦干，而是要两只手互相拍，直到拍干为止。客人看书画前也要先洗手，然后坐在椅子上。他回身取钥匙，亲手打开锁着书画卷轴的橱柜，小心翼翼取出藏品，两手拈着拉开，离客人一丈多远站着，客人是绝对不能伸出手去触碰的。如果稍一靠近，他就会迅速地把藏品收起来，再也不给你看了。

米芾特别珍视自己的藏品，总是担心别人的手汗污脏了画面，或不小心弄坏导致价值折损，这一习惯自小形成并发展为洁癖，对任何人都没有放松过。好在苏轼能够理解他，也就见怪不怪听之任之了。

米芾近日得到一方精巧的砚石，外形酷似石钟山，因为苏轼写有著名的《游石钟山记》，米芾便取出来给苏轼看，并请苏轼为此砚作铭，镌刻在砚上。米芾也随之为苏轼书写了祝贺他杭州之任的诗，受到苏轼夸赞。

第二天早上，米芾亲送苏轼登船，伫立在河埠头一直望到孤帆远影，才怅然地回到“海岳庵”。这之后，苏轼又来过润州两次，但米芾都因故未能得见，一次是因为脚生了疮，一次是因为在外地为官。直到苏轼从海南遇赦北还之时，两人才在润州有了最后一次会见。

米芾曾为因病而失掉了一次宝贵的与苏子见面的机会而感到沮丧，还专门写过一首诗表明心迹：

东坡居士作水陆于金山，相招。足疮不能往，作此以寄之。

久阴障夺佳山川，长澜四溢鱼龙渊。
众看李郭渡浮玉，晴风扫出清明天。
颇闻妙力开大施，足病不列诸方仙。
想应苍壁有垂露，照水百怪愁寒烟。

诗中提到的“苍壁”，是指苏轼到金山寺为佛印作诗而题诗于寺壁的雅事。

米芾在润州州学教授的任上公私兼顾，顺风顺水，渐渐有了“终老林泉”的想法。于是，他又在城里置了一处宅子，就建在运河之畔，衙门西边的一座小山下，邻近市井，水陆交通便利，是闹中取静之所，自己命名为“西山书院”。

米芾的居所，即使面积再小，也要给书画留一席之地。他以前居无定所，书画都是随身携带着的，等到有了“海岳庵”，才有了安定的书画藏身之所。现在东西更多了，他干脆在“西山书院”里建了一座专门收藏书画的“宝晋斋”。斋所的得名，是因为他收藏有晋代的宝帖，但是，在米芾的一生中，唯有“宝晋斋”的地方是不固定的，他不管走到哪里，那些最宝贵的晋帖必是随身携带的，凡暂居之处，皆可如此命名。甚至在船上，他也悬挂起“宝晋斋”的旗号。后来宝晋斋的知名度要远远超过西山书院，书画界无人不知、无人不晓。

西山书院是米芾四十一岁时开始兴建的，经营了十年之后，已是一组具有厅堂、亭台、斋轩的建筑群了，颇有园林之胜。这是后话。他于崇宁元年（1102 年）为之作《敝居帖》，不无得意地向友人炫富，并留下了若干诗文。

《敝居帖》详细介绍了这一处居所：

> 敝居在丹徒行衙之西。翛闲堂、漾月、佳丽亭在其后，临运河之阔水。东则月台，西乃西山，故宝晋斋之西为致爽轩。环居桐柳椿杉百十本，以药植之，今十年，皆垂荫一亩，真一亩之居也。

按常理，有了海岳庵和西山书院，米芾应该安心安居了，可他并不满足，又在南山建了一处山林堂。至此，米芾在润州便有了主屋、书斋和别墅三处宅子，各有用途。苏轼知道后，也十分羡慕，说他是“狡兔三窟”。巧的是，米芾的生肖正好是兔。

南山是历朝名士隐居之处，也是他父母坟茔的所在地。这里远离城市，更加幽静。这里的古刹竹林寺，唐时称古竹院，掩映于蔽天翠微之中，诗人李涉曾留下了“因过竹院逢僧话，偷得浮生半日闲”的名句。正是这里的烟雨晴岚，孕育了日后著称于画史的“米氏云山”。米芾专门为该寺题写了“城市山林”的匾额，并把自己一生所作的诗文辞赋命名为《山林集》，表明他有意寄情于此。

米芾写有《山林堂》的诗：

洗竹延清景，培松卫岁芳。
好峰多漾翠，嘉卉袭人香。
犀玉开书札，龙蛇起混茫。
微风北窗卧，真可上羲皇。

浪迹于官场这么多年却久居人下，沦落边缘，米芾难免有归隐山林之念。但是，过去那些隐士或是怀才不遇，或是避祸于乱世，或是不满于当朝，或是久仕不第，或是绝念于凡俗，都是受到刺激或不公正待遇才甘心退隐的，而米芾虽然仕途不太顺，却并没有遭受到跌宕起伏的人生沉浮，他不可能去做孟浩然或张志和（唐代诗人，隐士）。他在偶发牢骚的同时，希望有朝一日能够功成名就，之后依照隐士来生活和享受。此刻，米芾的润州教授任职期即将届满，他觉得无论怎样，自己都应该要有所晋升了，因此心中并没有绝望，没有无意于官场，他仍有许多的不舍和不甘，还想有所仕进，有所作为，并且还在请托他人。

那么，他的心愿还能够达成吗？

声名远播

一

北宋中晚期时，由周越蔡襄称霸书坛的格局被打破，书法的面貌已超过了五代，高手云集，名家辈出，一个比一个厉害。只不过诸位大家所擅长的几乎都是趋一的行书，其他的书体并不多见。宋人的潇洒之风给书坛带来了讲求意趣为主的书风，把唐代以法度为主的书风冲淡了。这和文坛上的走向有点相似。唐诗以规整排列的绝句和律诗见长，宋词则以相对自由的格律和形式而走红了。当时，全国只有大书家和小书家的区别，只有写得好和写得更好的区别，而没有写得好和写得不好的区别。满朝都是书法家，有很多当代有名的文人同时也是书家，只是他们的书名被文名所掩罢了。蔡襄之后，欧阳修、范仲淹父子、苏舜钦、文彦博、王安石、晁无咎（补之）、林希、谢景温、章惇、蔡京、蔡卞，以及刘泾、薛绍彭、李端叔、曾布等等，都以书法名世，也都有书法存世，水平相当了得。这还不包括兼绘画的李公麟、王诜、赵佶等人。

正如唐代诗人刘禹锡所言："芳林新叶催陈叶，流水前波让后波。"到了元丰、元祐年间，北宋书坛上的四分天下已经形成，苏轼、黄庭坚、米芾、蔡襄各领了一方天，成为当代的巨擘。有人说，这四人中的蔡襄应该是蔡京，因为蔡京臭名昭著，所以多数人倾向于是蔡襄。尽管存在争议，但对前三位的列入是毫无异议的，无论是书法成就，还是个人风格特色，他们都是当之无愧的。

苏、黄、米、蔡这一顺序，实际上是按照当时个人的总体影响来排列的。苏轼名气最大，当然排在第一。黄是苏门弟子，所以位列第二。但如果只考虑个人在书法上的成就，不考虑其他因素，米芾超越其他三家，是名副其实的第一，这一观点被明代大书法家董其昌及后世许多书家认可和推崇。苏、黄、蔡都不是纯粹意义上的书法家，他们都是以其文名或政名超过了书名的，也不是一生中专心于书法的钻研，不是专业的书法家。在当时，米芾的书法再好，就其个人影响而言，无法与苏轼相比。苏轼是一代文宗，朝野上下无人不读苏文苏诗，无人不学苏体。而苏轼意不在书，他有更多更重要的事要做，闲下来时才着意于书画。黄庭坚也差不多，他主要也是做官、编史、写诗作词，书法是他的业余爱好。而无论是蔡襄还是蔡京，都是大官僚。如此看来，书名是随着官阶而水涨船高的，只有官做得大，名才能传得远，否则，即使书艺超群，也只能屈居下游。米芾渴望得到升迁，有说不出的"醉翁之意不在酒"的苦衷。

米芾一生之中把书法放在头等重要的位置，倾尽毕生精力，至死无悔，他才是个专业的书法家。米芾自己曾说过："他好俱忘乃入妙，别为一好萦之，便不工。"也就是说，其他的爱好都忘记了才进入妙境，如果有别的爱好萦怀，就做不到工巧精致。若仅从书法角度看个人影响，米芾的功力深厚，笔法的变化最为丰富，书体的风格最为显著，对后世的影响力也最大，而且对书法理论的研究也多有专著，他在书史、金石古文字和书画鉴定方面的知识学养，使他对书学起源、书体演变、历代书家个性书风等方面都见解独到，超越了当代的所有人。在米芾的书论中，突出的特点是无处不在地表现出"得趣"、抒情、创新的意识，与苏轼和黄庭坚有很大的不同。苏黄更强调观念理论创新对艺术实践的指导作用，它是自上而下地展开，而米芾则更加注重从艺术创作实践中进行理论的升华，它是自下而上地深化。米芾书法美学思想的"尚意"特征，是更为深刻地达到了理论与实践、观念与载体、形式与内容的和谐统一。米芾的书法美学有着不可替代的时代特色与理论价值，正所谓"涉浅水者见鱼虾，涉深水者见蛟龙。"（东汉王充《论衡》）米芾第一实至名归。有人还提出了按年资排列的观点，如果那样，就要么是苏、黄、蔡（京）、米，要么是蔡（襄）、苏、黄、米了，怎么也不会是苏、黄、米、蔡这个顺序。

不管怎么说，到了元祐年间（1086—1094 年），米芾的书法已经名满天下了。他的藏品渐丰，墨迹遍及各地，书帖被人争相收藏，他题跋过的书画和器物价值倍增。不过，据他自己记述，这几年他的头发已经花白，牙齿开始脱落，外形上看已然是一老翁。四十岁左右而叹"老"，其实不单指身体的衰老，而是感到前途迷茫，精神有些疲惫了。也就是在这个时候，米芾正式把自己的名字从"米黻"改成了"米芾"。

随着名气越来越大，米芾接待的来客也越来越多，这些来客不是来求他的书帖的，就是来请求欣赏或交易藏品的。为了应付许多“不速之客”，米芾发明了一套“区别对待”却又不得罪人的待客之道。

米芾首创了以不同印文、材质的印章分别书画品第等次的办法。那些钤“平生真赏印”“米芾秘箧印”的“最上品”绝不轻易示人，平时只用“米芾清玩之印”之类的“次等”搪塞一般来客。他所得书画名迹，从鉴定、钤印、装裱，到收藏、展示，都设定了严格的“规制”。展示书画时，绝对不许客人接触。手指、衣袖偶一触及，必加清洗后重新装裱。米芾有一篇《净手帖》(亦称《阅书帖》)，自述其“今每示人者，印以‘米姓清玩’之印文，待性暴不可告以情之客”。在朋友前展示藏品时，“洗二案相比，某以缫铺讫，濯手，亲取于夌中，铺展以示客。……只求不以手或衣振拂之耳”。他的这一怪癖，“老母训之不能改，朋友诲之不能悛，子弟谏之不能从”，“要官可忤，不可改心”。简直成了“老顽固”。

精品秘不示人，以至于使人怀疑宝晋斋闻名天下的收藏是否真的名副其实。一次，苏轼来访，为了不让米芾故伎重演那以“次品”敷衍的把戏，于是不留情面，直揭其短，这才看到了真正的“铭心绝品”。

元祐六年(1091年)，米芾在润州州学教授的任职期满，他又要赴京师听命去了。说是听命，倒不如直接说是活动，为了心中的梦想，米芾不得不再一次动用其社交关系去拜谒权门。

米芾这次赴京听命，还是有自信的，对即将担任的职务有相当的期待，不久之前产生的归隐之心已经抛之脑后了。他认为自己怀才不遇，但不会终老于乡里，定会有起复之时，一展胸中的抱负。再说，自己现在名声大噪，虽然有些人说自己的坏话，但那是因为曲高和寡。接下来，自己要有一番大作为了。

这个时候，当朝宰相换成了吕大防。吕大防，字微仲，京兆府蓝田（今陕西蓝田）人。据说此公朴实憨厚，秉公办事，不徇私情，而且刚好掌握有任命官员的大权。米芾觉得此人之言必对自己有利，便想结识他以求举荐。然而，吕大防没有任何嗜好，米芾常用的“敲门砖”在此失灵，他只好托人引荐，请求面陈。

没想到，米芾的这一愿望居然达成了！

把米芾引荐给吕大防的人，有可能是章惇，因为他是吕的外甥，当时在润州与米芾多有交往，而且他的儿子章持也与米芾关系密切。米芾见到宰相吕大人之后，谦卑地说了一通奉承话，吕公对他的“面试”印象不错，便让他回家等通知。

这个时候，苏轼受到高太皇太后的重用，担任了翰林学士承旨，素称“内相”，正在大红大紫之际，整天忙得屁颠屁颠的，很难有时间会见米芾。倒是苏门学士之首黄庭坚在京，有空与他切磋书艺。黄与米，两人的辈分相当，书艺也相当，但个人书风、艺术见解和学术思想却不一致，有时还互相争执。黄书含蓄内敛，米书恣肆奔放，黄推崇唐人，持论公允，米宗晋而舍唐，性格偏激。

黄米二人对待“碑学”和“帖学”的态度，是他们之间最大的学术意见分歧。黄庭坚是以《瘗鹤铭》为师的，对其赞不绝口，而米芾虽然也膜拜它，却并不师法它，他认为碑不如帖。帖是书家写的，用笔的轻重缓急、提捺刷掠、墨色浓淡，甚至书写人当时的感情都能从纸上感觉得到，特别是疾速用笔在宣纸上形成的枯涩飞白，是书家感情的挥发，每一笔都不会相同的。如果把这个字迹刻到石头上去形成碑，石匠要根据原字描摹一遍，那字就肯定走了样，再转刻到石头上去，这时的字已经不是原字了，尤其是飞白的痕迹，墨色的变化，都是根本无法表现出来的。所以米芾主张“石刻不可学”，一生只着意于书法的原帖，哪怕是“下真迹一等”的摹本也远比碑本要好，不得已时才去看碑本。

二人对对方的书法也各有看法和说法。

黄庭坚《豫章黄先生文集》卷二十九“跋米元章书”：余尝评米元章书如快剑斫阵，强弩射千里，所当穿彻。书家笔势亦穷于此。然似仲由未见孔子时习气耳。

“然似仲由未见孔子时习气耳”这句话的潜台词是说：米芾的书法虽有气势，但还不成熟，就像还没有经过孔夫子调教时的子路一样，一味的粗鲁莽撞，缺少温柔敦厚，缺少教养！这一评价虽有贬义，但语意却与苏轼“风樯阵马，沉着痛快”的评语相近。

米芾评黄书为描字。徐度《却扫编》中载：予尝见所藏元章一帖曰：草书不可妄学。黄庭坚、钟离景伯可以为戒。

二人既相互欣赏，又有相互不认可的地方，而这并不影响他们之间的友谊。

米芾在与黄庭坚共同参与一些京城的雅集和应酬时，又结识了另一个重要的朋友，他就是贺铸。

贺铸，字方回，比米芾小一岁，而其出身却是宋太祖皇后的五世孙，是响当当的天潢贵胄，也是以荫恩入仕做了个小官。但是，这位皇后后代的长相却是这样一副尊容：身长七尺，面色铁黑而又发青，双肩耸拔，双目突出，被人称为“贺鬼头”。

贺铸虽然颜值不高，却有一副凛然的英气，性格耿直，豪爽不羁，文章做得极好，特别善于填词。他不善于书，却喜欢书画，与米芾结识后，两人志趣相投，往来殷勤，相知至深，成为挚友。他们有时也会在同一问题上争得面红耳赤，甚至不欢而散，但一天之后，便又是和好如初的朋友了。

这年秋天，黄庭坚的母亲去世，他只得辞官回乡丁忧去了。而米芾一直等到年底，新的任职通知却还是没有下来，他有些坐不住了，又开始为求职而奔走。

刚到京师，米芾就巧遇了一个来向他求字的人。来人是一位姓冯的道士，拿了一幅画来请米芾加跋。米芾接过一看，那画竟是苏轼画的《木石图》！原来，这幅画是苏轼以前为冯道士画的。画面上一株遒劲的老树，旁边一块奇石，只是逸笔草草，略写大概，却表达出一种神韵，或许是苏轼以姿态古怪的老树和坚固的石头自喻吧。米芾连连称赞，当即欣然命笔，题写了一首诗：

芾次韵

四十谁云是？三年不制衣。
贫知世路险，老觉道心微。
已是致身晚，何妨知我稀！
近逢风雅伴，岁晏未言归。

冯道士的本意，或许是想请米芾针对画说几句赞美的话，可他整首诗中对画只字不提，反而借此发了一回牢骚。苏轼是一生中最知他之人，他居然说了句“何妨知我稀”！

但米芾始终忘不了的还是收集字画。就在这一段奔走的时间内，他收到了一幅顾恺之的画。

顾恺之是东晋画家，被人誉为“画圣”，他的《女史箴图》已成为世界级文化遗产。米芾竟然收到了一幅他画的《维摩诘像》，长二尺五寸。画中的维摩诘就是古天竺那位著名的居士，中文译成净名，米芾曾以此名字为斋名。欣喜之余，米芾以此画四处夸赞。有道是，酒逢知己饮，诗向会人吟。米芾第一个要对其炫耀的对象，当然是当代以画人物而著称的李公麟了。李对顾恺之崇拜之极，见到米芾得到如此极品，真是羡慕嫉妒恨啊！以前米芾和李公麟之间一向是资源共享，有了好书画，二人会互相交换，彼此之间并不吝啬。但对于这幅画，米芾视如异珍，任由李公麟再三央求，坚决不肯出手。后来他还专门用上等的紫锦装裱，并在画轴的两头装上唐代镂刻的轴头，锁进漆箧里，轻易不再出示。

米芾还从一位黄姓家中得到了一幅怀素的帖，经工部员外郎王钦臣和书法家薛绍彭看过之后，写下了一篇《箧中帖》，并向刘景文等众多官员夸耀，说此帖经历多次辗转被他购得，十分珍贵，曾有人出一百坛酒来换取，他也没有出让。这位刘景文不是别人，正是苏轼曾为之写下著名的“一年好景君须记，最是橙黄橘绿时”的那个刘景文。此外，米芾又得到了一方研山，也是稀有之物。

求职之事不顺利，但先得了几件心爱的宝贝，对于米芾来说，也算是一种心理平衡吧。

米芾有一篇《三馆曝帖》，应是这段时间的作品。他以最为擅长的大字行书书写，字体间架结构优美，用笔粗犷豪迈，凛然大气，看上去浑然磅礴，淋漓酣畅，令人荡气回肠。

“三馆”是宋代史馆、昭文馆和集贤院的合称，三馆里收藏的，绝对是真品极品，每到春夏之交时，内廷便要把馆内的藏品拿出来晒，以防生蠹虫被腐蚀。帖的内容正是叙述此事的一首诗：

三馆曝书防蠹毁，得见来禽与青李。
秋蛇春蚓久相杂，野鹜家鸡定谁美？
玉函金钥天上来，紫衣敕使新临启。
纷纶过眼未易识，磊落挂壁空云委。
归来妙意独追求，坐想蓬山二十秋。
怪君何处得此本，上有桓玄寒具油。
巧偷豪夺古来有，一笑便似痴虎头？
君不见长安永宁里，王家破垣谁复修？

在帖的后面，米芾还用小字加了一篇跋。此诗的作者并不是他，而是以苏轼惯有的调侃和戏谑口气，对米芾以超级高仿手段制作古人赝品的伎俩进行的微讽，说“秋蛇春蚓久相杂，野鹜家鸡定谁美？”很多古人的作品经过他的仿制之后，便真伪莫辨，犹如秋蛇和春蚓纠杂在一起、野鹜和家鸡混迹于一窝，分不出美丑了。不过，后面用一句“巧偷豪夺古来有”又为米芾进行了解脱，给他留了面子，相当于开了个玩笑。而被提意见者米芾居然敢自书其诗，不觉其讽，坦然接受了。书法史上对诗的作者和书写的时间存在疑义，现存于湖北襄阳米公祠里的这篇帖的刻本和拓片也可能是复刻本，但此帖书法之精妙，足可与《研山铭》《多景楼诗》和《虹县诗》相媲美，是米书大字的上乘之作，有一种昂然傲世的气势。

元祐七年（1092 年）夏，又等待了一年的米芾终于获得了新的任命，授他以宣德郎的身份去任雍丘县令。这可能是苏氏兄弟帮的忙，也可能是吕大防的关照，米芾对他们都非常感激。

雍丘县隶属于东京畿路的开封府，是二等的畿县。虽然并不算高就，但对于已经四十二岁的米芾来说，这是他混迹官场二十一年来首次担任一把手，和以前的公安局长、办公室主任、幕僚、教授都不一样，而且离京城很近，诸事也会方便许多。所以，他高兴地赴任去了。他认为自己能够胜任这一全新的职务，完全有把握完成使命，必会有所作为，因而雄心勃勃，颇有几分得意。他或许以为，这回是他重新得以施展抱负的起点，也是他登上更高阶梯的最后一次机会了，但他却没有意识到这一任职务的重要性和艰难度。

米芾前往雍丘赴任，从润州乘船经过扬州。在此前夕，苏轼因与其弟苏辙同朝为官，依回避制度外放到了扬州，于是，两位大艺术家又有了一次特别的会面。

米芾去见苏轼，想把自己上次在扬州因放浪形骸留下的癫狂名声向这位亦师亦友的知己倾诉一下，希望苏轼为他洗白开脱。苏轼刚刚从距雍丘不远的颍州任上调来，做过民意调查，他想提供一些实际情况以及自己在地方为官的做法，给这位第一次任行政长官、独立从政经验不多的朋友做参考。

苏轼设宴款待，在座的还有十余位名士。酒至半酣，米芾忽然站起身来，向苏轼施礼道 :“少事白吾丈，世人皆以芾为颠，愿质之。”意思是请苏轼给评评理，看他到底颠还是不颠。

众人听了，都哈哈大笑。没有料到的是，这位素来敦厚的苏夫子竟然说:“吾从众！”

“吾从众”这句话原是孔子说的，苏轼借来一用，机警幽默，也十分切合自己的身份和当时的情景。

从此，米芾就挣不脱这个颠名了。

二

雍丘即今天河南省的杞县，历史悠久，那则“杞人忧天”的寓言就产生于此。殷商时的伊尹，汉代的蔡邕、蔡琰（文姬）、曹植等名人都出自这里。唐宋时这里是重要的漕运渠道。但近几年里由于黄河的屡屡泛滥决堤，灾荒频仍。米芾接手之时，正是灾荒之年，饥民遍地。救民于水火的重任历史性地落到了米芾的身上。

履新伊始，米芾一扫往日的阴霾，满怀忧国忧民之心，变得阳光起来，并试图在自己治下做一点利于社会、利于子民的好事。一方面，他按照官场惯例贴出了两张告示，这就是收入《山林集》的安民告示《到任榜》和告诫德行的《六顺晓示》。前者宣示了他的理想政治 :“尚和厚、敬长老、勤农桑、救贫困、养疏亲。”后者表示了要构建理想的人际关系 : 父慈、子孝、兄友、弟恭、姑仁、妇义。同时，他虚心向前任老领导求教，边开展调查研究，边为群众排忧解难。他在雍丘存有几帖涉及公事，其中有一帖《依赦帖》，记述了他为案中的寡妇主持公道而据理力争的事，这是他亲民爱民的政绩之一。另一方面，他积极地给旧日朋友们写信，不管是正在朝中当政的重臣高官，还是正在闲居等待东山再起之人，他都要主动联络，一概不得罪。由此看来，米芾并不是一个单纯的书呆子，只是他的理想在当时是很难实现的，他没有足够的能力保护他的子民。

米芾决定好好表现，争取干出一点政绩来，以取悦于朝廷，有利于黎民。然而事与愿违，他的书呆子气却又发作了。

米芾下乡视察，来到县城以南二十五里路的空桑镇。听说宋真宗当年曾在镇上的伊尹庙里驻跸留宿过，并亲自撰写了一篇记，用篆字刻成巨碑立在庙前。经过了八十几年的风雨侵蚀，当年修复的伊尹庙又显得有些破败了。米芾见闻，便动起了心思。他想申请拨款大修庙宇，就此营造一个政绩，让中央知道，以便为当地争取更多的扶持和优惠政策。

米芾的申请如愿获批。于是，他扩大规模，把庙顶升高，建成了宫殿式的鸱尾，在殿檐间雕梁彩绘，又塑了许多扈从禁卫的泥像。他把这座庙命名为“天临殿”，寓意是“天子曾经光临过的殿”。他自己题写了匾额，还为这处全新的纪念地兼旅游景点写了《明道观壁记》《章圣天临殿记》和《章圣天临殿铭》，极尽歌颂之能事。两年后，这三篇文章被勒石嵌在殿中。不过，其书法价值远远超越了文字的意义，具有了一种独立的审美价值，非常卓越。

在《章圣天临殿铭》中，透露出了一个前所未知的事实，那就是，当年随驾的人员中有米芾的父亲米老太爷，其身份是内宫侍从。米芾建殿纪念的本意也许并没有考虑这一点，他只是碰巧把国事家事做在一起了。

米芾的本意和用心，是想做出一点看得见摸得着的政绩，同时也借机让自己的才艺得到展示。当然，也可能夹带着博取龙颜大悦，为今后的晋升积累资本的成分。按理说，米芾以一区区县令的身份，为皇帝的祖宗做了一件大好事，朝廷应该会给予大大的褒奖，然而，此事不仅没有为他带来任何奖赏，反而给他惹来了麻烦和祸端。

给米芾制造麻烦的，是他的上司吕升卿。吕升卿和他的哥哥吕惠卿是宋代著名的奸臣，是阴险恶毒反复无常的小人。吕升卿原本和米芾还是朋友，但他绝不留情，给米芾罗织的罪名是“下邑不白朝廷，擅自创殿立名”，就是说，他没有向上级汇报，自作主张，胆大妄为。要将他“按治之”。

说米芾没有汇报就搞违建是不成立的，否则，经费从何而来？《明道观壁记》里明确写着“伻图以请”，也就是说，他不仅打了报告，还附上了设计图纸。但米芾确实欠考虑，因为事涉前皇，怎么建，由谁建，是有严格规定的，如果不遵守规矩，就是僭越。何况，米芾把原本是纪念伊尹的庙改成了皇帝的行宫了，而且随便命名，还是该打板子。

米芾一个迂阔文人，遇到阴险恶毒的官僚吕升卿，根本就是百口莫辩。他急忙到京中去托人说情，可是，京中的人事变动让他求援无门。两位可以掌控局面的“后台”大势已去：吕大防已被罢相贬官，苏轼也已出京外任。

谁还能拉自己一把呢？

关键时刻，米芾的“布衣之交”蔡京发挥了重要作用。

蔡京是个看风使舵的人，《宋史》把他列为奸相、“六恶”之首。他曾经“权知开封府事”，任过代理市长，因新旧两党纷争，受到连坐被逐出京师。此时，他刚从成都回京任职，倒还算仗义，帮米芾免于刑罚，化险为夷了。

好不容易才当上一把手，任职雍丘刚满两年，米芾本想借建“天临殿”向朝廷表示忠心，结果被人泼了污水，险些栽倒，闹了个灰头土脸。艺术家性格的米芾真的不适宜做官。

时间回拨到元祐八年（1093 年）。这年夏天，雍丘一带蝗虫泛滥，遮天蔽日而来，所落之处，庄稼顷刻就被吃光。米芾一时无措，只能派人到田间地头四处打扑捕捉。有人建议说，虫子怕烟，可以焚烧秸秆，形成烟雾驱赶。米芾没有学过生物化学，不懂得灭虫知识，听到这个建议，便令照办。于是，全县烟雾四起，蝗虫乱飞。

米芾接到报告，说蝗虫的数量似乎少了些。刚松了口气，却突然接到邻县送来的一份公文，大意是说，他们县里发现了蝗虫，有人指认是从雍丘地界飞过去的，请米大人打扑收埋就地处理，不要以邻为壑，不要再驱赶自己县里的蝗虫去侵食他们的庄稼。

米芾正在与客人一起吃饭，看了公文，不禁哈哈大笑，提笔在公文后面批道：

蝗虫原是空飞物，天遣来为百姓灾。
本县若还驱得去，贵司却请打回来。

这是何薳所著《春渚纪闻》当中记载的。米芾以一首幽默的打油诗说出了真道理：蝗虫本是人力无法控制的，只能飞到哪儿吃到哪儿。相信那位糊涂的邻县县令看了，除了把鼻子气歪，也只能苦笑了。不过，打油诗还有另外一个版本："蝗虫本是天灾，不由人力挤排。若是敝邑遣去，须烦贵县发来。"意思是一样的，可能是另一位文人的附会之作吧。

就在此后不久，朝中发生了大变故，垂帘听政的高太皇太后驾崩了！宋哲宗赵煦刚一亲政，就先后起用了章惇、吕惠卿、吕升卿、蔡京、蔡卞、林希、曾布等新党人物，这些人原本是无耻之徒，他们操纵朝政，重新施行已经偃旗息鼓的新法，必欲置政敌于死地而后快。章惇为相后，重用打手，甚至连剥皮、拔舌、掘墓鞭尸等令人发指的毒辣手段都使了出来，真是无所不用其极。然而，这时的新法，已非王安石时的新法面目，而是被阉割偷换了，成了一场大清算的工具。有人写诗评述说："蔡京奸计假荆公，绍述虽同事岂同？"说北宋的大好河山就断送在这批政治野心家手里也不为过。

公正地说，章惇有才学，也善书法，虽与"宋四家"相比有一定差距，曾被米芾批评说"真书整齐得像算盘珠一样"，但在众多官僚里面算是好的。后世有人评价说，章惇的英迈之才用在反面了，他的书名被其恶名湮没了，是一大悲剧，太可惜了！

新党上台打旧党，旧党上台又打新党，眼下又是新党在追杀旧党，一片混乱。然而这些事，离米芾既很近，又很远。无论谁来主政，他只是一个执行的微官小吏。他日后曾自诩"不入党与"，确实是与新旧两党人士都有交往，然而并未深入其中，成为哪家的党羽或打手。无论新党旧党，从领袖到干将，几乎都是他的朋友，他巧妙地周旋于两党的夹缝之间，只谈艺术，不问政治。

高太皇太后一死，米芾最敬重的朋友苏轼预感大事不妙，便自请到最边远的定州去任职，虽然如此，但还是难保平安。此时还是元祐八年（1093 年）的秋天，“天临殿”还未竣工，吕升卿尚未借题发难。苏轼十分关心米芾，便趁赴任之机特意绕道来看望他，这让米芾感到很意外。

老友相见，分外亲切，酒酣之际，谈兴更浓。米芾说自己藏有三百张上好的宣纸，何妨与苏轼共书共享？苏轼听了，立刻兴致勃发，连声说好。于是，米芾令手下在大堂里铺开两张长案，旁边桌上还放着酒菜，二人约定，边饮边写，不写完这些宣纸不休息。

苏轼和米芾就在县衙里对坐着饮酒，每饮完一轮，便秉笔抻纸对书。他们写得最多的是各自创作的诗词，每写完一幅作品，便互相品头论足一番，切磋其优劣得失，觉得不满意就重新书写。

两人越写越高兴，字也越写越好。直到酒饮完了，两人都大醉，三百张宣纸也写得精光，两人才互相交换书法，各自带走，都觉得这一天自己的书法水平超常发挥，非常得意。

苏米对书的事，实为风雅之举，后人根据此事做了一块“苏米对书之庭”的匾，挂在雍丘县衙大堂前，直到民国年间尚存，足见二人的影响。

苏轼携带着一百五十张米芾的字走了。没想到半年之后，他又被卷进了一场更为惨烈的政治旋涡。

元祐九年（1094 年），也是绍圣元年，章惇们正式开始向旧党开刀。苏轼、苏辙兄弟和“苏门四学士”无一幸免。苏轼被降级贬到南方的英州，就是米芾二十一岁时首次任职的地方。不料这一去，竟是他与京师的永别。

在这种悲剧开始的时候，苏轼还惦记着至交米芾，决定再次绕道雍丘来看望，真够义气的了。

米芾对朝中的变故已有耳闻，虽然上台的是他的朋友章惇和蔡京，但他更为挚友苏轼的被贬而不平和伤心。当时他患了痢疾，身体极度虚弱，但听说苏子过境来访，还是硬撑着起来，扶杖与苏轼执手相见。

米芾满含悲戚，无言以慰师友，只得折柳送别。倒是苏轼依然潇洒倜傥，旷达如常。二人都以为这是他们今生的最后一次见面了，没想到还有重新聚首的一天。

绍圣元年的夏秋之际，豫东一带接连下了四个月的大雨，洪水猛涨，一片泽国，即将成熟的庄稼被淹灭。一时哀鸿遍野，饥民四处流浪。去年刚刚治理了蝗灾，今年却又遭遇了水患。真是“屋漏偏逢连夜雨，船迟又遇打头风”。米芾的官运也实在是不好。

杞人忧天是说有人怕天塌下来，现在这里的天真的要塌了。米芾束手无策，只好上报灾情，请求免除全县今夏的税收，并拨款赈灾。

北宋时，国家设有调节丰歉年成的常平仓，管理常平仓的官员叫常平官，具有很大的予夺之权。他不仅不免除雍丘的夏税，还要增收义仓之粟，三天两头下来催逼，而且一来就是两三个人，吃、拿、卡、要，威风八面。刚开始，米芾忍气吞声，小心侍候，生怕得罪。时间久了，米芾忍无可忍，愤怒到了极点，便直接上书朝廷，据理力争，为雍丘县争赈灾款：

朝廷遣诏使，未离国门，诸监司纵横遣官，每司两三辈交驰，体访按察，将迎旁午，诏使未尝到，而郡县已不胜扰矣，未晚未晚！此岂朝廷德意？民之利病，州县利害，恬不恤，而点检钱物簿书，是何用事？

米芾抱着为民请命的热血，所写条陈言辞激烈，代表全县人民痛斥和声讨常平官的所作所为，说他们竟恬然不知体恤民众之苦，下级已不堪其扰！决心“与监司辩事于朝廷”。

然而，上诉书递上去，却如石沉大海，杳无音讯。没有人出来帮他说话，官僚们根本不理睬那一套！

米芾不禁仰天长叹：为什么替老百姓办点实事这么难啊！盛怒之下，他把头上的官帽子一扔：既然为民请命不成，我的面子也没有了，这个八品芝麻官我要它何用！

不过，米芾并没有说裸辞回乡去当普通百姓，而是说要去“监庙”。这是中国古代知识分子重义轻利人文精神在米芾身上的体现，还带有一定的局限性。毕竟，官可以不当，饭碗不能不要。

所谓监庙，说白了就是退居二线。这在宋代的官制中是一个奇特的职位，庙是著名的寺庙，而监庙却不必到庙里去上班，更不必打卡签到，也不用管实际的事务，只管回家去休闲，且薪俸不减，等于带薪休假，也是一种“寄禄官”。

向朝廷求官难，主动要求“靠边站”却相当容易。果然，朝廷很快就批下来了：让他去监中岳庙。

三

米芾因为为民请命丢了官，赢得了一份清名。虽然积郁了一肚子闷气，但头上总算还戴着一顶官帽子。他为自己取了一个号，作为调侃：“中岳外史”。

临离开雍丘之前，米芾还忍不住写了一首《催租诗》来泄愤：

一司日日下赈济，一司旦旦催租税。
单杖请出三抄纳（敝邑以身当夏税之责，不令受赈时催），
百姓眼中聊一视。
白头县令受薄禄，不敢鞭笞怒上帝。
救民无术告朝廷，监庙东归早相乞。

米芾表现出了强烈的正义感和人道主义精神，他甘愿以自己的俸禄为质，请求免除夏税，结果却没有获得批准。他是无愧于当地老百姓的。

在另一首《求监庙作》诗中，米芾更是表达了无法抑制的激愤之情：

窃禄江湖事不撄，微祠旧足代深耕。
敢为野史摅幽愤，待广由庚颂太平。

他宣称要以诗文（野史）倾泻愤懑，揭发不平，弘扬顺德应时的天

道（待广由庚），歌颂太平盛世。一腔为民请命的热忱跃然纸上。

从雍丘回到京师，接受任命之后，米芾就该回家了。可他因为痢疾尚未痊愈，竟至于卧床一个月不起，只能滞留于馆驿之中。而就在这期间，居然发生了一件奇闻：一个小偷进了他的屋子，四处翻找却没有找到值钱的东西，又不甘心空手而归，便把米芾的衣服席卷而去，而那些堆在屋角、藏在床头的书画一张也没有拿走。应该替米芾感到庆幸：他遇到了一个没有“文化”的小偷！但换一个角度来看，小偷胆敢在当时的首善之区铤而走险进入官员家中行窃，说明已经民不聊生，盗贼四起了。

离京前，米芾作有五言二首，是呈吕大防的辞行诗。诗中对贪官庸吏的睥视，对于官场仕途的失望，表露无遗。决心退隐林下，作云水之游，有“常贫须漫仕”一句，当是“襄阳漫仕”这一别号的注脚，同时也表明了他经过宦途坎坷以后选择的为官态度：因贫而不得不入仕，但既不能做一个好官、贤官，又不愿同流合污，就只能无为而治，“散漫”地做官了。后来在涟水军任上，米芾即有如此表现。行前，米芾还与好友王涣之有诗唱和，回忆昔日相处之愉快，诉其退隐之意。

米芾收拾好书画石砚，便乘船回润州而去。他满怀愤懑，恹恹而行。

米芾沿汴水顺流而下，到泗州再顺着运河南下，过长江就到家了。有道是，忧愤出诗人。一路上，再次经过雍丘、山阳、高邮、扬州等地，昔日的好友秦观、谢景温、苏轼等都已远调他乡，他百感交集，无限感慨，便又写下许多诗文，以发泄心中的不平。

在一首和朋友的诗中，米芾声称要摆脱尘俗的羁绊，学东晋陶渊明以歌诗寄傲于山水，或如后汉时的庞德公隐居于襄阳鹿门山著书言志。然而，诗情固然高远，现实却无法超脱。

米芾回到润州，好在朋友不少，有王汉之和王涣之兄弟，曾经帮他用李后主的研山换了一块地，盖了海岳庵。还有他的亲密朋友、书法家刘泾和薛绍彭。还有葛家三兄弟，甘露寺方丈仲宣，金山寺现在的方丈佛印。这使得米芾有了休闲游历聚会的心情，而不至于感到寂寞和孤独。

赶巧的是，米芾的知交贺铸恰恰也在润州。他们二人可谓是难兄难弟，不仅性格相似，就连境遇也差不多。此时，贺铸也得了一个监北岳庙的职司。两个恃才傲物的二线官员“臭味相投”，便经常在南山相聚，一起饮酒赋诗，狂言骂街，发牢骚解气。

五月的一天，米芾按当地习俗，请贺铸去茶楼吃早茶。这时正是黄梅季节，天上地下似雾似雨，窗外的南山长江都失去了明晰的轮廓，一片混沌迷蒙，犹如淡墨云烟。二人谈兴正浓，已不觉半醉。米芾问道：“方回兄，眼前所见，不正是兄在《青玉案》中所吟的‘一川烟草，满城风絮，梅子黄时雨’的意境吗？天下人都誉兄为‘贺梅子’，今天我是‘满城风絮宴梅子’啊！”

贺铸大笑：“见笑见笑！我不过是随情遣兴而已，哪能比得上‘奉旨填词’的柳七那般威风？就是因为《青玉案》这首词，世人多以花间婉约派来看待我。其实我的志向并不在此，而在豪放之间。当今词坛上皆是吴侬软语，吟花咏柳，如出钗裙之手，虽有苏子开豪放之先，然从之者甚少。可惜呀，我辈没有生在唐代，倘若能够倚马仗剑，如虬髯客载红拂侠行天下，诛尽奸佞不义之小人，那该多么豪爽！”

贺铸一时兴起，突然猛地一拍桌子，大声说："看吾笔端驱使李商隐、温庭筠，当奔命不暇！"

米芾端起酒杯一饮而尽，也拍着桌子大叫着说："也看我挥洒笔墨，一洗天下俗书恶札！"

两个醉人狂夫对视大笑。

过了一会儿，米芾又说道："兄之所言不足，文章诗词，固当以唐时为重，然而论及书法，我却不以唐时为然。唐书虽重法度，然则晋时的率意之风已失，所书皆是排版一般的方块，大小如一，也如同算盘珠子排列，过于僵板，缺少变化，难得有如颜鲁公的《祭侄稿》和《争座位帖》那样豪放不羁的书体，而是俗书恶札甚多，我自取晋人，而鄙唐人耳！"

二人恃才傲物，口出狂言，目空一切。直到晌午，他们才互相搀扶着，踉跄而归。

光阴荏苒，转眼到了绍圣二年（1095年）的秋天，米芾觉得该出去走走了，正好佛印和尚来邀请他到浙江去观潮，便一同去了，而且一去就是几个月，还到苏州转了一圈。

佛印是一位鼎鼎大名的人物，不仅因为他的佛法精湛，还因为他的亦僧亦俗，以及和苏东坡的那些轶事和传说。米芾是在十多年前前往庐山看李邕碑时与他相识的，后来佛印到杭州驻锡，米芾也多有交往，现在佛印在润州的名刹金山任方丈，两人更是过从甚密。

浙江钱塘江的大潮是天下奇观。八月十八日晚，朗朗晴空，皎皎明月，米芾和佛印来到当时最佳的观潮位置浙江亭，看到了那咆哮如雷、撞岸漫堤的壮观景象，极为震撼，便以诗记之：

怒势豪声迸海门，州人传是子胥魂。
天排云阵千雷震，地卷银山万马奔。
高与月轮参朔望，信如壶漏报朝昏。
吴争越战成何事，一曲渔歌过远村。

这首诗写得气势磅礴，豪情万丈，颇有英雄气概，既含典故，又有抒发，是米芾的诗集当中一首难得的精品力作。

米芾在润州任监庙的三年中，还有一个极其重要的人物也在润州，这个人日后对米芾的仕途大有提携。他就是著名的书画家赵佶，也就是后来的宋徽宗。

赵佶比米芾小三十二岁，当时，十四岁的他被其哥哥哲宗以遂宁郡王的身份封为端王，任镇江军兼平江军的节度使。他在镇江建有府邸，在这个府里接受书画教育，与众多名士都有交往，这为他成为书画大家，尤其是“瘦金书”的练成打下了很好的基础。

赵佶对米芾的大名早有耳闻，看到过米芾的书画作品，他也知道米家与皇家的关系，而且，他的姑父王诜与米芾的关系特别好，所以，赵佶对米芾的印象是深刻的。

这三年中，米芾似乎除了交游、诗书画和收藏，没干别的。如果说临桂、长沙之时是“米家云山”的“孕育期”，那么，这个时期则是其“成长期”了。

江南的黄梅季节，整天都弥漫着非雨非雾的水汽，空气潮湿，一片氤氲。米芾居于山林堂，开窗看去，远远近近的山都浮在云雾之中，如同岛屿一般，时隐时现。偶尔露出的山头，浓如重墨，被云罩着的山影，淡似轻纱。山脚的绿树和翠竹，随风摇摆，推动了云雾，整条山脉仿佛都在运动变幻之中。

米芾整天面窗所见的，就是这样一幅幅变幻无穷的画图，他在诗文中深情地称之为“家山”。这给他带来了绘画的灵感和启迪。

前面讲过，米芾在黄州拜会苏轼的时候，二人曾有过关于绘画的对话和研讨。苏轼提出了形似与神似之间的问题，尤其推崇王维的“画中有诗”，米芾与苏轼的观点不谋而合。二人结成了绘画革命的同盟军，创立了以写意为主的文人画。

不过，苏轼的主要精力还是放在文学上，和他的无心做书家一样，在绘画上的实践并不如米芾那样多，画的题材也没有米芾多。所以后人多是把米芾当作画家，把苏轼当作美术理论家来看的。尽管苏轼有画传世而米芾无有，米芾的美术思想远比苏轼超出他们所处的那个时代。

米芾的实践就是通过山水画来进行的，特别是烟雨中的山水。他所见所画都是江南山水，把烟雨迷蒙的丘陵作为自己独具个性的绘画符号，进行探索。米芾远宗王洽的泼墨法，掺和董源的“落茄点”，而创造了“米点山水”。他在《画史》中自称：“又以山水古今相师，少有出尘格者，因信笔作之，多烟云掩映，树石不取细意，似便已，知音求者，只作三尺横挂，三尺轴。……更不作大图，无一笔李成、关仝俗气。”远山迷茫中，很多树木氤氲成一片，如果依前人之法一棵一棵地去画，那效果必然清晰而繁密。米芾采取了用墨点来表现的方法予以概括，用笔蘸着墨，在易洇化的宣纸上点乱挥洒，并根据烟雨的层次来形成浓淡交错的效果，远看犹如雨中掩映的草山，既葱郁又朦胧。这就是米芾以他的天资和才情独创的一种平淡天真的画法，脱去了“时俗”，超越了当代，迥异于古今，并最终得到了历史的认可和接受，被人称为古所未有的新画法。其长子米友仁继承和发展了这种画法和风格，后面将专门介绍。

米芾生前画作不多，身后不久就几近绝迹，人们只能从米友仁的画风一睹其风采了。但如果在中国的山水画史上将他的名字和他所创造的画法抹掉，那人们就无法理解为什么从十二世纪起，中国的绘画从北宋的注重写实而走向了个人情绪的表达。事实上，他开创的“文人水墨写意”画风形成了画史的一次重要转折，无论是其审美价值取向，还是绘画技巧，都改变了中国绘画发展的方向和进程。后人极喜欢他的这种别出新意与自成一家。

在当时，米芾开创“文人水墨写意”画风，还与材料的革新有关。到了宋代中期，生宣已经开始使用了，这种没有上过胶矾的纸会吸水，墨色上去之后会产生洇化，如果掌握不好就很难控制效果。同时，画家恰恰可以利用这种洇化来产生水墨淋漓的画面效果，这种效果在一定程度上是偶然性的，难以预期，却远比画在熟纸和绢上丰富，墨的趣味可以因水分的多寡而凸显出来。用笔的轻重疾徐、正斜逆顺，蘸墨的多少，墨色的浓淡枯涩，都可以从敏感的生宣上得到表现，虽然难度增加了不少，但也为画家提供了更多创作发挥的空间。

不过，米芾始终是把书法摆在第一位的，绘画则次之，但他把书法的笔法移入绘画，把“画画”改为“写画”，把“工笔”改为“写意”，把“画家画”变成“文人画”，把“认真画”变成“率意画”，以书法之余波来入画，使绘画中也能体现出书法的韵味，这就是他的价值所在。所以，明代董其昌《画禅室随笔》中说：“善书必能善画，善画必能善书，其实一事耳。”

现在米芾的画虽已不可见，但根据各种记录，他早年画过《阳朔山水图》，画过松竹梅岁寒《三友图》，画过《维摩诘图》、王右军像和天女诸像。有记录有画名的画有《五洲山图》《下蜀江山图》《净名斋图》《海岳家山图》《金山图》《海岳庵图》《云山图卷》《壮观图》等。此外还为自己画过三幅肖像。明代董其昌富有收藏，见识广博，但当他见到米芾的《云山图卷》时，惊叹为古今之冠。

绍圣四年（1097 年），四十七岁的米芾监庙期满，他再次回京候任。不过，与前几次所不同的是，这次吏部没有让米芾等太久，给了他一项新的任命：涟水军使。

涟水位于黄海之滨，是江苏最东部的一个县，在元祐二年（1087 年）升格为军，在此设军驻守，有维持地方行政的使命。米芾此去，看起来是提升了，实际上等于仍然是一个县令。

米芾因雍丘夏税之事已看透了官场的积弊，眼看已近知天命之年，而且又要到一个边鄙之地去，禁不住有些心灰意冷了。尤其是看到老上级谢景温、林希都已升任中央大官，自己仍是“原地踏步”，未免心中不平。这也是一般人的正常心理反应：如果一个陌生人发迹，往往可以漠然视之，而一个身边人晋升，却很难做到绝不萦怀。因为同一层次的人之间存在着对比、利益的冲突，而与陌生人不存在这方面的问题。不过，想起受贬左迁流落岭南的苏轼、苏辙和秦观等好友，米芾心里又宽慰了许多。

据当地史志记载，米芾在涟水主政两年，多有惠政，是一位受人崇敬和拥戴的清官廉吏，秉持了他为官的一贯本色：“用文雅为治，尚礼教，祛淫祠”。可见，米芾的爱民亲民之心不泯。牢骚归牢骚，他是有自己的底线和责任心的。只不过跟以前相比，他放松了许多，经常穿着短裤头去河边洗砚，全然不顾自己的身份和形象。

米芾十分关心百姓的疾苦。他刚到涟水之时，正逢旱灾之后，又遇水灾，田亩皆被淹没。米芾到高邮一带查勘水情，看到许多原先为防旱而用泥土塞断的通湖港道，因地主豪绅只顾一己之利，仍不疏通开放，以致积潦不能宣泄，为患甚大。为此，他写信给上司说："豪姓因而擅之，恐非公家之利也。"（见《宝真斋法书赞》卷十九）愤愤不平之情，溢于言表，见乎笔端。

《宝晋集》中有一首《狱空行》诗，是米芾为他的上司楚州太守唐公写的。诗中赞扬了唐太守“清风素节”的品行，同时也反映了米芾的政绩。当时楚州辖有五邑（包括涟水军），一百多万人口。由于太守唐公治理有方，断狱“迎刃无留滞”，平反了大量的冤案，使得百姓安居乐业，发案率降低，以致五邑中有两邑形成了“狱空久无事”的局面，这里面当然也有具体办案人员米芾的功劳。时任原州通判的李子仪曾与米芾三书，称元章任涟水军使时，“政成民乐”，“自过扬子渡，行路无不咨嗟颂咏，每道及公姓名，则以手加额上。”（见李子仪《姑溪居士前集》卷二十一）“淮风吹戟稀讼牒，典客闭门闲壶浆。”（米芾《自涟漪寄薛绍彭》诗句）正是在这种政治清明的情况下，米芾才有暇得以品玩山石，泼墨挥毫。

米芾可以一日不食，但不可一日不书。他是一个志在顶峰的人，决不会停止攀登的脚步。他的成功完全来自后天的苦练，丝毫没有取巧的成分。他曾自豪地说，自从学书以来，一生写过的麻纸已过十万张，都散落在人间了。这是一个惊人的数量，还不包括他写过的其他纸张。

米芾在衙署内专门辟了一间书房画室，起名为“瑞墨堂”。这时他的书艺已经炉火纯青，享有盛名了，但他依然勤奋练书不辍，也许是出于距离“终点”越近越不敢懈怠的考虑吧。他说：“一日不书，便觉思涩，想古人未尝片时废书也。”他在涟水期间曾有一本《元日帖》，说自己在元旦日清晨就焚香临写王献之的帖，一连临了好几本都不如真本的气场足，就一直重写，坚持不练到自己想要的样子不休息。

光有一间瑞墨堂，米芾觉得还不够，他又在涟水的海滨选了一处风光旖旎的地方，修建了一座海岱楼，楼名取自于《易经》中“山下有泽咸海岱”一句。楼成之后，呼朋引类，吟诗作画，赏帖玩石。又特地邀请密友刘泾题写诗书联刻柱，与他自己的作品相对，并调侃说这是“二颠相对，非二颠者不刻”。米芾还特意为此楼作了几首诗词，佳句迭出，相当精彩。其中两首是：

蝶恋花·海岱楼玩月作

千古涟漪清绝地，海岱楼高，下瞰秦淮尾。水浸碧天天似水，广寒宫阙人间世。

霭霭春和生海市，鳌戴三山，顷刻随轮至。宝月圆时多异气，夜光一颗千金贵。

减字木兰花·涟水登楼寄赵伯山

云间皓月，光照银淮来万折。海岱楼中，拂袖雄披楚岸风。

醉余清夜，羽扇纶巾人入画。江远淮长，举首宗英醒更狂。

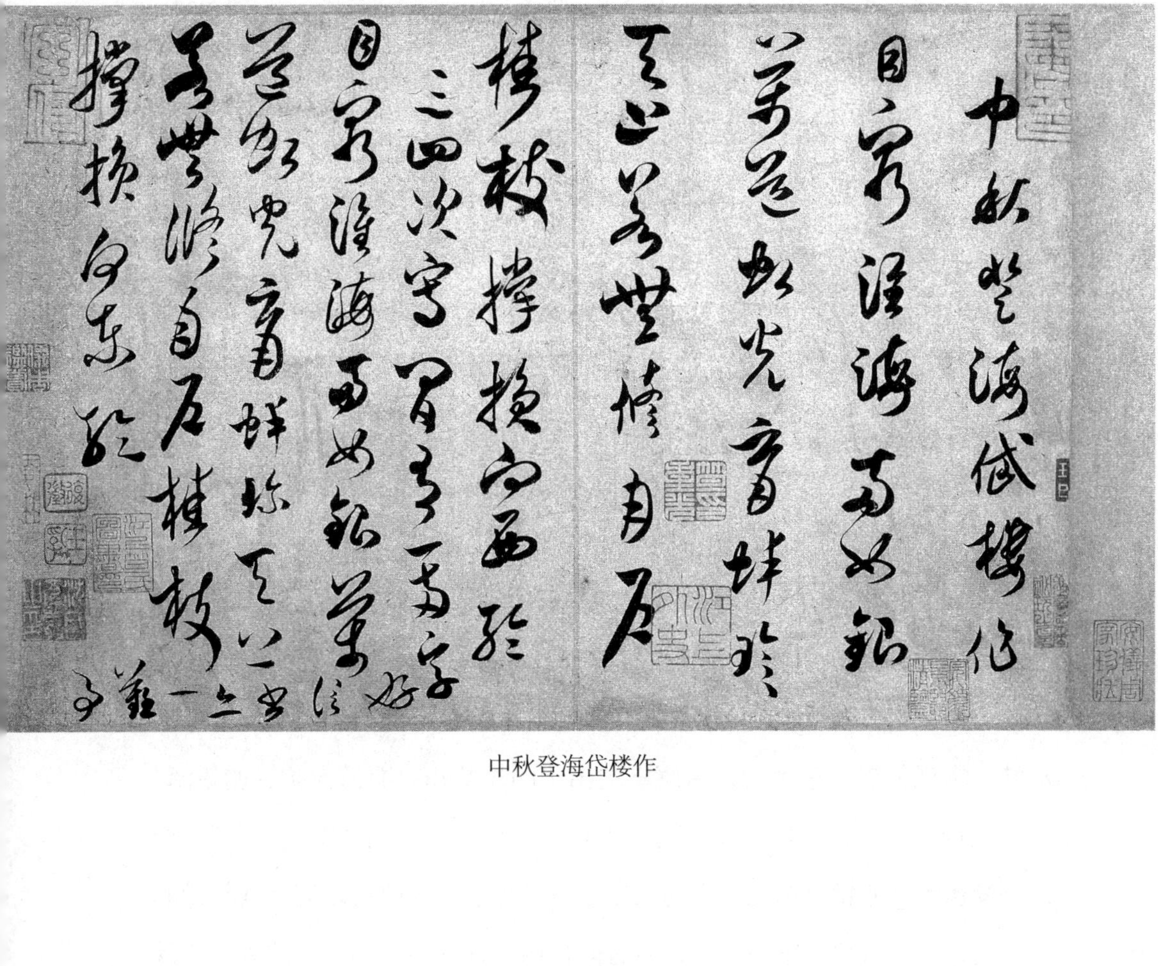

中秋登海岱楼作

米芾在书写《海岱诗》时，还发了一通感慨："余写《海岱诗》，三四次写，间有一两字好，信书亦一难事"（明范明泰《米襄阳外记》）。一首诗，写了三四次，还只有一两字自己满意，其中的甘苦非个中行家里手不能道，也可见他创作态度的严谨认真，不像某些人想象的那样，不假思索地一挥而就。

有了一"堂"一"楼"，米芾仍不知足，他或许觉得"山高皇帝远"，所以又有些放纵起来，在县内原来观风楼的旧基础上建了一座宝月观。此楼在平原地带非常突兀，登临远眺，可以极目达远处的海渚。米芾就是在这里写下了令巨儒苏轼击节赞赏的《宝月观赋》。遗憾的是，这篇美文很可能是在靖康之难中散佚了。

建了楼堂，筑了美苑，最盼望有诤友来共赏共享。可是，米芾的朋友虽多，此刻却少有人能来与他雅聚。苏轼被一贬再贬，已谪居儋州（今海南）。他的弟弟苏辙则从雷州半岛被移贬到循州，从此音讯断绝。秦观远在广东雷州，黄庭坚则困于四川黔州。而吕大防、谢景温、王诜均已去世，林希在朝中被罢了官，蔡京正在大搞"路线斗争"，李公麟也因与苏轼分道扬镳而与米芾划清了界限。目前可以通信或相邀的朋友，就只有那些官职不高，有时间自由走动又不影响工作的人了，魏泰、薛绍彭、刘泾和蔡肇都在其列。

米芾与薛绍彭和刘泾的交谊极深，三人都是当代书法家，被人以"米、薛、刘"并称，其中刘泾字巨济，在西园雅集时就出现过了。米芾在涟水期间，与薛、刘二人的通信交往最多，他们或通信交流、诗词唱和，或聚会雅游、品书论画、交换收藏，不亦乐乎。

不过，米芾在业余时间做得最多的事还是写字和绘画。后世有人统计，米芾一生之中，在涟水时留下的帖札墨迹数量最多，有很多精彩的书帖都成于此时。一方面是因为政事闲暇，有了宽裕的时间来研习，另一方面是因为环境的艰苦和清静，反而促使他专心于艺术创作，多出作品。

米芾在卸任涟水后不久，在与魏泰书信来往的唱和诗中有这样一句话："老厌奴书不玩鹅。"鹅是用王羲之爱鹅，写黄经换白鹅的典故。这是他的一个最新的艺术观点，就是说，到了老年的时候，他已经悟到，年轻时追求师从王羲之的书法，那是没有问题的，现在自己的风格已经确立，就不再跟在王书的后面亦步亦趋地当奴仆了。他早年的书风，被人称为"集古字"，算是博采众长。但到了晚年，他已经不满足于此了，而是创出了自己的米字。

对于中国书法史来说，这是一件幸事，因为米芾在涟水期间的作品不仅最多，而且质量上乘，很多名帖都产生于此。这是他年近五十岁时的书法，十分圆熟老到，应该说，他在这里树立了一座个人艺术史上的丰碑。

到目前为止，米芾的足迹已经遍及半个中国，到处都留有他的题刻墨迹，他的"粉丝"也越来越多。他的作品不是位高权重者的"名人书法"，他的影响都来自那"风樯阵马、沉着痛快"的风格魅力，他完全靠自己的实力和成就成为了蜚声朝野的"书法名人"。

元符二年（1099年）六月，米芾在涟水三十个月的任期届满，他要先回润州家中安顿。

离任时，乡绅百姓感念其德，略备薄礼为米芾送行，都被他一一婉拒。他还再三叮嘱家人："凡公之物，不论贵贱，一律留下，不得带走”，并亲自逐一检点行李，生怕家人暗自夹带。清清白白上路，一时传为佳话。在回家的途中，米芾经历了一次有惊无险的风浪，虽然近乎神话传说，但有鼻子有眼，让人宁可信其有。

据《淮安府志》载，米芾“任满之日，归橐肃然，图书之外无他物。偶值风浪，作诗矢神，即止”。

这则故事和古代很多清官的传说相类似，但当地的志书上却有米芾当时所作之诗的记载，摆明确有其事：

赤岸阻风

千里长淮澈底清，灵英庙下誓其心。

二舟一物如来暗，愿向洪波深处沉。

江湖之上，偶遇风浪很正常，没有必要这样赌咒发誓。米芾敢向神祇表明自己的清白，说明他真的问心无愧。同时也是对那些非议他的人的一种回应。事实上，米芾在任时，确实没有贪腐敛财。他的言行是一致的。

江湖上的风浪过去了，却不料数月之后，朝廷的政局和米芾的家庭都经历了一番重大变化。

不入党争

一

元符三年（1100 年）正月，年仅二十五岁的哲宗驾崩了。

皇权的更迭，似乎跟米芾这样的小官没有什么关系。米芾出生以来，已经经历过仁宗、英宗、神宗和哲宗四朝，但无论哪位皇帝，都没有直接地影响到他的仕途和艺术。然而这一次，接替皇位的人却是大大地影响了米芾的末段人生。

哲宗膝下无子，按照兄终弟及的先例，由向太后做主，端王赵佶被选定为接班人，坐了皇帝之位。这就是宋徽宗。

前面提到过，赵佶是一位才情出众的艺术家，与同样是艺术家的米芾走得很近，这样，距离很远的皇帝与小官之间便扯上了关系。而幸运的是，这位书画皇帝给了米芾最大的信任，也给了他最大的帮助，如果没有徽宗的知遇，他也许终生珠玉蒙尘了。

然而，刚刚即位的徽宗，诸事纷繁，还没有机会来施展自己在文艺上的抱负，也顾不上召米芾相见，他得先把国家的稳定放在第一位。

自神宗之后，宋朝的朋党之争转化为新旧的党争，已经把集团之间的利益同政治上的态度挂起钩来，几十年来此长彼消，更借着皇帝和太后的倾向而左右了政局，褒贬了一大批官员，往往是一党上台执政，就对对方进行打压清算。你方唱罢我登场，如此反复了好几回。

赵佶初登大位之始，在向太后的垂帘听政下，接连做了一些平反昭雪、拨乱反正的好事。先是恢复了司马光等三十三位元祐旧党人物的名誉，被贬在海南儋州的苏轼也得到了宽宥，让他北上内郡居住。紧接着，显赫一时、作恶多端的章惇、蔡京、蔡卞、林希等人相继被贬，同时在“法无新旧，便民则为利；人无彼此，当材则可用”的原则导引下，一批忠直之臣被起用。纷繁复杂的政局步入了相对正常的轨道，恢复了暂时的平静。

对于米芾来说，这一年却是一个多事之秋，他一生中很多的转折都发生在这一年，很多有幸和不幸的家事也发生在这一年。

一个人随着年龄增长，梦想便不复轻盈。米芾这年已经五十岁了，回顾自己的一生，从二十一岁起出仕，一直混到现在，还只是个芝麻绿豆官，而且还都是在陋邦边地，这与他那已经名满天下的书誉形成了巨大反差。眼看韶华已逝，还不知道自己的命运究竟掌握在谁的手中。目前，自己已经耗尽了资财，虽然收藏渐丰，但囊中的银子却是渐少，家里十多口人坐吃山空。想到这些，他甚至有些后悔，后悔自己当初谋求出仕所为何来，如果像当年的孟浩然和现在的魏泰一样隐居襄阳终老山林，不也挺好吗？可惜，人生没有如果，却有许多但是。过去那快乐的畅想，都变成了现世的遗憾。

正当他在家中反思、纠结和懊悔之际，没想到一场大祸突然降临：甘露寺失火了！

那时的建筑以木结构为主，一旦失火，几乎无救。而甘露寺不同于普通的寺庙，那里面可是藏有珍贵的古画，而且是晚唐名相李德裕藏在寺中的若干寺观壁画。其中有顾恺之的《维摩诘图》，戴逵的《文殊像》，陆探微的《青狻猊图》，谢灵运、张僧繇、展子虔的同名画《菩萨像》，韩干的《行道僧图》，吴道子的《行脚僧和鬼神图》等等，尽是名家名画。米芾借住于甘露寺“净名斋”时，时常入内观看临摹。

大火无情地吞噬了一切，把北固山烧成了焦土，甘露寺化为灰烬，里面的净名斋玉石皆焚，当年苏轼赴雍丘与米芾对书的一百五十幅书法也毁于一旦。不过，老天也有疏漏，它放过了临近的卫公塔（李德裕封卫国公）和海岳庵。米芾专门为此事写了一首诗，庆幸劫后余存：

甘露寺壁有张僧繇四菩萨、吴道子行脚僧。元符末一旦为火所焚，六朝遗物扫地。李卫公祠、手植桧亦焚荡。寺故重重金碧、参差多景楼，面山背江，为天下甲观，五城十二楼不过也。今所存唯卫公铁塔、米老庵三间，用诗悼之云：

色改重重构，春归户户岚。
槎浮龙委骨，画失兽遗耽。

神护卫公塔，天留米老庵。

柏梁终厌胜，会副越人谈。

依照惯例，米芾把诗亲笔抄录在甘露寺的残墙上，以示追念。

没想到，第二天竟有人在他的诗中的“塔”字前添了个“爷”字，在“庵”字前添了个“娘”字，变成了“神护卫公爷塔，天留米老娘庵”，分明就是在讽刺他的乳母出身。米芾见了这个恶作剧，气不打一处来，却又不知这个好事者是谁，当即大爆粗口，老子的出身碍着谁了？

看来这位好事者粗通文墨，想必也听到了米芾的骂声，第三天他又在“塔”和“庵”下添加了“飒”和“糟”二字，这样就读成了“神护卫公爷塔飒，天留米老娘庵糟”。在北宋的俚语中，“塔飒”是“塌飒”或“塌撒”的异读，意思是拙劣、差劲。而“庵糟”等于是“腌臜”的异读，也就是肮脏之意，这都是在骂米芾的生母。

这件事从一个侧面说明，无论在朝堂之上，还是在市井之间，米芾都无法逃脱当时的普世价值对他的蔑视和打压。

处理完火焚诸事之后，吏部还没有消息，焦急苦等的米芾只好又一次进京去斡旋。没想到，刚到京师，官尚未得，妻子却病倒了，最小的一个女儿竟在市井之中丢失了！真是祸不单行。

米芾一共生育了五男八女，却并没有享受到多子带来的多福，而是多有拖累。赴京求职竟然要付出痛失爱女的惨重代价，是他始料不及的。米芾身心疲惫，痛楚不堪，却还要强打起精神去寻找能够上达衙门的机会。

然而，米芾所要面临的，是一次艰难的政治抉择。

一幕幕往事，历历在目。米芾想起了当年王诜驸马府西园雅集的盛况，也想起了昔日宰相吕大防的热情厚爱。然而，眼下诸位名士耆宿星走云散，已是故人稀疏了。

米芾在润州时的旧交曾布，此时已经被起用为右相，虽然他也属新党，但劣迹尚未显现。米芾觉得自己与曾布的交情还不够深，说不上话，就想利用曾布是自己在襄阳的至交魏泰的姐夫这层关系，让他引荐一下，以达到让曾布来替代现已失势的蔡京帮忙斡旋之目的。

米芾与魏泰事先通了书信，约了在京相见的日子。谁知半路上妻子生了病，拖延了时间，等到了京师一打听，魏泰刚刚离京回襄阳去了。但他给米芾留下了一首诗：

绿野风回草偃波，方塘疏雨净倾荷。
几年萧寺书红叶，一日山阴换白鹅。
湘浦昔同要月醉，洞湖还忆扣弦歌。
缁衣化尽故山去，白发相思一倍多。

米芾看到后，随即步韵和诗一首：

山椒卜筑瞰江波，千里常怀楚制荷。
旧怜俊气闲羁马，老厌奴书不玩鹅。
真逸岂因明主弃，圣时长和野民歌。
一自扣弦惊夏统，洛川云物至今多。

魏诗回忆了二人同在长沙、襄阳游历的往事。其中洄湖在襄阳，说明米芾后来曾经回过故乡。米诗的“老厌奴书不玩鹅”前面提到过，表明了他的书风已自成一家了。

曾府的大门看来是进不去了，米芾只得另觅新的门路。

然而，尽管米芾能够携着书画与当世的名士豪杰交往，但只要一提及任官，那些权贵们就会或官腔官调，或敷衍搪塞，顾左右而言他。他们只是把他作为一名艺术家来对待，作为一名鉴赏家来请教，作为一名清客来交往，但到了真正涉及人事问题的时候，就极少有人愿意帮他的忙了。

找人帮忙也是一门学问。有的人不能找，有的人不该找，还有的人找不到。有句俗话说得好：你喂狗三日，它记住你三年；你讨好人三年，他三天就能忘记你。很多时候，有的人不如狗！

再三打听，米芾得知了他此番再度择业非常艰难的真正原因，一是因为他以前在任上的所作所为被认为是嬉于政事，二是他那“出身冗浊”的家世背景，导致廷议多是对他不利的言辞。在选人用人的问题上，毁灭一个人只要只言片语，培植和维护一个人却可能要千言万语。

心灰意冷万般无奈之际，米芾又想起了一位熟悉的上司。于是提起笔来，写信诉苦：

> 芾老矣！先生勿恤廷议，荐之曰：“襄阳米芾，在苏轼、黄庭坚之间，自负其才，不入党与。今老矣，困于资格，不幸一旦死，不得润色帝业，黼黻皇度，臣某惜之。愿明天子去常格料理之。”先生以为何如？芾皇恐。

这封信是写给他的老朋友蒋之奇的。蒋之奇虽属新党，为王安石所赏识，也做过污蔑欧阳修等恶劣之事，但因为政绩突出，未被列入清算名单里，还在任同知枢密院的要职。米芾病急乱投医，实在是没有几个能求的达官了。

但是，这封看似平常的求荐信，却透露出了若干信息，具有重要的意义。这是米芾向老朋友所说的心里话。

信中所表达的意思，一是他已得知朝廷中对他多有微词。二是他自认为书法水平和成就介于苏轼和黄庭坚之间。其实，米芾现在的书法已不逊于苏轼，可能因为苏轼是他的前辈，名气太大，他不能把话说得太满。三是他知道自己没有得到升迁的主要原因就是“困于资格”。还有最重要的一点，是他表明了自己的政治态度：“不入党与”。其实，这也是米芾一贯的政治立场。他在元祐六年（1091 年）闰八月以《去国之官，谨成拙诗上献相公汲公钧席》诗呈宰相吕大防，诗中有“有志隆宋业，无心崇党偏”“敢陈必尧舜，况时值娲轩”（称颂当朝）等语，表明他一直是“保持中立”的。

那个时候的官员，一般都有相对明朗的政治态度，非新即旧，要么平步青云，一荣俱荣，要么一损俱损，同归于尽。

或许米芾知道，所有的人都站在一边并不一定是好事，譬如都站在船的一边。所以，他成了一个例外。

以米芾的为人，从情感、兴趣和爱好出发，他更加愿意与旧党中人交朋友。他曾经向好友表白过自己的交友原则。元祐五年（1090 年），西山书院脩闲堂建成，米芾专门在堂里挂了一幅自画像，画上自题：“权杭州观察推官米元章像”。并请他的好友，前润州太守杨杰为他写了赞："君子之交，小人之仇。以人方人，叔度宜俦。"把他们之间的交谊称为君子之交。米芾说：我一生所交，以相同气德的人为交，古人曾论世而取友，何况是同世的朋友呢。我一生中有三位可称为是君子的好友，其中一位是我的同乡蔡肇，当年我是在金陵拜谒王安石时认识他的。当时王安石身边有数名后进学子，都喜欢争名夺利，且又会说别人的坏话，还要假托是长者说的。其中善良之辈，只有蔡肇一人而已。现在有的人仕进之途很快，于是世人的邪说便大行其道。不求责己，但知说别人的坏话，其实是利益所驱使的。今天的乐善君子看上去很多，却总是不言及忠信，而在满口说人坏话。

米芾乐意与旧党中人结交，是因为旧党中的大多数人是品德高尚的君子，是饱学博识、心胸坦荡的高人，只不过他们一旦掌握权柄之后，也会情绪化地报复对方，甚至走极端。

米芾虽说"以相同气德的人为交"，但仍与新党中人多有接触。王安石就不用说了，他交往的林希、蒋之奇、沈括、谢景温等人都是新党的中坚，有的人还是名声恶劣的打手和干将。他还通过魏泰的关系与曾布、通过章持的关系与章惇，并直接与后期的新党重臣蔡京有着友谊。

当然，新党之中也有许多杰出人才，具有相当大的面对旧势力旧传统的勇气。但是到了后期已渐渐蜕变了，甚至变成了结党营私、排斥打击异己之徒。

米芾在与新旧两党人同时进行交往的过程中，绝不主动选边站队，更严防被人"拉下水"，这就是他自诩的"不入党与"，即不陷入党派的集团中去，可以自由平等地独善其身。他奉行并坚守的是一种"只谈艺术，不谈政治"的方针，看起来是一种超然的状态，然而却是极其艰难的。这需要有非常强的自控能力，非常高的平衡能力，非常聪明的智慧才能办到，否则就会因此惹祸上身。

米芾在写给他的挚友刘泾的一首诗中，表明了他的这种政治态度，头两句是“庖丁解牛刀，无厚入有间”，这其实是他一向的心迹，也是一种处世态度。在复杂的政治格局中，作为一名卑官微吏，他只能如手持利刃解牛的庖丁一般，只寻骨头间的厚肉削去，而不伤一丝刀锋，这样才能左右逢源、游刃有余。

从人生处世的角度来看，这种方法未免太过工于心计，也太过辛苦。他说自己在四十多岁的年纪上就已双鬓斑白，已呈颓然老相矣，或许与此有很大的关系吧。

由此，米芾形成了双重人格。一方面，他在艺术上获得了巨大声誉，这使得他可以高视阔步，笑傲江湖，成为众星拱卫的明月；另一方面，他在为官任职上只能匍匐于官阶的最下层，卑躬屈膝地爬行攀登，而且还要处处给人赔笑脸，甚至乞求权要。每逢任满之际，便是他最为难堪之时。

但米芾似乎别无选择。他不这么干，就可能被无情地驱逐出局，甚至死无葬身之地。为此，他往往在忍无可忍之时，选择重新再忍！一次又一次地经受住打击，一次又一次地满血复活。他这么干了，所以一生除了宦游冷遇之外，并无其他苦楚。

因此，米芾还被世人给了一个“狡狯”的评价。

这种狡狯，只能理解为小人物的一种处世功夫，一种活着的本能，在强大的两股对峙势力面前，首鼠两端以自保，靠的是灵活变通的一种小智慧、小聪明，但带着一丝悲凉和无奈。

米芾在给蒋之奇那封信的最后，还天真地表达出一种文人的寄托：“愿明天子去常格料理之”，他幻想着有朝一日，那位新登基的皇帝能够对他破格任用。

不承想，米芾的这一幻想竟然真的有实现的时候。

二

米芾此次赴京斡旋的另一个结果，是在中国书法史上留下了三通著名的书札。分别是致龚夬的《衰老帖》、致贾易的《司勋帖》和致蒋之奇的《廷议帖》。

这三通帖都是米芾给朋友写的求援信，信中的有些话语曲意套近乎，显得相当可怜，从侧面反映了米芾在元符三年时困窘，以及世态炎凉、人情冷暖的现状。如果不顾信札的内容，单从书法艺术的角度来看，这些信札都是真情的流露，没有经营构图布局，没有矫揉造作，书体自由流畅，一气呵成，显示出他晚年书风的一种成熟与从容，具有了很高的欣赏价值。

元符三年（1100 年）时的朝廷变化之大之快，令人眼花缭乱。向太后垂帘听政了七个月，刚刚还政于她的儿子徽宗，不久便一命呜呼了。到了建中靖国元年（1101 年），徽宗一边办国丧，一边在新旧路线之间寻求一条不偏不倚的中庸之道，让喧闹的朝议安静下来。然而事与愿违，新旧党人走马灯式地登场，使人跟不上形势，万一之前站错了队，就会吃亏。

蒋之奇到底是米芾的老友，也是身居高位的“国防部副部长”，可能接到米芾的信后受到了感动，对这位他一向推崇的文化名人施以了援手。元符三年（1100年）夏秋时，蒋之奇为米芾求得了真州一职。这时正值朝廷比较闹腾之时。

新的任命是让米芾去真州任江淮荆浙诸路制置发运司管勾文字一职，相当于有职无权的秘书长。级别没有变动，但离润州很近，环境要比涟水好得多。蒋之奇之所以推介米芾去任此职，是因为他在江淮荆浙发运使的任上干了多年，他熟悉这份工作。

米芾接到任命，还不能即刻赴任，因为他要回家去安顿家小，还要去修葺一下火灾中幸存的海岳庵，完善西山书院的建筑设施，收拾整理一下自己的藏品，还想要专程去凭吊一位过世不久的同道好友。

他的同道好友名叫朱长文，字伯原，号乐圃，博学多才，十九岁时中进士，后任苏州教授、太学博士，著述甚丰，有《乐圃集》一百卷等书法理论著作，对书法的论述中肯而精当，是一位书法理论家。米芾几次到苏州，都与他过从甚密，两人在书法上的见解相近，互有所补。朱长文去年逝世后，米芾亲自为之写了悼词，今年是下葬的第二年，他又写了一通长篇的墓表，并自书成札，称朱长文为“先生道广不疵短，人人亦乐趋。先生势不在人上，而人不敢议，盖见之如麟凤焉”。“至于诗书艺文之学，莫不骚雅”，给予了很高的评价。

几个月后，直到元符三年（1100年）底，米芾才携家到真州赴任。

真州就是现在的仪征市，位于长江之北，属扬州，与润州、南京城隔江相望，水陆交通非常便捷。江淮荆浙诸路制置发运司这个名字听起来有点绕口，实际上是掌管朝廷东南诸路漕运以及财政税收的一个衙门，其官衙称为转运使司，米芾的职责是“管勾文字”，就是专管文字机要的幕僚，是辅助转运使的助手。他感觉好像是得到了一根鸡肋：食之无味，弃之可惜。因而自称“江湖从事”。

米芾刚到真州上任不久，朝中传来噩耗：向太后驾崩了，但直到二月尚未下葬。作为小官的他，却做了一件与其身份不相称的事，为向太后写了一篇挽词，通篇都是歌功颂德的溢美之词，字体则是悬肘写成的小楷，虽不那么自由放纵，有些拘谨局促，但点画之间有行意。后来有人评之曰：“研笔如铁，而秀媚之气奕奕行间，风华类得大令（王献之）之神，是南宫得意笔。”米芾的悬肘功夫相当了得，这缘于他的“童子功”。据说，米芾曾在人前示范笔法，盘腿坐于地上，悬肘作蝇头小字，让人惊掉下巴。

米芾写这篇挽词很可能是一次劳而无功的献忠心。因为，以他这种幕僚身份，为最高领导写的挽词是否能够上达朝廷？是否能够在追悼会上宣读？由谁来替他呈上去呢？再说，他与向太后并无交集和往来，何至于要为这位摄政很短却已故去的领导来献谀辞呢？只是为了向上司表白吗？令人费解。

但不管怎样，米芾又借机炫了一回技，刷了一回存在感。

性好雅游的米芾，在此任上不同于前次的一把手，责任轻多了。公务稍懈，他的兴趣还是游山玩水，赋诗题名。

真州县北五里有一座北山，隆然起伏。三国时魏文帝曹丕率军南下攻吴，于此临江扎营，留下诗篇。后因惧怕天险阻隔，东吴又早有准备，曹丕悻悻然退兵而去。后人也称此山为曹山，并在山上设东巡台、建壮观亭以资纪念，成为一处名胜。

米芾喜欢这处景观，便经常去游玩，特意作了《壮观赋》来歌颂。

向太后挽词

开头几句是：

> 米元章登北山之宇，徘徊四顾，慨然而叹曰：壮者，江山之观也！

此赋较长，气魄很大，辞藻华丽，铺陈排比十分出色，是米芾写得相当成熟的一篇。

此外，还有《壮观二首》的诗，以及两次陪客人冬游后写下的三首纪事诗。这些诗都表达出了一种闲适恬静、悠然自得的情绪，与半年前在京师求职时的焦虑和迫切大不相同，有“巨舰横江稳不摇”（米芾·答刘泾书·其二）的心态。这或许是因为幕僚的责任轻多了，而工作和生活环境条件又好多了的缘故吧！

米芾不会想到的是，到了南宋时，此山因为他这位名人的诗赋而名声大振，成了旅游热点，而众多的名流都慕名而来，以“起骚人之思，动击楫枕戈之想”。

前面讲了很多米芾雅游雅集的经历，但很少讲他饮酒的故事，现在就来说说这件事。因为这个时候，每逢雅游雅集，米芾几乎都是大醉而归，已经成为一种常态了。

米芾是爱饮和善饮的。早在襄阳学习和生活时，他就经常与魏泰等好友一起饮宴。襄阳是南北交汇之地，经济社会繁荣，当地人既有北方人的豪爽，又有南方人的细腻，酒文化历史悠久且厚重，几乎一日三餐都离不开酒。襄阳人每天的早餐一般都要喝一种本地酿造的黄酒，这种黄酒与吴越之地的“花雕”等黄酒有很大的区别，跟江南的米酒或甜酒、江西的水酒、陕西的稠酒也都不相同。其原料是糯米，呈乳白色，浑浊状，其酒精度一般只有2—3度，香气醇厚，味道酸中带甜。喝起来那种酸爽劲儿，如果不是亲身体会是难以形容的。这一传统起源于何时无法得知，但其身影早在唐诗中就有出现，至今盛行不衰。中午或者晚上，不管有没有客来，许多襄阳人家都是要饮上几杯的。如果是好友相聚，那饮酒的名堂可就多了，劝酒的方式层出不穷，猜拳行令的花样也不少，不灌醉一两个，不弄回“现场直播”，一般是不会散席的。当然，随着社会文明的发展进步，现如今，那种“野蛮装卸”的现象已不多见了。米芾身处这样的环境氛围之中，他又是性情中人，可以说是想不学会饮酒都难。

酒这种东西，既能提升人的兴奋度，又能烧融人的理性。醉酒之人，理智受到抑制，往往会做出一些与平时不一样的事来，也许是其潜意识的释放，所谓“酒后吐真言”，说的就是这种情况。至于借酒浇愁、借酒使气、借酒发飙，则是一种自我放纵和发狂的做法，有时是真情的流露，自然而然，有时则是为了发泄而有意为之，往往让人真假难辨。

米芾善饮，也易醉，他是深知个中三昧的。在四十岁以前，几乎没有米芾喝醉酒的记录，为什么过了不惑之年后，反而常饮常醉呢？是酗酒成性了吗？还是应酬太多身体吃不消了？还是因为贪杯导致酒精依赖而欲罢不能？这些原因或许有，但不会是主要的，真正的原因，是他要借酒浇愁，抑或是借酒放狂，索性一不做二不休，以醉助颠。

其实，米芾心里明白，醉酒失态是最能被原谅的行为，醉酒表态也是最不能算数的承诺，他在众人面前表现出一种半醉半醒状态，就是对党派观点的一种不置可否的回复，他在夹缝之中既不攀附也不离弃任何一边，是他所谓“不入党与”的避祸之举。试想，谁会跟一个醉酒的疯子去较真呢？

人都是逼出来的！米芾因荒唐而美丽。

米芾在四十岁以后所写的诗词中，经常可以见到与醉酒有关的文字。比如《发润州》中：

气就蛇须角，睽通豕负途。
解衣同俗裸，酌水入狂夫。

与朋友一起喝醉了，竟然学酒仙刘伶和嵇康，玩起了“裸奔”！

又如《江皋晚泊》一诗中：

柳外舣舟晚，醉余双眼醒。

这些酒后之言，醉后之语，都表达了米芾当时的心态。

就在米芾在真州以醉眼观天下的时候，宋徽宗建中靖国元年（1101年）的早春二月，竟然有一位大人物到真州寻访米芾来了。

他就是蔡京！

前面说过，蔡京是米芾首次优游京师时结下的布衣之交，曾帮米芾开脱过建造“天临殿”的罪责。然而在北宋末年的历史上，蔡京却是一个臭名昭著的奸臣。

蔡京敏捷善变，惯于钻营，又是科举出身，文章写得好，诗词书法皆精。年轻时仕途相当顺利，但因为政治形势风云变幻，他一次又一次地被弹劾被贬谪，却一次又一次地绝处逢生，还朝掌权，在晚年时达到了其个人辉煌的顶峰。他是北宋众多臣子中不多见的“不死鸟”。北宋王朝的最终溃灭与他的荒淫无度和错误决策脱不了干系。

蔡京这次来访米芾，是他又一次“倒霉”的时候。他带着第四子蔡绦等一行人，乘舟南下，将要去杭州监庙隐居。船到泗州时，他想起自己曾在元祐年间担任过真州发运使一职，想到了正在真州的米芾，想在真州购屋而卜居，便准备去找米芾。但他又有点拿不定主意，担心米芾把他看成是失势的丧家之犬。船到真州时，他没敢贸然进城，而是泊船岸边。

谁知米芾得到了消息，立刻就和正巧来真州看他的贺铸一起，急忙前往码头拜望。在米芾的心目中，什么党争不党争与我无关，我只知道我们是朋友，有共同的兴趣爱好和语言，能够切磋技艺，这就足够了。更何况，你帮过我，我不会忘恩负义，不管你是处在得意还是失意之时。

米芾邀请他们到岸边的鉴远楼去饮酒叙旧。

蔡京在当时的书名已经很高，自成一体了。趁着酒兴，他说起了当年为哲宗起草遗诏时的威风情景，也谈起了为徽宗书写大内上清储祥宫碑的骄人成就，不免得意扬扬，不胜自负。

酒过数巡，众人都已进入半醉状态，说话也就渐渐没有了顾忌。蔡京看了米芾带来的书法作品，赞不绝口，夸他的字结体飘逸，翩然如飞，有超越前人法度的地方。其得意之处大体似李邕，而具有大令王献之的风味。

蔡京问米芾：“公认为当今能书者有几位？”

米芾不假思索地答道：“自从晚唐柳公权之后，现在就是公家兄弟二人了。”他指的是蔡京和蔡卞兄弟二人。

一句随口说出的奉承话，说得蔡京心里美滋滋的，也许他知道这不是真心话，但是很受用。

蔡京又追问：“还有呢？”

米芾不再谦虚，坦然地说：“那当然是在下了！”

其实在米芾的心底，蔡京根本不能名列第一，任何当朝书家都没有被他放在眼里。他深知自己的付出与收获，足以傲视于当世。在其他场合，当朋友称他的书法为“天下第一”时，他是带着几分“谦虚”幽默地接受的。

正在这时，一位大汉突然闯了进来，非常鲁莽地打断了他们的谈话。大汉说：“相公您是翰林承旨吧？我听说您书写的榜书大字举世无双，但我想，一个人是不可能写那样大的字的，可能是通过灯光或烛影放大后再描的。否则，哪里有那样粗大的笔呢？”

蔡京听罢大笑，说：“那今天我就写一回给你看看！”

米芾和贺铸听到此话，也高兴地说要一同见识一下。

写大字需要很多墨汁，所以先让那位大汉磨墨。大家一边饮酒一边聊起了榜书的话题。米芾说：“过去有人认为，写大字时须要用力捉笔。世间多有传闻，说右军王羲之在王献之练字时突然从他身后抽笔，认为拔笔不动才能书，岂知不然，倘用力捉笔，腕部僵硬，臂上之力不可传达至手指，所书之字必然无筋骨神气。必须全臂握笔，虚腕而捉，才能挥笔而自如书写。”蔡京十分赞同米芾的这一观点。

大家吃完饭，墨汁已磨好了一大缸。蔡京令左右的人从船上抬上来一个大箱子，在六七支粗如手臂的巨笔中挑选出一支笔来，铺开一张两幅宽的绢素，然后问大汉：“你想写什么字？”

那人说：“就写‘龟山’二字吧。”

龟山是泗州一座隆伏似龟的山，那大汉是专门来请蔡京题名的。

蔡京笑道：“此字容易！”他提起笔来，饱蘸浓墨，略掭了几下笔，便在宽宽的绢素上一挥而就，果然字体庄重沉稳、笔画匀当。

大家看了，齐声叫好，连连赞叹。

没想到，绢素上的墨迹刚干，贺铸突然上前一步，伸开双手，各抓住绢素的一头，急匆匆地卷了起来，拿在手中向大家作了个揖，就携着走出门去了。

这个举动惊得在场的所有人目瞪口呆，不知所措。

米芾顿时怒目圆睁，却又无可奈何，不知该说什么才好。他想不到贺铸下手如此之快，竟然超越他的“巧取”而做了“豪夺”！

事实又一次证明，文人之间的“巧取豪夺”并非米芾的“专利”，而是一种较为普遍的现象，他们并不会向别人索要钱财，而是对心仪的文玩字画实施“雅窃”，被夺取的对象往往都是自己相当熟络的朋友或同道中人。

米芾一气之下，就此和贺铸断绝了交往。几年以后，当他得知贺铸因时任泗州通判，抢走蔡京的书法是为了刻在龟山寺中，作为自己任内的政绩，便与他和解了，并在此碑刻旁边加题了“山阴贺铸刻石也”七个字，从而使这通碑成为两位名书家的合璧之作。

米芾曾多次往返于真州和泗州之间，与贺铸一起游览淮河南岸的都梁山（又名南山），此山虽不高，却突兀于平原之上，好比庸中佼佼。

米芾特意为此山写过一首诗，并留下了“第一山”的榜书题刻，从此，这座山便被称为“第一山”。

三

蔡京离开真州三个月之后，又有一位重量级的人物来访米芾。

他就是米芾最敬重的挚友苏轼。

自从雍丘一别之后，米芾和苏轼就失联了，他甚至以为这位好友已经仙逝在海南的蕉雨椰风之中了，他难以相信，这位年逾花甲的老人，在最为远离中原文明的地区，在那蛮荒瘴疠之地，是怎样坚强地活了下来的。现在，米芾突然接到了苏轼要来真州的信札，不禁喜出望外。

在致米芾的信中，苏轼说：

> 岭海八年，亲友旷绝，亦未尝关念。独念吾元章迈往凌云之气、清雄绝世之文、超妙入神之字。何时见之，以洗我积岁瘴毒耶？

苏轼此信不仅情真意切，而且对米芾的人品、文品、书品都给予了高度赞扬，充分说明了二人之间的深厚友谊以及米芾在苏轼心目中的位置。前面曾经说过，苏轼是直言快语之人，相当吝啬溢美之词，这次如此豪夸米芾，应该是肺腑之言，而绝非恭维之语，因为苏轼没有必要刻意讨好和吹捧米芾。

苏轼此行，是在遇赦北还的途中，他原计划要去河南的颍州与苏辙会合的，由于闻知朝中又出现了一些微妙的变化，已是惊弓之鸟的他，立刻取消了北赴颍州这个京师附近之地的决定，准备到常州所属的宜兴去定居。他让两个儿子先行去收拾旧宅，自己带着其他人到真州来看望米芾。

米芾邀请苏轼上岸，到真州白沙著名的东园去游览。两人执手而行，一路感叹唏嘘。米芾在苏轼面前已变得口无遮拦："音讯全无，我还当夫子您死了呢！"

苏轼还是那样乐观，调侃道："不错，是死了，不想在半路上遇见章惇，我又回来了！"

提起章惇，米芾也恨得咬牙切齿："章惇与夫子同科，想不到存有蛇蝎之心，竟然下如此毒手！要逼夫子于死地！"

苏轼笑道："没想到他害人，竟也被贬岭南，不得善终。我能活下一条命就算是万幸了，现在还能与君对谈于厅堂之间，真是恍如梦里！"

两人有说不完的话，但话题还是离不开诗词和书画的。

米芾把这八年来的作品拿出来给苏轼看，请他指教。苏轼展帖观看后说："自君谟死后，笔法衰绝。我看君的行书亦有高致，已追及古人，与钟王并肩，必有传于世也。"

苏轼也把自己在海南的所书拿给米芾看。米芾说："夫子别后的字，以我观之，已与中年时相异多矣，盖其气愈老，力愈劲也。"

两人饮罢了酒，米芾又请苏轼到他的"宝晋斋"去看他近年来的收藏。苏轼一边欣赏，一边点评，当他看到那方王羲之家的紫金砚时，竟捧起来不肯放下，并向米芾索要。

这方砚是南唐李后主的旧物，米芾是费了很大力气才收罗得来的，除了平时取出来“孤芳自赏”外，是轻易不肯出示给一般人看，更不肯转让的。哪知道苏轼也爱此砚，他是长辈，不会轻易开口，米芾就是再舍不得相送，也不好拒绝，只得咬牙忍痛割爱了。米芾又遭遇“巧取豪夺”了！呵呵。

苏轼得砚大喜，把它交给苏过说：“此砚为我家之珍璧，且记住，我死之后，你要以它殉葬！”

苏轼毕竟上了年纪，加之天气暑热，连日里舟车劳顿，又因为与老友重逢高兴而喝多了酒，还可能吃了生冷和不洁净的食物，回到船上就病倒了，肚痛腹泻不止，到第三天就虚弱得很了。

米芾见状，心急如焚，他赶紧在白沙的东园安排了一处居所，接苏轼到岸上去住，并给他送去了麦门冬汤的中药，病情终于得到控制。这样一来，苏轼又在真州滞留了近十天，使得米芾与他有了早晚相处的时间。据米芾记载，十天来，米芾与他日日相陪，谈诗词论书画，非常投合。苏轼书写了九通书简，还写了一首诗：

一枕清风值万钱，无人肯买北窗眠。

开心暖胃门冬饮，知是东坡手自煎。

没等到身体完全康复，苏轼就含泪拱手作别米芾，南渡长江往润州而去。两人约定，米芾在年终至朝廷述职后前往常州拜访苏轼。

苏轼的临别之语饱含真情：“公别于真闸之屋下，曰：‘待不来，窃恐真州人俱道：放着天下第一等人米元章，不别而去也。’”此时此刻，米芾已成为苏轼心目中的“天下第一等人”了。

米芾呆呆地站在码头上，怅然若失。

船至江心，苏轼听到儿子苏过正在朗读一篇美文，读到精彩处，苏轼惊异地打断了他："这是谁的文章？"苏过说："这就是米大人前几天拿出来给父亲看的《宝月观赋》呀，父亲说字有点小，准备带回去细看的，您怎么忘了？"苏轼不禁对米芾的文章刮目相看了，他大加赞赏地说道："元章不久当有大名，不劳我辈说也。"随即又感叹道："相交二十年，还有不知处。"

到了润州，苏轼把这件事写信告诉米芾，米芾得意地说："更有知不尽处。"

说话间，米芾忽然想到，苏轼病体羸弱，担心他在润州支撑不了，便急急地赶过江去相陪，并安排苏轼到自己刚刚落成的西山书院小住小憩。

苏轼拖着病体，仍饶有兴致地同润州故旧一起游览金山。途中，有陪同人员盛情邀请苏轼题字留名。苏轼指着米芾说："有元章在。"米芾说："某尝北面端明（指苏轼），某不敢。"苏轼以手抚着米芾的背说道："今则青出于蓝矣！"米芾缓缓地答道："端明真知我者也！"

当时苏轼已经病得不轻，连米芾请他题字也没有答应，这次在金山，正好米芾赶过来照应，当然要请他来代笔了。因为苏轼清楚地知道，这时的米芾在书法上已经不亚于他，甚至已经超过他了。

米芾原本相当自负，这次又得到了苏轼的肯定和夸奖，从此便更加自负了。

苏轼在润州盘桓和应酬多日，加重了病情，他急于赶回常州，便匆匆结束了润州之行。米芾一直送到长亭驿站，才拱手揖别。没想到，二人从此遂成天人永诀。

苏轼七月回到常州，没几天就溘然长逝了。噩耗传来，米芾痛不欲生，一连写了五首挽诗来哀悼他的这位亦师亦友的知音。五首诗情真意切，发自肺腑，写得文采飞扬，有赞有典，是他诗歌中的精品。其中两首是：

辛巳中秋，闻东坡老以七月二十八日毕此世。季夏相值白沙东园，云罗浮尝见赤猿，后数入梦。

淋漓十幅草兼真，玉立如山老健身。
梦里赤猿真月纪，兴前白凤似年辰。
将寻贺监船虚返（余约上计回过公），欲近要离烈可亲。
忍死来还天有意，免称圣代杀文人。

招魂听我楚人歌，人命由天天奈何。
昔感松醪聊堕睫，今看麦饭发悲哦（见公送麦饭诗）。
长沙论直终何就？北海伤豪忤更多。
曾借南窗逃蕴暑，西山松竹不堪过（南窗乃余西山书院）。

前一首首句是指苏轼虽病，还在白沙东园里写了十幅字，有草有真。最后一联是说，夫子的去世是顺应了天意，免得人们说在圣代还要杀文人，这是影射朝廷对元祐党人的迫害，其实是违背了宋太祖不杀文人的誓言。后一首把苏轼比作贾谊、李邕，在夹注中透露了若干与苏轼交往的经过。

在短短半年的时间里，好友蔡京的到来，前辈苏轼的来访和诀别，使米芾经历了悲喜两重天。朋友们离开之后，他又陷入了落寞和冷清之中，只有以游历和书画来自娱。不过，令米芾感到欣喜的事情不久又发生了。

崇宁元年（1102 年）三月，蔡京还朝复官了！这就是米芾感到欣喜的事情。因为他认为自己从此可以有靠了。

对于蔡京来说，他的复出已不是什么新鲜事了，他是北宋政坛上屡败屡战、战之能胜的典型。不过这一次的复出，他在权宦童贯的帮助下，跨上了一人之下、万人之上的地位。

无耻的人经过学习和历练，往往变得更加无耻。蔡京本是中山狼，得志便猖狂。他刚站稳脚跟，便联合曾布迫使旧党头目韩彦忠罢相，然后再翻脸设计，使曾布也罢了相。他一石二鸟，窃得相位，从此大权独揽，恣意妄为。

此时朝中的旧党已被驱逐殆尽，销声匿迹了。蔡京为了在舆论上和精神上彻底打垮旧党，竟策划和实施了一起借着书法来行使政治报复的恶劣事件。

蔡京上章列出了一份“元祐籍党人”的黑名单，其实并非完全是旧党，只要是与他政见不同的人，都被他归入了要排斥的异己。更为恶毒的是，他建议徽宗亲自把这份黑名单书写成碑，立在端礼门的朝堂之外，让文武百官在上下朝的时候都能看到，引以为戒。这样，这块罪恶的黑名单就成了一块御碑，更具有震慑作用，别人即使想反也不敢。

这就是臭名昭著的“元祐党籍碑”事件。

这通碑还被蔡京书写后在全国各地复刻。蔡京是著名的书法家，他把碑这一原本是神圣的形式变成了正人君子的耻辱柱，玷污了书法的神

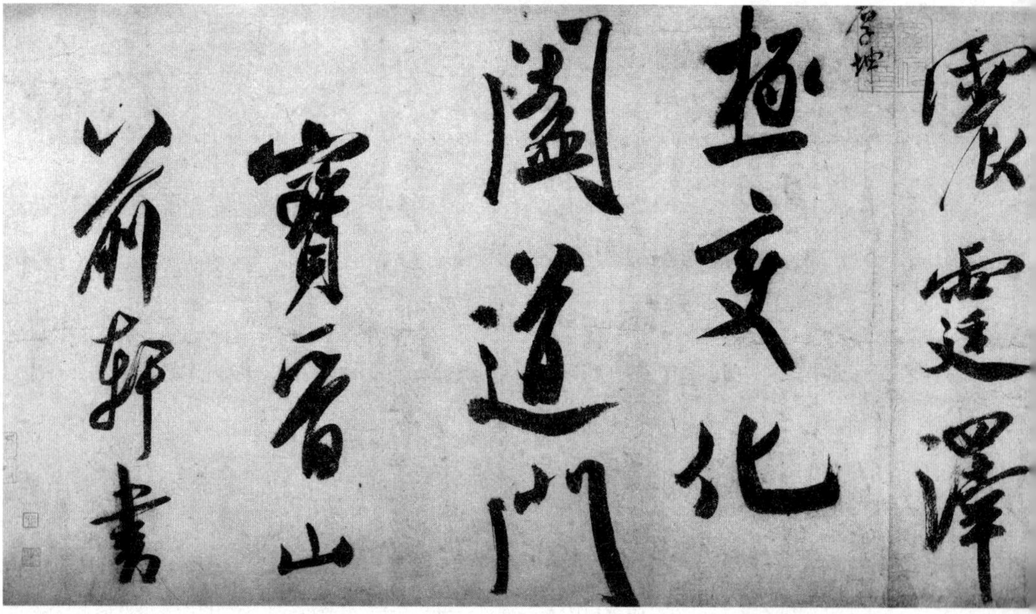
研山铭

圣性，践踏了人权，令所有的书法家蒙羞。

蔡京刚刚复官之时，米芾在第一时间就托人带信转达对他的祝贺，用语相当谦卑，也寄予了厚望。接着，蔡京任相的旨意下来，米芾便亲自写信去表示祝贺：

> 芾顿首再拜，左丞钧席，恭审进位，庆同在己，探候上贺次。晴快，恭惟机政之暇，钧体动止万福。谨具状陈情，不备。芾顿首再拜。左丞钧席。

米芾的两个“再拜”，是他作为朋友真心的祝贺，然而语气变成了

以下对上的示好献媚，里面夹带有私货，对自己日后的仕途有所企盼和希冀。

可是，还没有等到蔡京的回馈，一件家事打断了米芾在真州的仕途：他又丁忧了。也正是这个原因，使得本就与他无关的“元祐党籍碑”事件离得远远的。

这次去世的是米芾的非生母魏氏，是米老太爷的正室，按朝廷规定，他要归乡丁忧三个月。

就在这次带薪休假期间，米芾书写了多通名帖，其中就有著名的《研山铭》《自叙帖》。

米芾一生收藏的研山数量无法统计，但有两方南唐后主李煜所用的旧物最为名贵，一方被他用来向苏泊换了北固山下的宅基地，另一方是传说中的“龙池”，造型峻秀奇特，前面耸立着三十六座山峰，大如手指，左右是两阜漫坡，在群峰之中凿池为研。“龙池，遇天欲雨则津润”，“滴水少许在池内，经旬不竭”。他一直视为至宝，收在身边，并为它撰写了《研山铭》，特意选用南唐宫中所产的澄心堂古纸来书写：

研山铭

五色水，浮昆仑。潭在顶，出黑云。

挂龙怪，烁电痕。下震霆，泽厚坤。

极变化，阖道门。

宝晋山前轩书

书法是自己特别擅长的大字行书，遒劲奔放，沉着痛快。他还在帖后附了一幅画，用篆书题款，而在图上各个部位用隶书对峰洞丘壑作了标注。这样一幅书画兼备的名作，也是中国书画史上第一次出现的赏石图鉴。此帖一直流传有序，近代流落日本，直到 2002 年被国家文物局委托以 2999 万元人民币以定向单人形式拍下，现收藏于北京故宫博物院。

据此帖画后的题记，这座他收之甚密的研山“今被道祖（薛绍彭的字）易去”了！米芾怀念旧石，每次到薛家，都想借出来一观，但薛绍彭怕他又巧取豪夺走，甚至都不肯拿出来给他看。米芾思念之极，于是“追想成图”，画了一幅《研山图》，其题跋诙谐成趣：

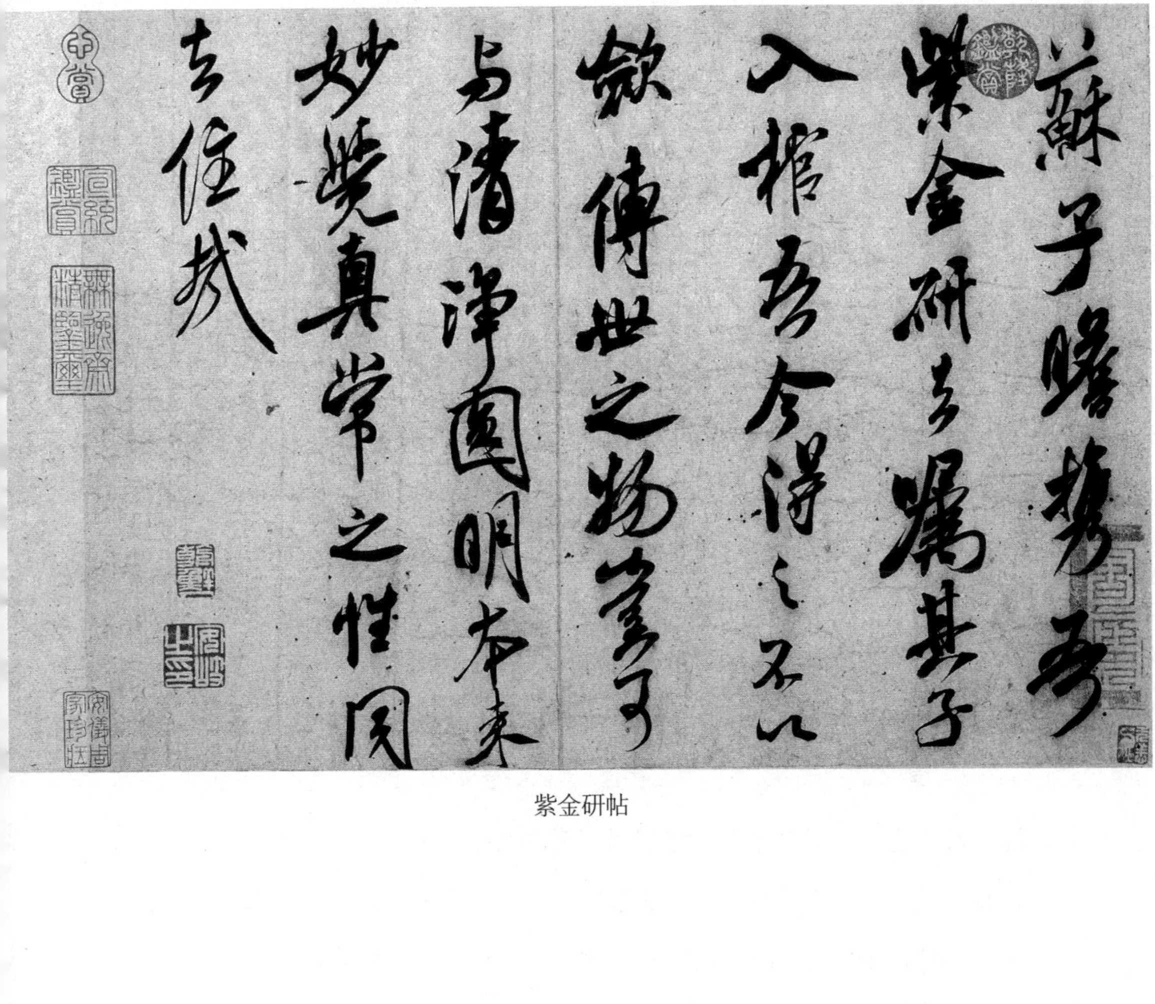

紫金研帖

右此石是南唐宝石，久为吾斋研山。今被道祖易去。……研山不复见，哦诗徒叹息。唯有玉蟾蜍，向予频泪滴。此石一入渠手，不得再见。每同交友往观，亦不出视，绍彭公真忍人也。余今笔想成图，仿佛在目。从此吾斋秀气尤不复泯矣。崇宁元年八月望米芾书。

足见米芾深情于此物，并非只是把玩而已。

而有戏剧性的是，被苏轼夺走的那方紫金研山竟然有了一个传奇般的结局。苏过并没有遵照乃父的遗愿把那方砚放入棺材，而是又把它还给了米芾！宝贝去而复返，米芾狂喜，当即写了一通《紫金研帖》：

苏子瞻携吾紫金研去，嘱其子入棺。吾今得之，不以敛。传世之物，岂可与清净圆明本来妙觉真常之性同去住哉！

米芾还有一通又书又画的信札《珊瑚帖》，此帖书画结合，以画补充书之不足，增加了所书之物的形象感。通篇极尽腾挪变化，表现出狂放奔肆的情感，有“雨夹雪”的结构之美。这一书画结合的写法，体现了他能书会画的才能，而被人赞为奇异。

与上述几帖同时代，足以和《研山铭》等大字帖媲美的就是《自叙帖》了。此帖是米芾一生学书经验的总结，带有理论性，十分珍贵：

学书贵弄翰，谓把笔轻，自然手心虚，振迅天真，出于意外。所以，古人书个个不同。若一一相似，则奴书也。其

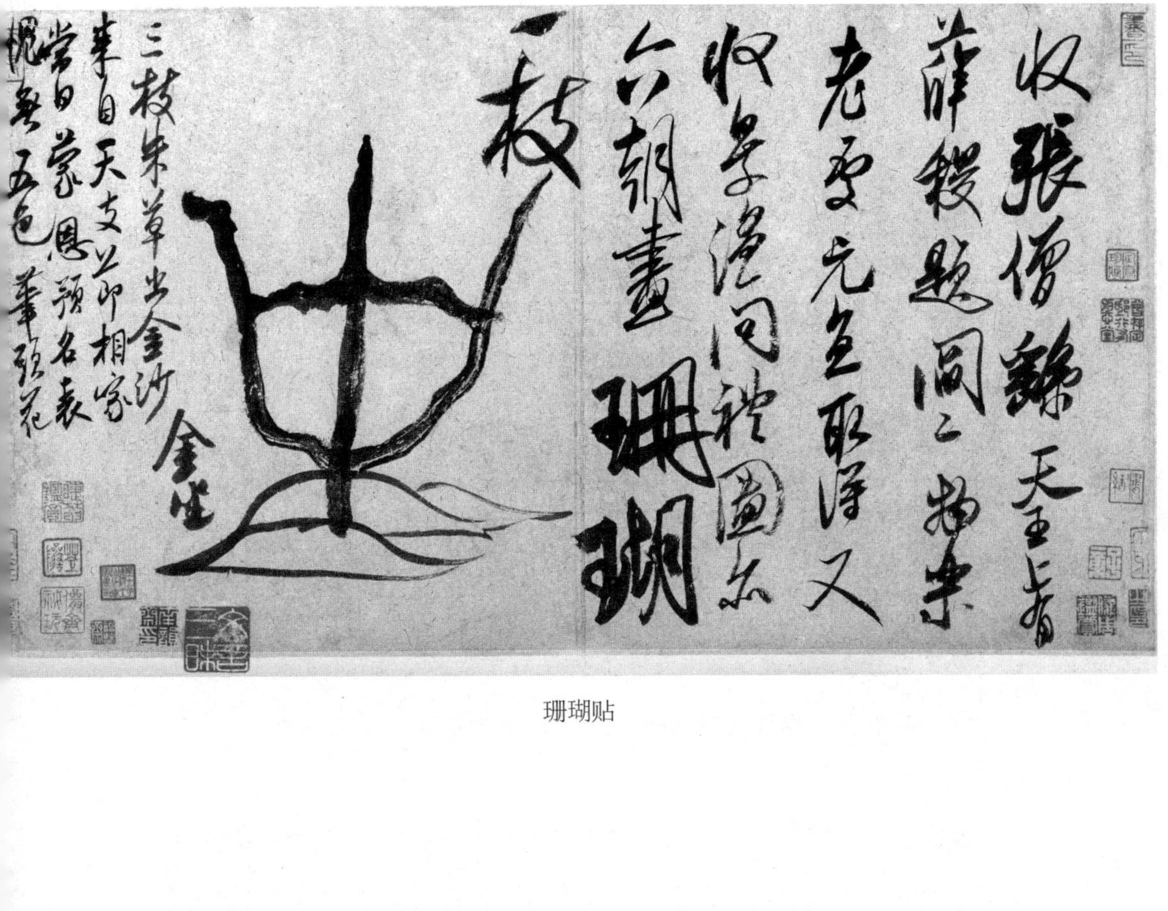

珊瑚贴

次，要得笔。谓骨筋、皮肉、脂泽、风神皆全，犹如一佳士也。又，笔笔不同。三字三画异，故作异；重轻不同，出于天真，自然异。又，书非以使毫。使毫，行墨而已，其浑然天成，如莼丝是也。

又，得笔，则虽细为髭发亦圆，不得笔，虽粗如椽亦扁。此中心得，亦可学人。学之理，在先写壁，作字必悬手。锋抵壁，久之，必自得趣也。余初学颜，七八岁也。字至大一幅，写简不成。见柳而慕紧结，乃学柳《金刚经》。久之，知出于欧，乃学欧。久之，如印板排算，乃慕褚而学最久。又慕段季转折肥美，八面皆全。久之，觉段全绎展《兰亭》，遂并看法帖，入晋魏平淡，弃钟方而师师宜官，《刘宽碑》是也。篆便爱《咀楚》《石鼓文》。又悟竹简以竹聿行漆，而鼎铭妙古老焉。其书壁，以沈传师为主，小字，大不取也，不大取也。

这篇文字，揭示了“大师是怎样炼成的”，它并非空洞的书法理论，也不是隔靴搔痒的说教，而是一个五十出头、研习思考了一生书法的大艺术家做出的经验总结，足以成为中国书坛永远的座右铭。

此帖以大字书成，从容大气，潇洒自如，刷掠跳踉，纵横捭阖，通篇有一种激情，有着一种音乐性，且枯涩兼备，形神毕现。可惜此帖不见纸质本，而只存拓片了。

这时候的米芾，已是大名鼎鼎的艺术家，与新旧两党的人物都有交往，没有加入党争，可以说他是因为迷恋心中的艺术而超然于物外，也可以说他是因为官卑职小，没有可能介入。

颠书痴石

一

自古以来，中国的很多文人都以狂放不羁的性格，以及不同凡俗的行止而出名，他们或是如屈原一般狂歌当哭，行吟泽畔；或是如嵇康、阮籍一般冷眼阅世，佯狂避祸；或是如顾恺之一般痴绝嗔怪，落笔如飞；或是如李太白一般恃才傲物，醉卧长街；或是如“颠张狂素”（张旭、怀素）一般不守法度，挥笔横洒。唐宋以后，这类被称为“疯子”的艺术家也是层出不穷，如唐寅、徐文长、郑板桥等，不胜枚举。

这些被视为另类之人，也许是性格有缺陷，受到刺激后，一时控制不住，便会做出一些过激的事情，以头抢地，狂哭呼号，犹如疯子；也许是内心压抑，遇到不平之事，或者受到诱导，便会择机释放，一吐胸中之块垒；也许是自视极高，而在现实之中屡受歧视，备受折磨，便会显出异于常人的行为来。当然也有人是佯装癫狂，或是为了避祸，或是为了表现与众不同，以吸引别人的注意。

奇怪的是，这样的狂怪之人，多是文学艺术界的才子，他们癫狂的行止，出奇出格的表现，不仅没有妨碍他们的创作，反而为他们平添了激情和动力，他们的笔下常常出现惊世骇俗之作。他们的癫狂，为他们的故事增添了传奇色彩，也为他们的创作增添了催化剂，激发出在艺术上超人的造诣。如此说来，他们应该算是精神正常的疯子。

顺便盘点一下其他领域里的顶尖人物，比如秦皇汉武、唐宗宋祖，以及众多哲学家、军事家、科学家等，似乎也都具有这种疯狂的特质，只不过“疯狂”的表现因人而异而已。他们为了得到从未拥有过的东西，或是为了登上事业的巅峰，挑战的是自己从未做过的事情，是未曾经历过的障碍，是超乎想象的困难，而要打破壁障、克服艰难险阻，需要巨大的能量。燃烧般的热情、惊人的斗志、执着的信念，这些都是能量的源泉，是发起挑战所必备的条件。这种能量的迸发，达到一种“疯狂”的状态，取得成功也就在情理之中了。

米芾的颠名闻达于当世，流传于后世。在襄阳米公祠内，有一副白雉山撰、曹立庵书的对联：

与孟鹿门号两襄阳，书传千古；

共苏黄蔡称四巨子，颠压三人。

对联着重强调了米芾的“书”和“颠”，与历史上对米芾的评价是一脉相承的。

那么，米芾到底是真的疯癫，还是装疯卖傻？他的疯癫与他的艺术成就之间到底有多大的关系？从他的言行举止中可以一窥堂奥。

根据米芾的履历和相关记载，他初次“发癫”是在元祐二年（1087年），三十七岁时回到京城等待再次任命期间。在久等无果的情况下，他身着奇装异服招摇过市以吸引眼球。从此之后，他的“癫症”便频频发作，有时还借着酒精的发酵作用肆意发挥，使人真伪莫辨。

纵观他的一生，便不难发现他的疯癫“规律”。米芾并不像常见的那些神经错乱的人，他不是一个精神失常的狂夫，他是有自己的思想和追求的，是真正的大智若愚，只不过外人不易察觉罢了。

米芾的癫狂举动起初就是有意为之，别人都在假装正经的时候，我只好假装不正经。其目的比较单纯，就是为了提高知名度，为了自己的仕途和艺术。其后，由于心中正义的抱负实现不了，屡受打击，就变成了因为控制不住内心的愤懑而发泄和抗争的一种形式，当然也不排除因癫名难以洗脱而“破罐子破摔”的故意。再后来，面临险恶形势，他的癫狂变本加厉，似乎真的精神失常了，实则是人到极其无可奈何之时，生出的一种比悲号更为沉痛的滑稽感。他以疯癫之态示人，逢场作戏，作为保护自己的权宜之计。当然，有时是明知错了，却欲罢不能，只能一错再错，将错就错。米芾的这种独特性格，在于既能压抑自己的天才和睿智，又能屈从于别人的嘲弄乃至自我摧残，是其“狡狯”的自然流露和意念体现。

如果把米芾所有的癫狂行为罗列在一起来看，他的目的性是极强的，更多的时候是奔着他酷爱的书画和奇石去的，表现为极度的痴迷和不顾一切。他要把在官场上的失意，从艺术领域中找回来。也就是说，米芾始终是清醒的，并没有完全失去理智而胡来。有鉴于此，后世甚至不断有人刻意模仿其行为举止。

一般说来，一个人的兴趣爱好可以是偶然为之，而其产生的过程却是有必然的因素的。比如收藏，必然与一个人的文化、修养、财富、性格以及社会环境密切相关，如果只是跟风或是赶时髦，则说明是爱之不深，附庸风雅而已。米芾所处的文人士大夫阶层，决定了他的兴趣高雅，不同凡俗。当时的社会，是文人士大夫的天下，每个人都津津乐道于自己嗜爱的小收藏，有的爱书画、爱折扇，有的爱美石、爱砚台，他们把这视为风雅之举，还互相赠送、互相交换和交易。

在自古以来无以数计的“爱玩”的文人中，若要论级别，米芾无疑应该排在最前列。但是，如果一个人对某件事物的喜爱和专注达到了痴迷的程度，那种不能自拔的执着和坚守，一般人是无法理解的，甚至是难以理喻的。因为痴迷，所以癫狂，米芾因此成就了他不朽的艺术。

米芾一生之中最大的爱好莫过于书法，他是怎样痴迷和不顾一切地上下求索、乐此不疲和苦心孤诣的呢？

如果说，三十岁以前的米芾还只是一个书法爱好者的话，那么，三十岁以后的米芾就是一个书法的痴迷者和狂人了！还记得米芾在长沙任职期间，曾发生过将道林寺中沈传师的字牌借回书斋欣赏临摹，因久不归还而被人说成是“偷窃”和“诈骗”的事吗？这或许就是他三十岁以后酷爱书法艺术而无法自拔最为典型的实例吧！

在元丰四年到七年（1081—1084 年）之间，三十刚出头的米芾行踪不定，忽东忽西，时南时北，走出了一条不合逻辑的曲线，他到底干吗去了呢？其实，他绝非只为游玩，其终极目的就是为了心目中的书法。因为此时的米芾，凭着自己的天资和勤奋，取得了成就，也有了名气，但成就和名气都还不是很大，他想效法前贤，行万里路，读万卷书，多读名帖，开阔眼界，博采众长。于是，他走了许多弯路和“冤枉路”，有时收获不小，有时却空手而归，收获时手舞足蹈，空归时无怨无悔。比如，他不辞劳苦跋涉千里之遥从长沙到惠州去，表面上是去看一个和尚，其实是寻觅书帖去的，因为目的没有达到而无法解释。又如，他从长沙到长江边的庐山，目的只是去看李邕的《东林寺碑》和裴休的题书，再从庐山绕道到山阳，目的只是奔着欧阳询的《庾亮帖》去的。至于他拜谒王安石和苏轼，其讨教和切磋书艺的目的更是不言自明。

中国古代没有职业的书法家，写好字被认为是读书之人天经地义的必备修养，是不能拿来当饭吃的，虽然有时也能获得一些报酬。情愿自费走天涯去探寻书法奥妙的，如果不是痴绝疯狂之人，是指定不会这么干的。纵观中国书法史，似乎除了米芾，很难找出第二个这样的人来。

在此之后的游历中，米芾只要遇见自己心仪的名家名帖，无不以收归己有为快意幸事，有时甚至巧取豪夺，携带身边不离左右。前面讲到的，他在购得王献之的《中秋帖》和张旭的《秋深帖》之后，无一天不取出来观看、揣摩、临仿。其痴迷程度，由此可见一斑。而他自创的移动保险箱——宝晋斋，则无疑是他痴绝于书法艺术的最大明证。

米芾的疯癫佯狂，曾被世所诟病，也影响到他的仕途，却促进了他的创作和研究。他心无旁骛地投入到艺术中去，甚至不知人间的冷暖寒暑，不谙世事。但他并非达到了疯狂失态的地步，也并非是精神分裂症，而是穿越到晋唐世界中，与王羲之、颜真卿为伍，与褚遂良、李邕对话，以至于整日喃喃自语、手不停挥，沉湎乃至深陷其中而难以解脱，这种境况，其实是一种痴绝，一种入迷，一种无限投入时的忘我，一种不为世人所理解的执着，一般人是无法进入他心中的艺术世界的。他自已曾说过："余无富贵愿，独好古人笔札，每涤一研、展一轴，不知疾雷之在旁，而味可忘。"这就是米芾独特的个性。

米芾在得到苏轼的指点之后，经过一番"淘宝"和研习，对晋唐以来书法的认识有了很大的提高，他先后两次对隋唐诸家进行了点评，大多剀切中理，却也颠语连连。一次是在《海岳名言》一书中写了一些深刻的体会：

余采隋唐至本朝书法，得一十四家：僧智永书，气骨清健，大小相杂，如十四五贵胄，褊性方循绳墨，忽越规矩。褚遂良如熟驭战马，举动从人，而别有一种骄色。虞世南如学休粮道士，神格虽清而体气四疲。欧阳询如新痊病人，颜色憔悴，举动辛勤。柳公权如深山道士，修养已成，神气清健，无一点尘俗。颜真卿如项羽挂甲、樊哙排突，硬弩欲张，铁柱将立，昂然有不可犯之色。李邕如乍富小民，举动崛强，礼节生疏。徐浩如蕴德之人，动容温厚，举止端正，敦尚名节，体气纯白。沈传师如龙游天表，虎踞溪旁，神清自如，骨法清虚。周越如轻薄少年舞剑，气势空健而举刃交加。钱易如美丈夫，肌体充悦，神气清秀。蔡襄如少年女子，体态妖娆，行步缓慢，多饰繁花。苏舜钦如五陵少年，访云寻雨，骏马青衫，醉眠芳草，狂歌院落。张友直如宫女插花，媚娇对鉴，端正自然，别有一种娇态。

这一番话，相当于是给隋唐的书家们下了定论，比喻生动形象，毫无顾忌，有的是一语中的，或是即兴发挥，但未必十分准确，算是富于激情的米芾的一家之言。

另一次是他在涟水时，在给薛绍彭的信中谈及了对唐书的看法。他说，欧阳询的字怪，褚遂良的字柔媚娇妍，无法自持，但还能保持着古人一半的规矩。而柳公权的字就已经变为丑怪了，是唐代恶札之祖，从此古法就荡涤无遗。张旭这个癫人的罪名与柳公权相同，也是鼓吹俗书乱写。而怀素是南方的少数民族獦獠，只是少少懂得一点书法之道，也是平淡，如同盲人医生一般。至于智永，则如同在研着一只空臼，离本质还差一步，因此他的书法呈现出千般的妩媚来。他们这些人终生为这些差距所困，只是嘴上能说而手上不能做到。我听说只要有意在，那么笔就会随着跟到，这是天然的道理。告诉你薛老，在二王之前还有高古之人啊！

这封信把唐代名书家都痛骂了一遍，尖酸刻薄，表现出一种目空一切的傲气，与一般人的评价大相径庭，也与他在《海岳名言》一书中的点评不一致，在他的眼里，唐代书家皆俗，只有晋代才出大家。这些言辞过激，是他的一种偏见，已是癫狂之极！

米芾对书法艺术的癫狂痴迷，还有两则有趣的故事。

米芾任润州州学教授的时候，经常与润州知府林希切磋交流。有一次，他把随身携带的一帖王羲之的《尚书帖》拿出来给林希看，想在好朋友面前显摆一下。他说，此帖是他在元祐四年（1089 年）从一名官员唐炯处得到的，而唐炯说这是从大相国寺的方丈道清处得来的，是当年唐太宗内府的收藏。林希看后，轻描淡写地说，原来内府收藏也不过如此！我曾在内府见过一帖王羲之的书法，上面只盖着一枚“贞”的印，还带有一条龙的图案，显然是唐太宗的用印，因为“贞观”是他的年号。用印时是分开盖在纸缝上的，贞、观，二龙各一印，相距有五六寸，分布也不均匀。如果把字只刻在一枚上，分布整齐，那就是伪印。

米芾素来精于鉴定，法眼如炬，他是做赝之人的克星，又是做赝的高手。可是听了林希的话，他顿时泄了气，认为自己的收藏必定是假的，再也懒得展开帖来验看。但想想又不甘心，等林希走后，他把字帖展开来仔细一看，发现果然四印是分开盖在纸缝上的！米芾大喜，急忙跑去林希家，把这发现告诉他。林希也很惊喜，大叫：你这帖真是妙品了！你太细心了。米芾验知是真品，得意极了，随即在《尚书帖》后加了跋尾书，除了把这件事情详细记录之外，还专门为此写了一首长诗，好好地卖弄了一番，认为自己真的是淘到了稀世珍品，同时也调侃自己对书画痴迷之深，如病入膏肓，已无可救药了。

前文讲过，徽宗建中靖国元年（1101 年），蔡京到真州访过米芾。当时，蔡京写的榜书被贺铸“抢”走了，米芾因此跟贺铸“闹掰了”一回。其实，米芾比贺铸更“狠”更实在，他“抢”到了蔡京随身携带的另一件稀世宝贝，这就是谢安的《八月五日帖》。

蔡京十分珍视此帖，闲暇时经常取出来揣摩研读品评。这次本想在米芾面前炫耀一下，没想到却铸成“大错”。

十多年前，米芾曾在好友王焕之的引荐下，于太师李玮家中见过晋代的十三帖，其中就有此帖，他爱不释手。后多次向李太师的家人提出求购要求，甚至情愿尽倾箧中所有来交换，始终未能得到李氏后人的首肯。现在竟然出现在蔡京的手中，怎能不让他心动？当蔡京从船舱的箧中取出此帖时，米芾的眼睛都绿了，他一边细细观赏，一边请求蔡京把此帖送给他或者换给他。

蔡京虽然富有收藏，但想必如此珍贵的书帖来之不易，委实舍不得割爱。

米芾见蔡京不肯出让，就把帖抱在怀里说："相公若不肯让，芾就携着此帖殉入江水！"说着就要往江里跳。

看到米芾舍命相求，蔡京等人都吓坏了，急忙扑到船边，拉住了正在做投水假动作的米芾。

获得了谢安的《八月五日帖》，米芾狂喜不已。他在此帖之后题了一通长长的跋，把帖的来历和自己喜爱的程度写得清清楚楚。随后又写了一首长诗《太师行寄王太史彦舟》，以行歌体的形式向朋友炫宝，并为自己的宝藏唱赞歌。

其实，米芾自从在李太师家见到那些从未入书史的晋帖之后，便对晋书产生了浓厚的兴趣，但他并不迷信和盲从。先期以为王羲之就是晋代的顶级书家和至高无上的权威，在观看谢安和晋武帝帖后，则认为他们的书法浑然天成，谢安清迈，其水平在王书之上。在得此帖后，曾反复临摹书写了几十遍，认为自己从此"顿失故步"，就是说连自己原来的书体都丢失了，并提出了"羲之俗书趁姿媚"的说法，结合他以前骂"二王恶札"的旧例，从而坚定了自己独特的看法。

米芾在一封书札中曾提到过他反复临写晋武帝的书帖：

吁！岂临学所能？欲令人弃笔研也！古人得此等书临学，安得不臻妙境？独守唐人笔札，意格尪弱，岂有胜理！其气象有若太古之人，自然淳野之质，张长史、怀素岂能臻其藩篱？昔眉阳公（指苏轼）跋赵叔平家帖得之矣。欲尽举一奁书易一二帖，恐未许也。

这是高傲狂放的米芾罕见的一通感叹，表达了他面对晋书时的仰慕之情。可见，得自醒时须自醒，能疯癫处且疯癫，这才是真实的米芾。

二

宋人赏石爱石之风在士大夫间十分流行，徽宗亦爱石成性。米芾一生中的最爱，除了书法，就是石了。他从石头上发现美，找到灵感，寄兴遣怀，一往情深。

前面讲过，米芾爱石的缘起，与襄阳的“穿天节”有关。由“神女弄珠”的故事演变而成的“穿天节”在宋代已成为襄阳老百姓的民俗节日。汉水中游出产一种非常特殊的石头，叫穿天石，其实就是一种呈白色、灰白色或青黑色的卵石或石英石，它的石质和纹理都不出奇，大如鸡蛋小如纽扣。由于石身沾水后质地温润如君子，加之石上有圆形的穿孔，所以显得一身通灵，同时也契合了中国人“恭宽信敏惠”的做人标准。小孔的形成，是因为石头里包含着另一种颗粒较小的石砾，两种石质软硬不一，经过长时间河水冲刷，被包含的小石砾溶解掉，就形成了一个小而圆的穿孔，它没有经过任何的人力加工，奇巧自然，朴素天成。每年的正月二十一这一天，全城的老百姓都在江边聚会，妇女们在沙滩上捡拾穿天石，用红丝线穿起来，戴在头上，竞相媲美。同时，由于石头中包孕着另一石砾，又形成了孔窍，寓意着怀孕生子的好兆头，因此妇人都以此来求子。

米芾从小在襄阳长大，是“户外运动”的积极分子，那小巧玲珑的汉江穿石，那众多文人雅士的题咏，激发了少年米芾对奇石的痴迷。不过，米芾真正成为“石痴”，是在他到了奇石的主要产地江南之后。

米芾第一次南下任职，就是到盛产奇石的浛洸县。浛洸所在的地区，是典型的喀斯特岩溶地貌，到处都是丛丛的峰林，独立的岩石。亿万年前的石灰岩被流水溶蚀成了千孔百窍的怪石。因浛洸县属英州，所以这些石头也被称为英石，是与灵璧石和太湖石属于一类的景观石，也是中国四大名石之一。

米芾发现了英石之美，便趁公务闲暇，经常到山溪里和溶洞中去寻找奇石。于是，当地丰富的奇石资源为米芾所独享，他的官衙书斋里摆满了玲珑剔透的块块奇石，每天对着它们吟诗作书作画，赏玩不尽。

由于爱石，米芾便顺势爱上了由石制成的砚。但能做砚的石头并不多，它要求兼具有实用价值和美观功能。因为古时书写和绘画用的墨汁，不像现在可以随身携带的盒装或者瓶装墨汁，而是在砚台里用固体墨块加水现磨成的。砚台是用来研磨墨块的工具，所以砚又称研。砚的这一功能决定了选择制砚之石的品性要求。首先要细腻，能发墨。质地细腻的石头才能够磨出细而浓的墨汁来，否则，磨出的墨汁就会粗而有颗粒，书写后会在纸上留下墨渣，大煞风景。另外，砚石的质地还要求不吸水，如果过于吸水，水和墨汁很快就会被吸干。这是它的实用功能。一副砚台，上面如果有美丽的石纹或肌理，再加上精湛的刀刻雕功，那就是既有研磨功能，又能成为置放在几案之上清供的极品了。

最有名的砚非端砚莫属，因其制作石材产于广东端州而得名。端州即现在的肇庆，是远古岭南土著文化的发祥地之一。在宋时和英州同属于广南东路管辖，从浛洸乘船沿北江顺流而下，只有五百里的路程。米芾的《砚史》一书中有“端州岩石”一节，他说：“岩有四下，岩上岩半边岩厚砾岩，余尝至端，故得其说。”他还连篇累牍地记述了各种端砚的特点和用途，还与歙砚进行了比较。米芾受兴趣驱使，亲身涉险攀岩以求，他是一位敢想敢干的践行者。这也是他与其他文人的区别之一。

石是未琢之砚，砚是已雕之石。米芾这一始于襄阳、兴于浛洸的爱好和雅趣保留了一辈子。他与石和砚所打的交道极多，有关的轶事也很多。在这里，没有必要重复他在游历八方时的许多留名题刻和收藏，还有拿研山换宅基地，以及写《研山铭》、绘《研山图》的故事，只讲几件“痴绝”之事。

还记得米芾经营了十年之久的“西山书院”吧？在形成“垂荫一亩”的一组建筑群之后，他还觉得不够，还要在园内放置自己心爱的奇石：

> 四月末，上皇山樵以异石告，遂视之。八十一穴，大如碗，小容指，制在淮山一品之上。百夫运致宝晋桐杉之间。

在他看来，园子虽好，但里面如果没有摆上奇石，那还算是空的。在此之前，他已经摆放了一块“淮山一品”石，现在这一块更巨大更壮观，他把它命名为“洞天一品石”，居然动用了一百多人来运送，亏得他动得起这份精力，也出得起这些运费，如此劳心费财，只为了一块石头，这种事情也只有米芾这样的“石痴”才做得出来。这样一来，他最钟爱的书帖和奇石就在一起了，他就能够日夜观摩，晨昏不离了。

奇石安置后不久，居然出现了祥瑞之象：

五月望，甘露满石次，林木焦苇莫不沾，洁白如玉珠。

说是祥瑞之象，其实是把一种自然现象神圣化了。米芾欣喜异常，后来在《〈三米兰亭帖〉跋》中还再三提及此事，并留下了若干的诗作，光题咏致爽轩的诗就有六首。

米芾在监中岳庙的时候，当时的润州太守叫周穜，字仁熟。此人是王安石的表弟，参加了新法的施行，后来投靠在章惇麾下，成为死党。周穜在到润州任太守之前，就与米芾相好，他也是个熟读诗书、风雅好古之人，知道米芾家中收藏颇丰，便派人送帖子到“海岳庵”，想来与米芾谈论书画诗文，并说请他来日到甘露寺的法堂中去喝御赐的茶。米芾在党争中的政治态度一贯不鲜明，他并不因周穜与苏轼等交恶就不与之来往。听说父母官要来访，米芾乐意地接受，并准备拿出最得意的藏品来显摆一下。

当周穜到来的时候，米芾从重重的箧盒里取出一方砚来，自夸此砚非世间凡物，是天地精华凝结出来的秘藏。岂知周穜听了不信，反驳说：“公虽然精于鉴定，但我知道公家的藏物真赝参半，你就不要谬夸了！”

米芾一下子被他这话激怒了：“我拿出来给公仔细瞧瞧，看究竟是不是真的！”他刚要把砚拿给周穜看，又回身说：“公先洗洗手再捧砚看。”

周穜知道米芾有洁癖，只得遵守他的规矩。

周穜是懂收藏的，他仔细端详了这方砚石之后，不禁称赞道："果真是块好砚！这是端砚中的鱼脑冻，还有火捺纹。"

米芾点头说道："看来仁熟兄是行家。此砚产于端溪北岭的老坑之中，嫩净如柔肤，石质如凝脂，温而泽，沉而密，被称是'石之髓'，非常名贵。"

周穜抚砚惊问道："这是真正的老坑石？"

米芾得意地笑了："然也。这是当年我在浛洸任职时，专程到端州去买来的。现在老坑的石料已告罄，除非有朝廷的旨意，已不准开采了。"他捧起砚盒继续说道："仁熟兄听说过老坑石有八德之说吗？历寒不冰，质之温也；贮水不耗，质之润也；研磨无泡，质之柔也；发墨无声，质之嫩也；停墨浮艳，质之细也；护毫加秀，质之腻也；起墨不滞，质之洁也；经久不乏，质之美也。端砚乃群砚之首，而老坑砚又是端砚之首也！此坑制成的石砚下墨细腻油润，唯下墨慢。"

周穜颇觉受教，捧起砚来说："如此说来，让我试试，看是否发墨？"

米芾听说他要试砚，连忙叫小童去取水来，谁知水还未到，周穜就急不可耐地吐了一口口水在上面，磨起墨来。

米芾见状，大吃一惊，急忙夺下砚和墨，脸色大变："兄何作如此不堪之举？为何先恭而后倨？以唾为水，这下砚被污矣，不可用了！"

米芾感到直犯恶心，痛心疾首却又无可奈何。他把砚往周穜面前一推："既然被兄所污，此砚我终生不会用了，就送给你吧。"

周穜万没想到会是这样的结局，捧着砚，极为尴尬地呆在了那里。

第二天，周穜写了一封言辞谦和恳切的信，派人把砚送到"海岳庵”，算是道歉。可米芾坚决不收，直接打发那人回去了。

直到许久之后，米芾应邀到甘露寺法堂去品御赐的茶，才与周穜握手言和，并为这次雅集书写了一阕自作的《满庭芳》词：

雅燕飞觞，清谈挥尘，使君高会群贤。密云双凤，初破镂金团。窗外炉烟自动，开瓶试，一品香泉。轻涛起，香生玉尘，雪溅紫瓯圆。

娇鬟宜美盼，双擎翠袖，稳步金莲。坐中客翻愁，酒醒歌阑。点上纱笼画烛，花骢弄，月影当轩。频相顾，余欢未尽，欲去且流连。

从词中可以看出，这次雅集非常欢乐，不仅款待了茶，还在茶后设了酒宴，有歌伎在旁奏乐助兴，众人一直畅饮到晚上，还在挑灯点烛欢聚，离去时“余欢未尽”。

米芾在涟水做官时，因为一些微枝末节的小事，引来了若干的非议，被人报告给了御史台，说他到任后整日出游于山水园林之间，而荒于政事，还四处收集书画，动用公款购奇石，而且聚众豪饮，夤夜喧嚣，不成体统。正应了欧阳修的一句话：祸患常积于忽微。小报告一打，上司就相信了，随即派人下来督察。

赶巧的是，这位前来督察的大人不是别人，竟是上次在润州请米芾吃“赝品河豚”的杨杰杨次山。

杨杰虽然与米芾性情相投并结为好友，但既然受朝廷委派，就得公事公办，不能徇私。他来到涟水，看到米芾果然在后堂玩石，就一本正

经地呵斥起米芾来 :“朝廷把你从千里之外派来，把重任交付给你，你身为朝廷命官，怎么能整天玩弄石头，而不审阅公事呢？”

米芾见杨杰声色俱厉，知道大事不好，急忙上前拜揖，并从袖内取出一枚小小的奇石来。这枚奇石虽小，却剔透玲珑，峰峦洞穴俱全，石质清润。他把石头举起来，翻转着将各个侧面展示给杨杰看，说 :“如此石安得不爱？”

杨杰不看他，也不搭腔，而是直接接过此石纳入自己的袖内，没收了。

米芾不知杨杰葫芦里卖的是什么药，便又从袖子里取出另一枚奇石，上面叠嶂层峦，峰秀蹙奇，要比上一枚奇巧。

杨杰一看，又纳入自己的袖中。

米芾心里更加没底了，他干脆把手头最灵巧的一枚奇石拿了出来，上面布满了密集的肌理和孔窍，如同鬼斧神工，然后又在杨杰眼前炫耀说:“如此石安得不爱？”

这一次杨杰终于开口了 :“非独公爱，我亦爱也！”说罢，他从米芾手中夺下那枚奇石，即刻登车而去，再也不管米芾是否因为玩石而荒于政事了。

杨杰本以板脸对之，不料米芾以笑脸迎之，以颠态应之，杨杰无可奈何，只能睁一眼闭一眼了。对此，米芾有点自鸣得意。

米芾因为怪癖引来非议，惹麻烦上身，却又因为怪癖化解了危机，免去了责罚。可谓“成也萧何，败也萧何”。

然而，自己心爱的玩物竟被上司巧取豪夺去了，米芾那个失落啊，那个心疼啊，那个后悔啊，无以言表。在接下来的几个月里，米芾不断写信给杨杰，追要那三枚奇石。可是杨杰一个字也没有回复他。但拿了人家的手短，因而卖放了人情给米芾，等于还是徇了私。此事也从某种意义上说明，宋时文人之间夺人所爱的行为，的确已成为一种潜规则和陋习。

这则故事还有另外一个版本，不知是传说走了样，还是根本就与此相反：当地传说米芾在办一件要案时，因为牵涉到上级，上司就派了人来说情。说情的人居然以奇石向米芾行贿，希望他能放那人一马。米芾虽然爱石如命，却绝不肯受贿徇私，他义正词严地掏出银子，买下了那三枚奇石，坚持秉公办理了案子。这个涟水版的故事彰显了米芾的廉政形象，不管是真是假，至少说明他是深受当地人爱戴的。

米芾在元符三年（1100 年）求得真州一职之后，曾回到润州，有过一段短暂的停留，在此期间，他收到了一枚紫金石砚，极为名贵。米芾喜极而书道："吾老年方得琅琊紫金石，与余家所收右军砚无异，人间第一品也，端、歙皆出其下。新得右军紫金砚石，力疾书数日也。"他珍爱万分，即以此砚磨墨写字，一直写到筋疲力尽为止。仿佛有了此物，其他的一切都可以抛到九霄云外去了。

米芾收到名砚的消息不胫而走，有一位上司知道后，专门写信来向他索要那枚紫金石砚。这下可伤了米芾的心了，他感到很无奈，只好恭恭敬敬、端端正正地给那位达官回了一封信。信的内容翻译成白话文的大意是：米芾再拜，承蒙大人您抬爱，希望得到我家的宝砚，这无异于是要让我失去我的心。就好比项羽失去了自己的头颅，砚也是我的头颅。我不知道是谁教唆您这么做的，请您追究一下。不过，我家藏有一幅徐熙画的梨花，别人都喜欢，现在我就把它当成那枚宝砚送给您吧！

如果您一定要索取我的头颅，我就要效仿项羽自刎乌江了。现在我两手下垂，听您的决断，好吗?

米芾把石砚比作自己的头颅，断不可失！直接拒绝了那位上司的要求。

崇宁三年（1104 年），米芾在无为任职时，发现西北部盛产巢湖石，外观与太湖石很相似，但孔洞多且圆润，石态丰富，变化诡谲，石内常有方解石组成的筋（脉）纵横穿插，形成如书如画的图案。在体形上，大的如楼宇，小的可玩弄于手掌之上。巢湖石上常常长着“瘤”，或附有海生无脊椎动物化石，二者融为一体，相得益彰，极具观赏性。爱石之人恰巧被派到了产石之地，好比瞌睡遇到了枕头，怎能不让米芾喜出望外！所以，一有闲暇，他就要去找寻巢湖奇石。有一天，他见到一块十分奇特的石头，为自己生平所未见，大为惊奇。他围着石头转了几圈，越看越感佩有加，便立刻令人铺设香案，自己敛衣整容，纳头屈膝下拜，口中连称“石丈”！无情无义无血无肉的石头居然成了他的尊长。还有一则笔记记载，米芾在无为的河谷中发现一怪石，形状丑陋凶险，当地群众都觉得它来历不明，不敢靠近。他却令人抬回，安放在衙门大门口，膜拜在地曰：“吾欲见石兄二十年矣。”旁人都笑他颠，笑他痴，他却不以为然，还特意画了一幅《拜石图》。米芾对奇石的痴迷简直是无以复加了。

但是，米芾拜石并非只是为了清玩，也不只是故作姿态，有时其实是其傲岸不屈的刚直性格的侧露，是其“安能摧眉折腰事权贵，使我不得开心颜”的人文情怀的隐语。1998 年中国工人出版社出版的《名画的创造者》中有这样的文字：米芾知无为军后，为官清正，但他的上司知州却是一个搜刮民财的老手，把地方百姓搞得民怨鼎沸，人们给他起了个外号叫面老鼠。米芾非常瞧不起这位知州大人，与其没有私人交往。但是，按照宋朝的规矩，他经常要到州衙去参拜州官，汇报工作，这让米芾心里很不舒坦。于是，米芾想了个办法，每逢去州衙议事之前，自己就先穿上朝服，对石头拜上几拜，嘴里还念念有词："我参拜无知的石头，因为石头是干净的，就不拜你肮脏的面老鼠。"如此之后，米芾的心里便好受了许多。这段文字与史书中记载的米芾的政声是一致的，无为地方志上还说，在米芾离任多年后，继任者在官署仍能感到米芾的"英风浩气，至今袭人"。

"米颠拜石"的故事广为流传，以至于后世诗人画家多以此吟咏作画，成为文人逸事的经典题材。元末明初画家、诗人倪瓒《云林诗集》中有《题米南宫拜石图》诗：

元章爱砚复爱石，探瑰抉奇久为癖。
石兄足拜自写图，乃知颠名不虚得。

米芾在阅石无数之后，在总结和归纳了英石、太湖石和灵璧石这三种同类的奇石之美后，提出了对奇石的审美标准，那就是"瘦、皱、漏、透"的相石之法。所谓"瘦"，就是指石头要瘦削，要苗条，要有风骨棱角，有锋芒，峰峦多姿，不能臃肿呆胖，不能无石骨；"皱"是指石头的表面不能光滑，要粗糙，有肌理，有包浆，有印痕，有明暗变化的节奏，纹理丘壑万千，能够显示出年代久远和流水冲刷溶蚀的痕迹；"漏"是指石头在垂直方向上要有孔洞或流痕，可以让雨水漏下，或如漏斗状可盛水；“透”则是指石头上要留有水平方向的孔窍和洞穴，外形轮廓飞舞多姿，能够透过孔洞看到背后，这样就有了层次感、立体感和纵深度。这四个字的标准也是中国古代文人对以太湖石为代表的一类石头的审美而提出的共同标准，这一理论在中华赏石文化史上的地位也极其重要，不但引领了当时的赏石潮流，至今仍然是赏石界“回归古典，感恩本真”的经典和不二法门。

米芾对砚的研究，都体现在他的学术著作《砚史》里。此书是中国制砚历史的珍贵资料，对后人研究、认识文房古砚的材质、形制、纹饰乃至制砚工艺等方方面面都有着重要的参考价值，深受后世推崇。由于砚是书画的用具之一，米芾对砚的研究可以视为其对书画研究的延伸。《砚史》分为用品、性品、样品三类。“用品”叙述各地所产石砚的质地与性能特点，是全书主要内容；“性品”总结所见各类砚石石质软硬与耐磨程度的关系；“样品”描述了其所见历代砚石的形制特点，对当今砚学乃至书画研究都有重要借鉴意义。《四库全书总目提要》载：“芾本工书法，凡石之良楛皆出亲试，故所论具得砚理，视他家之耳食者不同。其论历代制作之变，考据尤极精确，有足为文房鉴古之助者焉。”《砚史》的价值由此可见一斑。

米芾爱石玩砚的所作所为，至少有以下三点是积极的和值得大加肯定褒奖的。

第一，勇于创新。米芾不随大流、极具个性的思维，以及富有创造性的精神，即便在今天也令人赞叹不已。正是有了这种奋力向上的精神，米芾开创的相石之法出奇制胜，“自名一家”，令人叹为观止。这其实与他在为诗文和书画方面追求“奇险”，而“不蹈袭前人轨辙”的高标准自我要求、自我鞭策，是一脉相承的。

第二，坚守不屈。对于“奇丑”的石头，别人往往避之唯恐不及，而米芾见之“大喜”，其见识与众人大相径庭，以致遭他人耻笑乃至成为“众矢之的”时也不为所动。当时，米芾属于“小众”，是弱势，而笑他之人是“大众”，是强势，在这种力量悬殊和巨大社会舆论的强压下，才华横溢的米芾那超常规的举动，无疑使他与众人拉远了距离。然而他依然故我，没有丝毫的收敛。如果自己没有坚定的信念，没有为艺术献身的精神，是很难做到对“大众”舆论充耳不闻的。对于米芾而言，具有独到的审美观固然十分重要，但难得的是他不仅认定自己的观点，而且对其终生坚守。同时，在他略显固执的性情中，人们也看到了他对奇石的真情流露：一切自然而然，没有任何的矫揉造作和作秀之态，更没有“这个石头能卖多少银两”的所谓经济头脑。

第三，石德高尚。石德是玩石人的“信誉生命”，是关乎人品的大事，古往今来莫不受到正直藏石家的关注。关于石德的释义，中国石界的引领者侯桂林先生在《回归古典，感恩本真》一文中论述得最为精辟：“我认为古人赏石文化的最高境界莫过于以石比德和拜石为师了。所谓‘石道’即以石比德励志之道。”他进一步解释说：“石德即仁德，沉静淡泊，不哗众取宠，坚硬顽强，宁碎不弯，胸怀锦绣，不言自重，历尽世事沧桑，但耐得寂寞。石头所具有的优秀品格正是我中华民族伟大精神的象征。”米芾拜石呼兄之所为，以及做官期间“不能与世俯仰”的率真性情，其实正是他不随波逐流、不攀龙附凤的高尚人格在艺术领域及为人处世中的光辉展示。那敢于直露的具有反“大众”的、不合时宜的叛逆行为，恰恰诠释了米芾光明磊落的正直人品，而这些优良的品德正是其高尚的石德在其人生中的彰显和光大。米芾是“古典”之代表，是“本真”之楷模，是“石德”之表率，石界需要“米芾”，需要敬畏自然的情怀，还需要“以石结友、尊石为师、尚德励志、羞沽名利”（侯桂林语）的高层次的精神境界。

米芾颠书痴石的故事还有许多，即便后来成了皇帝身边的工作人员，这一“不良嗜好”也依然未改。

米芾的好古、酷爱书画、赏石、玩砚，乃至其癫狂不羁的行止，曾颇遭物议，但当时也有“明白人”表示过理解：黄庭坚《豫章黄先生文集》中记载：“……人往往谓之狂生。然观其诗句合处殊不狂。斯人盖既不偶俗，故为此无町畦之行，以惊俗尔。”翻译成白话文，意思是说，别人往往说他是狂徒，但看他写的诗句没有一处显示出狂来。这个人因为不迎合世俗，所以做出了无规矩的事，目的是要惊世骇俗。后世也有“明眼人”给予了米芾充分的肯定和赞颂，使之最终成为文人向往追慕的典型，甚至不断有人刻意模仿其行为举止。明代陈继儒《米襄阳外纪》序有一段赞叹“米颠”的文字，庶可谓恰如其分：

> 予唯古今隽人多矣，唯米氏以颠著。要之，颠不虚，得大要浩然之气全耳。后人喜通脱而惮检括沓拖，拉椤沾沾，藉米颠为口实。夫米公之颠谈何容易！公书初摹二王，晚入颜平原，口斤置削而后变化出焉。其云山一一以董、巨为师。诗文不多见，顾崖绝魁垒有深往口，而公之颠始不俗。两苏、黄豫章、秦淮海、薛河东、德麟、龙眠、刘泾、王晋卿之徒，皆爱而乐与之游。相与跌宕文史，品题翰墨，而公之颠始不孤。所

居有宝晋、净名、海岳。自王、谢、顾、陆真迹以至摩诘，玉躞金题，几埒秘府，而公之颠始不寒。陪祀太庙，洗去祭服藻火，以至褫职。然洁疾水淫，性不能忍，而公之颠始不秽。冠带衣襦，起居语默，略以意行。决不用世法，而公之颠始不落近代。奉敕写黄庭、写御屏，奋毫振袖，酣叫淋漓，天子为卷帘动色，撤赐酒果、文具。甚则跪请御前砚以归，而公之颠始不屈挫。寄人尺牍，写至“芾拜”则必整襟拜而书之，而公之颠始不诈。

鸣呼米颠！旷代一人而已。求诸古今，张长史得其怪，倪元镇得其洁，敷文学士与高尚书得其笔。滑稽谈笑，游戏殿庭，东方朔、李白得其豪。故曰米公之颠，谈何容易！公没于淮阳军。先一月，尽焚其平生书画，预置一棺，焚香清坐其中。及期，举拂合掌而逝。吾视其胸中直落落无一物者。其圣门所谓古之狂欤！洙泗之时，楚狂在接舆。濂洛之时，楚狂在芾。其颠可及也，其浩然之气不可及也！

明末画家恽向将米芾的艺术总结为“究之米家学问，狂而非狷”。也比较确切地阐释了“米颠”的为人和他“平淡奇绝”的精神主旨。鉴此，若不能认知米芾的机敏智慧是不公平的。所以，我们应该郑重地为他正名和“平反”！

诗书传家

一

米芾夫妇一生育有五子八女，堪称“高产”，虽然负累甚重，但米芾舐犊情深。他一生中对自己的儿子相当关照，不仅为他们的成长提供一切物质条件，还想方设法为他们的事业提供保证和阶梯。受关照最多的，也是他最为喜爱的，则是继承了他衣钵的大儿米友仁和三儿米友知，可惜米友知二十岁时病故了，否则，宋朝历史上有可能出现如同“三苏”一样的“三米”同辉。

米友仁生于熙宁七年（1074 年），当时米芾二十四岁，正在临桂任职，也就是他在伏波山还珠洞内留下题刻的那年。米友仁从小就常年跟随在父亲身边，习字学画，渐成气候。

元祐六年（1091 年），米芾卸职润州州学教授回到京师谋求再次任命期间，米友仁也不离左右。这时的米友仁已经十七岁了，正好和当年随母亲进京时的米芾年龄一般大，已颇有书画功底，米芾对他夸赞有加。这次带他进京，是想让他熟悉熟悉京城的门路，为来年参加科举应试做点准备，同时也有让他在自己朋友面前显示一下的意思。果然，米友仁的书法受到了黄庭坚的赏识和重视，夸他不入凡俗，笔力能扛鼎，认为他将来必有出息。

黄庭坚藏有一方汉代的铜质官印，上面镌刻着“元晖”两个篆字，已经有上千年的历史了，非常珍贵。为了表示对米友仁的喜爱，黄庭坚把这方印送给了米芾，建议他取印文为友仁的字。还写了一首诗附上：

我有元晖古印章，印刓不忍与诸郎。
虎儿笔力能扛鼎，教字元晖继阿章。

虎儿是米友仁的小名，最早的大名叫尹仁，以后改为友仁，取“与仁为友”之意。一般古人取字，要等到二十岁及冠的时候，黄庭坚送印之时，等于是为米友仁三年后的及冠预先取了一个字。

元晖二字的意思是“朝阳”，对于一位青年来说，这个字的含义和口彩都非常好，寓意前途无量。但按照纲常伦理，此字用在米友仁的身上，则有些不妥。因为他的老爸米芾字元章，古人讲究避尊者讳，父子不可以用相同的字。再者，古人的字是名的延伸，前后大致上有关联。米芾（黻）字元章，都是服饰上的图案，可“元晖”却并不是“友仁”或者“尹仁”字义的延伸，两者甚至没有关联，用之不妥。可是米芾根本没有去考虑和在意这些问题，他很宽宏大度地欣然接受，在三年之后，就用“元晖”做了米友仁的字。有人指出，晋代的王羲之王献之父子都没有避讳，米芾不过是效仿而已。但其实，王羲之一家子都信天师道，而信徒以“之”为名者甚多，“之”在名中只代表宗教信仰，不是真名。

“元晖”这个字是黄庭坚陪上一方古印专为米友仁起的，足见两家友谊之深，也足见两家对这位接班人的期望之高。

元祐八年（1093 年），苏轼到雍丘和米芾相见的时候，米友仁刚刚及冠，正式启用“元晖”做了表字，次年春天就要进京赴考了。借此机会，米芾便让米友仁在侧伺候，并让他把自己写的字拿给苏轼看，请求指教。苏轼看了，连夸米友仁的书法有乃父之风，有功力，对这位年轻人十分看好。

元祐九年（1094 年）闰四月，苏轼再次遭贬，当他绕道雍丘来看望米芾的时候，还不忘询问米友仁的近况。米芾说，犬子友仁今年三月刚刚赴京应举人之试，临行前，我还为他写了一首诗来壮行：

天下英才米大郎，朝来骑马入文场。
绪余惊世须魁选，归带蟾宫桂子香。

诗虽然写得像顺口溜，却全是好口彩，寄托着一位父亲对爱子的殷切希望。然而，米友仁的这次科举却落榜了。

苏轼说，今年已改元为绍圣元年，是所谓“绍述”之后的第一次科考，考题是由新任的中书舍人李清臣出的，凡是在试卷中赞扬新法的，都被录取且居于前列，反之则不录取。令郎没有被录取，肯定是没有赞颂新法，落第是意料中的事。舍弟子由（苏辙字）上疏谏此不对，结果朝廷不听，把他贬到汝州去了。

苏轼作为一位长者，一位大师，能够如此关心米友仁的成长，更加说明米芾与他的交谊深厚，同时也体现了米芾对爱子的良苦用心。

或许是受苏轼的影响，或许是自律甚高，米芾一生安贫乐道，他很少有营华屋、纳美妾、置田产、蓄珠宝之类的事，即使在润州建了几所住处，但不是从庙里借来的，就是用他的收藏换来的。他的生活并不奢侈，精神需求却非常丰富。他所建的住所和楼堂，都布置得风雅别致，主要是用于“自娱自乐”和名士雅聚的。米友仁能传家学，并自成一家，与米芾建立的这种“书香门第”式的家风有着极大的关系。

米芾自从在黄州受到苏轼的指点之后，就把收集晋人的法帖当成了最重要的事务，如果有重大线索和发现，那就要想千方设百计弄到手，无论花多大代价。到手之后，他会把宝帖仔细装裱成轴，题上尾跋，盖上鉴定印，再装进一只漆箧之中，锁上锁，并亲自保管钥匙。每天早起后开锁取帖，置于案上临写，完毕后再放回箧中。到了晚上睡觉时，他要把漆箧放置在自己床上的枕头边才行。

米芾视晋帖最为宝贵，所以把自己收藏书画的房屋命名为“宝晋斋”。西山书院建成之际，米芾曾把家藏写出来向大家炫富过：

米姓晋唐法书真迹秘玩目

王羲之《初月》《尚书》二帖

王献之《中秋帖》

陶弘景《朱阳帖》（归刘巨济）

智永四帖（一帖分与刘巨济）

欧阳询《度尚》《庾亮》二帖

张长史《秋深帖》

颜真卿《朱巨川告》

怀素《去夏帖》

司空曙《赠广利歌》

吴融《博士帖》

杨凝式《昼寝帖》

杨凝式《大仙帖》

梁摹《乐毅论》

唐摹《十七帖》

据米芾自述，他直到晚年才收到谢安的《八月五日帖》，王羲之的《快雪时晴帖》和《兰亭帖》摹本各一帖，王献之的《送梨帖》，上面有褚遂良的题印。其中《八月五日帖》前文讲到过，他是从蔡京手上“巧取豪夺”来的。此外，他还收有顾恺之的《维摩天女飞仙图》和戴逵的《观音》，还有一幅陆探微的《青狮图》，一幅六朝时的石刻《英布像》。

米芾穷尽毕生心血所收罗的这些藏品，无疑是一笔巨大的文化资产，无论是在当时还是当今，都堪称富有。若以现今市价计，米芾绝对位居亿万富豪之列。这批六朝人的瑰宝至今尚存世者，早已是海内外各大博物馆的镇馆之宝了。

宝晋斋得名于晋书晋画，但其存在形式却是一处流动的博物馆，完全不同于净名斋、海岳庵、西山书院或山林堂。周密《齐东野语》记述说：“崇宁间为江淮发勾，揭牌于行舸之上，曰‘米家书画船’。东西薄游，必挟所有以自随。一舟横陈，仅留一席为偃息之地。随意左右取之，抚摩吟讽，至忘寝食。所至识不识望之，而知为‘米家书画船’也。”

米芾一家人在当时属于“流动人口”，为了自己酷爱的艺术，他的那些宝贝书画总是要随身携带的。因此，他专门做了一块“宝晋斋”的牌子，人到哪里，宝晋斋就跟到哪里，牌子也就挂在哪里。由于他在真州做官，要经常乘船外出，所以“宝晋斋”的牌子经常挂在船上，“米家书画船”也就声名远播了。后来，米芾无论是到京城和无为任职，还是回润州闲居，这块牌子始终跟着他，成为他行踪驻留的幌子。最终他把海岳庵定为宝晋斋的固定处所，为它题写了石刻的斋名。米芾去世以后，米友仁还在他故居的废墟上发现了此三个字的石刻。

当被流放到三峡的黄庭坚遇赦到荆州时，和米芾取得了联系。米芾把自己近几年的情况相告之后，黄庭坚欣慰地回信赠诗道：

万里风帆水著天，麝煤鼠尾过年年。
沧江静夜虹贯月，定是米家书画船。

米芾就打着这个旗号，带着那所私人博物馆随处行止，他也不怕露富，不怕有歹徒来打劫和行窃！

宝晋斋的作用不仅仅是博物馆，它还是米芾的阅读室、工作室、创作室、教研室。能在斋内完成的事他决不会移到外面去做。米芾一生未变的习惯是，坚持每日观赏、研习收藏的书画宝帖，临池不辍，而且装裱、修补、归类、存放等琐事也都是亲力亲为，不假人手。他甚至还成功试造过纸张。很难想象，这位米大官人是如何扎上围裙、卷起袍袖干活的！这对于一个古代士大夫来说，实属不易。同时，这些还说明，米芾能成为“收藏家”“鉴赏家”，也绝不是偶然的。

米芾学古人“未尝片时废书”。“吾家法书每日一阅”。无论严寒酷暑从未改变。古来从未有哪个书家可以与他的刻苦自励相匹敌。他的好友黄叔中曾笑话他学书做过头了，而他却认为还不够。长子米友仁见证和记录了乃父的勤奋好学：“先臣芾所藏晋唐真迹，无日不展于几上，手不释笔临学之，夜必收于小箧，置枕边乃眠。好之之笃，至于如此，实一世好学所共知。”由此也说明，表面上一挥而就而风光无限的米芾书法，其实是建立在他的专注而又全力以赴的基础上，是他对字的点画、间架、结构的高度的熟练和把握，是“参以己意”的食古而化和厚积薄发。

正是由于在宝晋斋的耳濡目染，在父亲的悉心传授教导之下，米友仁终于不负厚望，成为最出色的直接受教者和受益者，成为米芾书画艺术的第一代传人。

在书法方面，米友仁几乎是亦步亦趋地学着他的父亲，只是他的字没有他父亲那样的精到，却也自有一种风格。其存世墨迹有《动止持福帖》《文字帖》。另有《潇湘奇观图》《远岫晴云图》自跋等。北宋宣和四年（1122 年），他应选入掌书学，宋室南渡后备受高宗赵构优遇，官至兵部侍郎、敷文阁直学士。

在绘画方面，米友仁继承和发展了父亲的米点云山画法，脱尽古人窠臼，自成一家法。他在米芾“信笔为之，不取细意”的基础上，不局限于自然物象的一时一地，或者一草一木，而是将大自然全幅生动的山川草木，以水墨点染于纸面之上，云烟晦明，以表征心胸中蓬勃无尽的灵感与气韵，拓宽了文人山水画的意境空间。同时加强了笔墨的形式感，寓丰富于单纯之中，使之更符合文人画的审美意趣。米友仁曾经谈到过自己的创作方式：“画之老境，于世海中一毛发事泊然无着染，每静室僧趺，忘怀万虑，与碧虚寥廓同其流！”

米氏技法大大丰富了山水画的云气，使现实中的自然虚化了，灵动了，推远了，诗意就借此而出。它突出了墨在画面中的作用，而线条的作用退为其次，所作完全放弃钩皴点擦的传统方法，运用“落茄皴”（也被称为“米点皴”），即圆深凝重的横点错落排布，连点成线，以点代皴，积点成片，泼、破、积、渍、干、湿并用，辅以渲染表现山林、树木的形象和云烟的神态，抒写山川自然之情，虽草草而成却不失天真，表现出丛丛的山水和远近关系，成就特定的山水面貌。

米友仁传世名作有《潇湘奇观图卷》《五洲山图》等，被誉为“米氏云山（也叫米点云山）”，进一步成就了米芾的画名，尤其是画学理论与画品的影响。而在当初，因米芾远远超出同时代人的眼界，不仅少有积极的反应，甚至遭到“众嘲”，其画作被人称为“云山烟树总模糊，此是南宫鹘突图”，“鹘突”的意思，就是“糊涂”，即不清晰。米友仁每自题其画曰“墨戏”，也被当时的画家讥评为“解作无根树，能描濛鸿云”。可见，要颠覆传统搞创新是多么的不容易。不过，也有一些知己朋友对米友仁的画给予了高度评价。

郁逢庆《书画题跋记》卷二：录米敷文《潇湘》长卷，关注（字子东，关蔚宗之侄）题米元晖作。远山长云，出没万变，古未有辈。安得匹纸以尽其笔墨之妙乎！至于林麓近而雄深，冈峦远而挺拔，木露干而想高茂，水见涯而知渺弥，皆发于笔墨之外，此常人所难，元晖之所易也。达功他日以此示之，傥以为知言，则当得山川之胜卧以游之。绍兴五年七月二十日会稽关注书。

"米氏云山"是中国画中的一大创新，不仅在于增添了一种技巧，也不仅在于开创了一种新画风，而是从理念到形式，开拓了全新的、极为广阔的思维空间，几乎不受任何画派的影响，却极大地影响了后世的中国画坛。中国绘画艺术从此方才真正摆脱自然物象的约束，跃升为经过心灵折射的"意象"。"米点"也成为中国文人山水画的一种典型范式。

元代著名学者吴师道《吴礼部集》卷十八《米元晖云山图》里面有几句话说得非常深刻："书法画法，至元章、元晖而变。盖其书以放易庄，画以简代密。然于放而得妍，简而不失工，则二子之所长也。"在米氏父子的作品中，这些特点得到了充分的体现。明代董其昌在《容台别集》中说："诗至少陵（杜甫），书至鲁公（颜真卿），画至二米，古今之变，天下之能事毕矣。"而近现代中国绘画大师齐白石把"米家云山"总结为"作画妙在似与不似之间，太似为媚俗，不似为欺世"，当是最好的诠释。

米友仁不仅书画双馨，而且鉴定亦颇得乃父真传，高宗特命他为御前书画鉴定家，宫中所藏书画以及米芾的墨迹，都以友仁的鉴定为权威依据。不过，他对鉴别书画“往往有一时附会迎合上意者”。

米芾的三儿友知也是个书法神童，被他称赞为“能书儿”，心里十分欢喜，并着力培养。稍大之后，米芾曾令友知替他代笔书写碑文和书信。据史料记载，米芾、米友仁、米友知父子三人曾共同摹刻过唐刻本《兰亭》，摹刻极为精妙，被称为“三米兰亭”。由于米友知继承了乃父足以乱真的临摹功夫，如果说现存于世的米帖当中存在他的“鱼目混珠”之作，也是很有可能的。可惜天妒英才，米友知二十岁时突然病逝了！

二

也许是遗传基因的缘故或者说是世袭家庭环境的影响，从米芾的儿子米友仁到现在，代代都有人承袭他的书画艺术。这里简要介绍几位嫡系传承人。

米万钟（1570—1631 年），字仲诏，号友石、石隐庵居士，关中（今属陕西省）人。明朝著名书画家。居燕京（今北京）。米芾十六世孙。万历二十三年（1595 年）进士，官至太仆少卿。工翰墨，有好石之癖。明陶宗仪《书史会要》谓米万钟“行得南宫家法与华亭董太史齐名，时有南董北米之誉。尤擅署书，擅名四十年，书迹遍天下。”世称米万钟、董其昌、邢侗、张瑞图并称“明末四大书家”。传世书迹较多，有《刘景孟十八寿诗轴》《尊拙图诗轴》《题画诗轴》等。其中《刘景孟八十寿诗轴》，苏州博物馆藏。此轴用笔劲健丰润，提按轻重分明。书写时笔锋富有弹性，点画凝重而轻灵活泼，字态多以纵取势，时以拙取巧，俯仰向背之间颇有情姿。全篇布局上密下疏，但从整体效果上看仍然是十分和谐。绘事以北宗为楷模，山水细润精工。有时亦泼墨仿米法作巨幅。传世作品有崇祯元年（1628 年）作《菊石图》《秋山萧寺图》《寒林访客图》等。著有《篆隶考》等。

米汉雯，生卒年不详。字紫来，号秀岩，宛平（今北京）人。清初著名书画家。米万钟之孙，米芾十八世孙。顺治十八年（1661 年）进士，康熙十八年（1679 年）举鸿博，改编修，官侍讲学士。山水气势浩瀚，笔意苍劲，书、画俱仿米芾，颇得家法，尤工篆刻。康熙三十一年（1692 年）尝题王翚朴园图。著《漫园》《存始》诸集。与其祖父，明末米万钟合称“宛平大小米”，成为“北宋大小米”的翻版。

米南阳（1946—　），中国书法艺术家协会副会长、中国书法艺术研究院副院长，中国人民书画院艺术委员会副主席。米芾二十七世孙。书法界人士有此一说：“启功的杆儿，溥杰的尖儿，舒同的圈儿，南阳的弯儿。”米南阳不仅擅长篆、隶、楷、行、草等书体，还精通绘画、诗词、京剧、中医、摄影等。

米北阳（1949—　），米南阳胞弟，字万泰。独得“米”法，其与兄并以书法享名北京，成为书界少有的兄弟伯仲。北阳先生书风刚柔相济，运笔如飞。敛内力于笔锋，得先贤之上法，楷隶行草，率直秉性，行书尤精，确有米字先风。更能挥运绵软之鸡毫，书巨幅榜书，神力扛鼎，文采飞扬。

米克勤（1956.12—2004.12），湖北襄阳人，字厚一，米芾二十八世孙。曾为中国襄樊（2010 年 12 月更名为襄阳）米芾纪念馆（米公祠）

掌门人，襄樊市政协常委、中国书画协会会员、襄樊市书画家协会副主席，湖北省书学研究会理事，米南宫画会会长、米芾书画社社长。米克勤有一种超乎寻常的书画天赋，在长达三十八年的书画艺术研究之路上，上追秦汉魏晋、下涉唐宋明清，师承二王、颜真卿、欧阳询、褚遂良、米芾、李唐、董源、范宽、荆浩、赵孟頫、董其昌、石涛、朱耷及近代书画艺术大师。尤其对祖先米芾及米氏派系浸淫最深。其书画作品在继承家法的基础上，又溶进个人意识和时代情感。书法作品曾获全国第三届、第四届中青年书法展优秀作品奖，入选全国第四届、第五届、第六届书法展，曾应邀赴日本、中国香港、中国台湾、新加坡、美国等地展出，其人其书还被《当代中国书法艺术大成》等辞书收录。然而，正当他的艺术人生如日中天之际，不料罹患绝症，英年早逝，令人扼腕长叹。

书画博士

一

由于丁嫡母忧，米芾在真州任上只干了两年多，于崇宁元年（1102年）中去职回到润州。在丁忧期间，他还专门去凭吊了那座因被焚毁而令他无限伤感、无限追怀的多景楼，留下了著名的《多景楼诗》。

北固山上的甘露寺和多景楼，是米芾在净名斋借住时经常去观摩经书画和与朋友登临吟诵的地方，那里有他许多的寄托。而现在人已老、楼无存，他抚今追昔，感慨万千。

寺中的方丈已不是仲宣了，见米芾来怀旧，就前来招呼，并提出了恢复寺院和重建此楼的设想，请米芾为尚在蓝图之中的新楼题留墨迹。

米芾欣然应允，当即提笔一挥而就：

华胥兜率梦曾游，天下江山第一楼。
冉冉明廷万灵入，迢迢溟海六鳌愁。
指分块圠方舆露，顶矗昭回列纬浮。
衲子来时多泛钵，汉星归未觉经牛。
云移怒翼搏千里，气霁刚风御九秋。
康乐平生追壮观，未知席上极沧州。

书写完毕，又在后面加题了“多景楼”三个字，并加注：

禅师有建楼之意，故书。

米芾此作不但诗意胸襟雄阔，寄意高远，书法更是纵姿苍劲，气势开张。

然而，或许是因为筹款艰难，或许是因为不久之后徽宗笃信道教，令天下的佛寺都改为宫观，新的多景楼在北宋之年始终没能建起来。尔后经过靖康之难，直到南宋时才建成，此时距楼毁之年已经过去一百多年了。

新的多景楼建成不久，一代文豪辛弃疾便在此留下了《南乡子》和《永遇乐》两阕千古名作，米芾题书的“天下江山第一楼”和“多景楼”都被做成了匾额，挂在了楼上。从此，多景楼名震天下。后来有人把此楼与黄鹤楼、滕王阁、岳阳楼并列起来，称为“江南四大名楼”。

顺便说明一下，米芾称多景楼为“天下江山第一楼”，并非空穴来风和胡吹海夸，而是因梁武帝曾登临北固山开了“此乃天下第一江山也！”的金口，此山由此而得名。

米芾写这幅书帖时已是五十二岁，算是进入老年了，他积一生的功力，写得酣畅淋漓、老成持重。它是米芾现存的三幅大字行书墨迹之一,千百年来好评如潮。

崇宁元年（1102年）的秋天，米芾丁忧期满，他又得为谋求任职而进京活动去了。不过，这一次他朝中有人了。

米芾认为能够提携他的朝中之人，就是蔡京、蔡卞兄弟。蔡京复职任右相时间不长，还在为“元祐党籍碑”和排斥异己忙碌，而蔡卞这时正在炙手可热之际，他在朝中任枢密使这一要职，等于是武相。

前面提到过蔡卞，他是王安石的女婿，是比其兄长更加阴险毒辣的大奸臣，人称“笑面夜叉”。然而，蔡卞却拉了米芾一把。就是这一把，把米芾拉成了京官。

宋代的官制，在地方上任职的为外任官，在京师任职的为京官和朝官。能够上朝见到皇帝的称为朝官，其余的称为京官。京官的位置虽然不如朝官，但经常有机会与朝官接近，有机会跑衙门，升迁的机会也多，比外任官显得荣耀。

有了蔡氏兄弟的帮忙，米芾也体会了一回“朝中有人好做官”的滋味。他这次的任职通知很快就下达了，被任命为蔡河拨发。

蔡河为汴京南城水运之要道，蔡河拨发这个官职，其实就是驻扎在京师蔡河上负责监守进京粮食的官员，与之前在真州担任的江淮荆浙制置发运司的管勾文字一职有相同之处，职级没有提升，责任却更大了。但令米芾高兴的是，这一次踏上京师的土地，不同于以往的故地重游。已经五十二岁的他，总算是解决了首都户口。

这一年，对于米芾来说，是不同寻常的一年，是米芾书法创作的丰收之年！《敝居帖》《研山铭》《多景楼诗》《珊瑚帖》《承天帖》《伯修帖》《来戏帖》《运副帖》《王羲之〈中秋帖〉跋赞》《三米〈兰亭〉》《褚摹〈兰亭〉跋赞》以及《紫金研帖》等流芳千古的重要名帖，都写于他成为京官前后，集中体现了他晚年成熟的书风。到了第二年，他又相继写了《彦和帖》和《值雨帖》等十几通名帖。

崇宁二年（1103 年）的春天，在已升为左相、大权在握的蔡京的斡旋之下，米芾的职务又有了转换，被朝廷任命为正八品的太常寺博士。

太常寺属于礼部，其职责是掌管宗庙的祭祀，类似于现在的礼宾司，但工作对象是宋代的祖宗。平时没啥事，忙起来很重要。太常博士是米芾的职事官，也就是差遣官，他的寄禄官则是承议郎。说白了，此时的米芾就是一个分管鼓吹署的官员，负责祭祀时奏乐的工作，与现在的国乐队队长极相似。从某种意义上说，米芾好歹进入中央政府机构了，是中央的干部了。可是，由一位书画家跨界转到经济部门再到音乐部门，这是米芾的学非所用，更是组织人事部门的用人不当。

米芾的兴趣是经史子集，是真草隶篆，而不是宫商角徵羽、筝笙箫埙琴。虽然他只负责管理，不必干具体事，但还是有了牢骚，便写了两首《太常》的诗来发泄：

尘埃彻脑老侵寻，误入清流听八音。
鱼鸟难驯湖海志，岸沙汀竹忆山林。

竹前竹后太常斋，风度箫韶识舜谐。
博士拥书方彻卷，相公上马报当阶。

抱着这样的消极态度来对待工作，米芾就难免要被那些“相公”们斥责了。

米芾毕竟是米芾，他顾不了那许多，一有空闲，他还是我行我素地沉醉于他的书画和收藏。他潜心寻找古人的书画，没多久就大有所获。

米芾一向深爱二王的书帖，这次竟寻觅到了那通他寤寐思念的《王略帖》，即王羲之所书的《桓公破羌帖》。为此，他忍痛花费了十五万钱，这可是相当于他将近一年的薪俸啊！

《王略帖》到手，米芾为之书写了一通详细的《王羲之〈王略帖〉跋》，称赞这是“天下第一帖”，他可能忘记了此前已经称《褚摹〈兰亭〉》为“天下法书第一”了。跋还嫌不足，他又为之写了一篇《王羲之〈王略帖〉赞》，并将此帖遍示群友，向大家炫耀，还邀请他的密友黄诰、刘泾、薛绍彭等为这通名帖各写了一篇赞，然后重新装裱一番，才收入箧中，作为第一等的藏品。

然而，正当米芾处于收藏和创作的喜悦之中时，一场不幸降临到了他的头上：正是有为年龄的三儿友知病逝了！

米芾老年痛失爱子，白发人送黑发人，如剜心肝，他忍不住悲从中来，泪如雨下……

对于米芾来说，京师真是个“坑爹”的地方，前几年他在京师求职的时候，最小的女儿走失了，至今杳无音信，老婆也病倒了。这次赴京，竟然要了他心爱的三儿的命！他的心情低落到极点，头发顿时变白

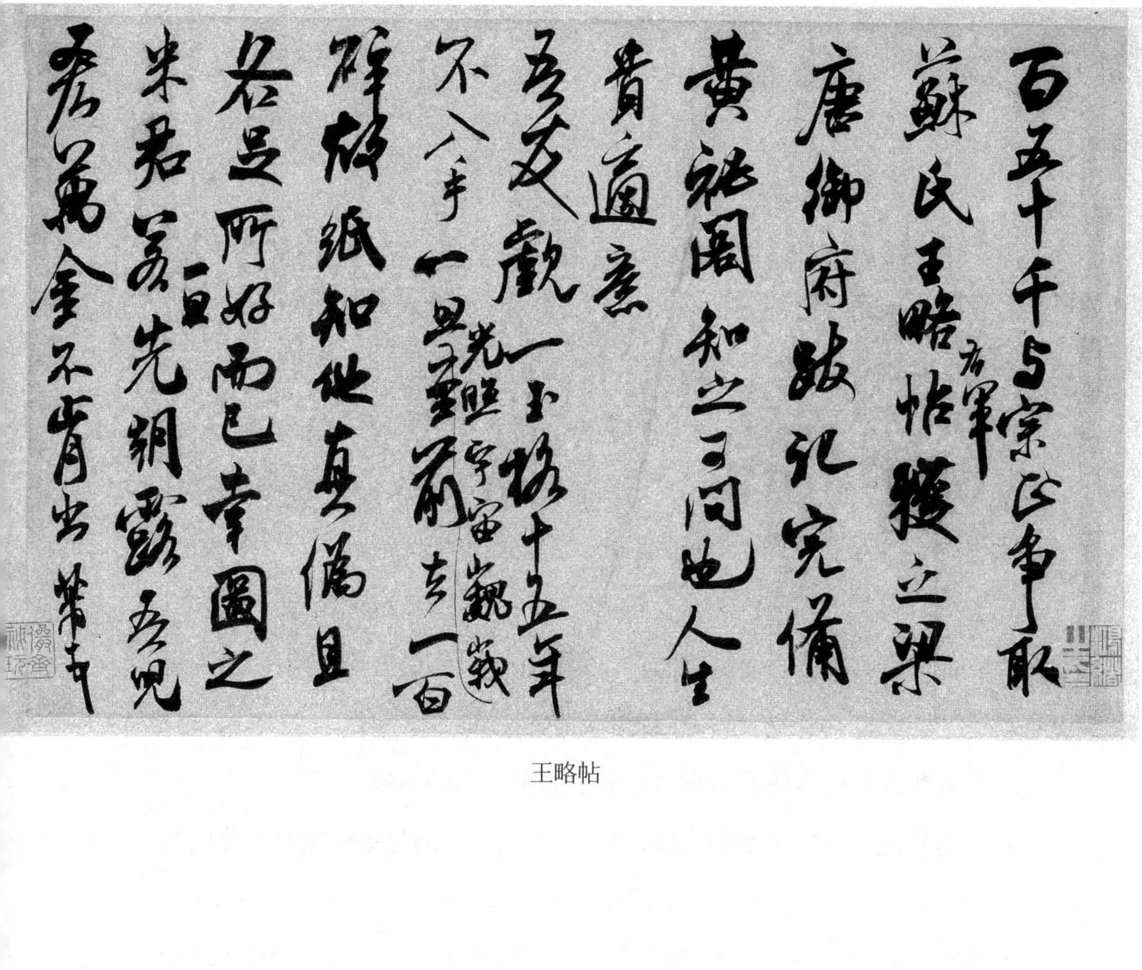

王略帖

了，从此抑郁于怀，气血不振。

然而雪上加霜：他才干了两个多月的“太常博士承议郎”，竟被言官弹劾，遭到免官去职、劾降一级的处理。

究其原因，竟是因为他的“洁”和“不洁”。

米芾有洁癖是他自己的事，没有妨碍到别人，按说别人是不应该对他指手画脚的，顶多也就作为饭后的谈资而已。可问题是，他居然连穿的官袍和朝靴也经常拿去洗，怕沾染上灰尘或脏东西，如果被别人摸过或是接触过了，那更是要立刻脱下来洗刷干净才会再穿的。然而，官服和朝靴是丝绸做成的，官帽是用细纱糊成的，都是轻质的材料，平时上浆熨烫，搞得平平整整、服服帖帖，哪能经得住经常刷洗？没多久，米芾的袍子和靴子都褪色了，上面绣着的藻火等图案也被刷破了，穿在身上就像一套旧制服。要是别的官，或许还有人夸他节俭，但他现在是太常寺的博士，却经常穿着破旧的制服去指挥国乐队出席国家大礼，这成何体统！言官们当然要谴责他对皇帝的祖先不恭不敬了。

这是他的洁癖引发的后果，至于“不洁”，则是他的家庭成分问题。言官们指责他出身低贱冗浊，不是科举入仕，不宜担任如此重大的国家礼仪官。在封建社会传统观念中，只有科举出身，才被认为是做官的“正途”。

除此而外，米芾被黜的原因，是他从来没有认真遵守过官场的规则，是他那独特的个性和工作态度不能适应朝廷的需要，是玩世不恭、“不能与世俯仰”使然，总之是只合从艺，不宜为官。

还好，朝廷没有把米芾削职为民，还是在他头上戴了一顶“提举洞霄宫”的帽子，让他退居二线，又回家赋闲了。

也许有人会问，米芾现在不是朝中有人了吗？难道这点小事都无能为力，挽救不了吗？事实上，日益显达的蔡京并没有忘掉米芾这位老朋友，只是眼下他正忙着与曾布争权夺利，同时还忙着对旧党人的文化迫害，而且他与弟弟蔡卞之间也产生了分歧和隔阂，甚至开始互相倾轧了。这个时候，他从自己的政治需要上考虑，顾不上也犯不着为米芾的事去分神。他让米芾先回去休息，静待时机再出山。

仅仅半年，米芾就此结束了中央官员的任职之途，还失掉了心爱的儿子，他怀着一颗悲怆的衰老之心回到了润州。

米芾又一次遭遇官场挫折，几至万念俱灰。但无情无语的自然界却能够把积储在他心中的块垒一点一点地稀释，一点一点地融化，甚至化为虚有。人间的事往往如此，当时痛不欲生，事过境迁之后，也不过是一场回忆而已。

这段时间，反而成了米芾创作的高峰期，他穷而后工，愤而有诗，他憋足了气，尽情地发泄到书画艺术当中去，又创作了很多存世的书法精品。比如《丹阳帖》《戴公之碑》等。

米芾对南朝刘宋时人戴颙一直非常景仰，家中收藏有他的画作，更仰慕他隐居山林的潇洒行止。所以，米芾在《戴公之碑》中表达了效仿前代名贤弃官归隐的想法。可是，碑写完不久，就传来了复官的消息。

崇宁三年（1104年）夏天，朝廷任命米芾到无为军去任军使，可是任命前头还有一个“权知”的字样，也就是说是“暂时代理”，职级没有提升。不过，无为要比涟水略好，地理位置适中，经济也发达些，这或许是蔡京斡旋的结果吧。

不管怎么说，又是一把手了。米芾还是高兴地上任去了。

无为军属淮南西路，地处安徽省中南部，古为水泽国，山环西北，水聚东南，沿江一带芦苇蔓延，杂草丛生，水网密布，荒无人烟。三国时称为“濡须”，因境内有濡须河而得名，属吴国庐江郡，主产稻米和鱼虾。到了北宋，无为虽然已有一定规模，但城邦偏小，交通不便，人民不富足。无为军同米芾以前任过的涟水军一样，都是因为县所处位置具有军事意义而设军的。

米芾始终是有人文情怀和体恤黎民之心的。初到无为时，他那颓废的心情似乎烟消云散了，他很想为无为人民做几件实事和好事。每逢下雨和出太阳的时候，他都要在县衙里祈祷，在城隍庙里设祭宴，自己举杯向神像叩头跪拜，祈求给百姓们一个好收成。然后把祭果发给随从以散福。

刚上任，正赶上当地发蝗灾，群蝗如云，飞向芦苇荡、玉米地。好在米芾在雍丘时见过这阵势，有治理经验。他马上召集军民在田地四周点烟来熏、用扫帚等物来捕打、放出鸡鸭鹅来吃……经过一番努力，蝗灾消散了。

由于无为西北有巢湖，东南是长江，濡须水源于巢湖流向长江，水资源丰富，但遇上雨量过大时，又容易造成水灾。无为军境内芦苇荡多、沼泽地也很多，可以耕种的田地不是很多。米芾对此很上心，他带领军民们疏通水利，围圩造田。这一举措有效地遏制了水灾的发作，扩大了耕地面积，老百姓对此拍手称快。

无为也是兵家常争之地。三国时期，孙权在濡须建立码头，曾以七万之军抵抗住了曹操四十万大军的进攻，宋代时当地仍有尚武遗风，加上地处偏远，民风彪悍。西北的群山、长江的船上、纵横交错的洲地、沿江数百里的芦苇荡都成了土匪藏身之所，这些土匪常在无为境内危害百姓。无为军虽有军队，但由于久无战事，军士疏于管理、纪律松散，战斗力降低了不少。前两届知军也曾派兵剿匪，都以失败告终，使得土匪更加猖獗，有的土匪甚至不把军衙放在眼里。

米芾虽然从小与诗书相伴，但因出生于武官世家，技击、用兵之类的知识也是耳濡目染，积累了一定的军事才能。对于匪患，他决定给予严厉打击，重振纲纪。上任不久，他就号令军中官兵严明纪律，加强操练，有时还亲自督导练兵，同时要求辖区各地组织地方武装以自卫。等到时机成熟了，米芾带兵奇袭了一个组织较大的匪帮，一战成名。从此，其他匪帮闻风丧胆，纷纷放下武器，操起农具、渔具或货品，重新做回农民、渔民或正经生意人，就这样，社会治安好了，风气正了，黎民可以安居乐业了。

也是老天托福，第二年没有遇上大灾。秋天，无为家家户户都沉浸在丰收的喜悦之中，米芾于是和同僚下属登上西城楼设宴庆功。饮酒、赋诗、唱和之余，米芾向城外眺望，发现城下已经收割的稻田里出现了成片的碧绿色，竟然还有人在田间劳作。米芾感到很惊异，就亲自跑到田间去察看，结果发现还有青青的稻子正在抽穗。他向老农打听是怎么回事？老农告诉他：今年气候温和，雨水充足，稻子收割后，稻根内又长出新穗来了，这叫作稻孙。米芾大喜，认为这是祥瑞之兆，当即命人将这好事上报。

这时，同僚和下属们纷纷恭维米芾说："自大人上任以来，勤政为民，政通人和，风调雨顺，无为今年喜获丰收。现在，百姓们又能凭借稻孙增收不少。这都是托大人之福啊！"

米芾回道:“哪里，哪里，实不敢当!”

有人乘机提议道:“稻孙古来罕见，何不以此作为西城楼名?早就听说米大人翰墨妙绝，就请大人为我们题写楼名吧!”

众人一听，齐声叫好。米芾也正有炫技之意，于是，他命人取来纸墨笔砚，题书了“稻孙楼”三个大字，做成匾额，悬挂在无为县城的西城楼上。从此，这座城楼就称为“稻孙楼”了。

米芾在无为任上时，适逢蔡京下令恢复推行由王安石发起的“保甲法”，虽然这条新政弊大于利，但作为基层的无为必须接受。所以，米芾不得不小心翼翼地应付上级的检查督办。除此而外，他就把军内的公事委托给僚属去处理了。他的工作基本上是“无为而治”。

不过，米芾又有了签字权，一有空闲时间，就又动起了土木之念。当然，他要兴建的项目都跟风雅有关，都是文化。

米芾先是开了一家“宝晋斋”无为分号，把自己收藏的王羲之的《王略帖》、谢安的《八月五日帖》和王献之的《十二月帖》的墨迹交由良匠镌刻上石，嵌在了官署内的墙上，这样，这三块晋代宝帖碑就留在了无为县内，它们的拓片被称为“宝晋斋帖”。1268年，铁杆“米粉”曹之格把包括此三帖在内的晋帖以及各种米芾的碑帖集中起来，统一命名为《宝晋斋法帖》。从此，宝晋斋就从一个私人的书斋变成了一部历代法帖集的名称。这是对中国文化的贡献。

宝晋斋前有个荷花池，池中心有一个亭子。夏夜，米芾掌灯落坐于亭内，仰望星空月光如水，嗅着清风送来的荷香，听着草丛里虫儿的低吟浅唱，或与家人谈谈家常，或翻开书籍、法帖、画卷细细品味，或挥笔写几首新诗……一切都是那么惬意。

有一天晚上，米芾正在亭子里看书写字呢，池中的一只青蛙叫了起来，接着就有两三只随声附和。一开始，米芾听着像音乐，但随着蛙声此起彼伏连成一片，就变成噪声了，把米芾的思绪全给搅乱了。米芾提起笔来，在砚台平滑的背面写了个“止”字，便随手将砚台扔进荷花池中。说来也巧，蛙声顿时止住，自此这个池子再也听不到青蛙叫了。

第二天一早，米芾到池前一看，池水竟然被砚中的墨汁染黑了。于是，他大书“墨池”二字，让人摹刻在石碑上，立在池边。米芾“投砚止蛙”的事很快在无为传开了，人们便把池心的亭子叫作“投砚亭”。

“墨池”本是王羲之的故事，但这两个字既可以说是洗墨后变黑了的池，也可以说是取水来研墨用的池。这个故事是王羲之最有名的代表作之一，被移植到了许多与他有关或无关的景点名胜，并虚构了许多的故事传说。由于米芾也慕王羲之之名而题写了这两个字，字体还可以看出师法王书的痕迹，所以墨池的传说也被移到了米芾身上。直到现在，只要一提及墨池，不是归于王羲之，就是与米芾有关，这已经成了他们二人的“专利”。

今安徽无为县原州衙旧址处，当年的“墨池”尚存碧水一方，古井一眼。院内蹲着四五尺高赭黄色山石一块，灵透多孔，传说是米颠拜过的石头。

米芾搞的第二项文化建设，是把县里原有的年久失修的“射堂”改建成了“仰高堂”，取仰头崇拜高山，如同效仿高人德行之意，并兴致勃勃地为之写了一篇《仰高堂记》，详述了建设过程，把一座普通射箭用的靶场建筑拔高到了道德和圣人的高度。建成之后，米芾还让米友仁题书了匾额，在此举办过大射、燕射和乡射等一系列活动，以倡导古人之学。此堂一直到清代光绪年间还在。

米芾在无为期间，还曾撰写过三通有名的碑记，分别是《章吉老墓志》《章吉老墓表》《芜湖县学记》碑，是他晚年书法的精品。

章吉老是无为当地名医，名章迪，字吉老，擅长针灸治病，由于医术高明，又赈济贫弱，有“华佗再世”的美誉，深受乡民敬仰。章吉老把自己的绝技传授给了儿子章济和孙子章权，祖孙三代悬壶济世。米芾守无为时，曾慕名亲往医所求医为自己及夫人许氏治病，当时章吉老已经去世，章济授医诊脉，果然针到效显，药到病除。章济久仰米芾书名，先后请米芾为其父书写墓志和墓表，米芾认为章吉老乃仁义之人，便慨然应允。

米芾此举，是对济世救民的一种仁爱的表彰，也是他礼贤下士的一种景行，又一次体现了他的人文情怀。

米芾到无为任上时，已经五十有四了，身体状况大不如前，他年轻时的抱负和锐气已经消磨殆尽。米芾心想，上司已无分贤愚，自己辛苦了一辈子，至今还是一袭青衣，一个八品寒士！人生如此，夫复何求？所以，越往后他越不看重政绩，而是书写了几块碑帖、搞了点文化建设外，剩下的时间不是纵酒使气、调笑填词，就是拥伎而歌、放浪形骸了。

官场上往往是这样，你循规蹈矩，唯唯诺诺，上级多半会喜欢你，即使没干出什么政绩也能过安稳日子，但倘若你不护细行或有出格的表现，即使干出了政绩，上级看不惯，也可能找出一箩筐的理由和说辞来弹劾或罢免你。就在米芾以为无为可能是他政治生涯的最后一站时，有人参了他一本！眼看这一本就要奏准，没想到，中央的政策出现了新的变化。

是又一次被免官回家？还是能赶上“利好”政策的“末班车”？米

芾似乎并不介怀，他已经心力交瘁了。

二

赵佶登上了九五之尊后，一刻也没有忘记自己是个书画家，他更想让全国出现更多的书画家，让更多的书画家为他的皇权提供服务。

一位才情出众的艺术家当了皇帝，对于艺术和艺术家来说都是一件幸事。不过，宋徽宗在其艺术天赋得到了皇权的支撑之后，就膨胀到了登峰造极的地步，把整个中国都变成了他的艺术实验场，变成了供他个人享乐的伊甸园。以至于全国人民付出了相当惨重的代价。

俗话说，上有所好，下必甚焉。皇帝的爱好，在皇权的放大下，一切都会走了样，一切都会奉迎着皇帝的喜好进行，甚至都会变成政策而施行。

徽宗认为四方承平了，而书画成就还远不及古时，一直没有一个专门的教习机构来从事教化工作，也缺少激励和奖赏的制度。如果能够效法先王，设置教学书画的机构，通过考试的方法来选取书画之士进入书院和画院深造，就像科举一般，提供俸禄，岂不是很好？

于是，徽宗下诏：

> 今四方承平，百揆时序，小大之政毕举。增光继志，旷古绝尤。独书画之学，未有高世绝人之风，殆劝励之不至也。其议投试简拔之法，著为律令，建官养徒，庶几异时，彬彬者有纪焉。

偏偏宰相也是个著名的书法家，皇帝的提议顺利通过。很快，国子监内就设置了书、画、算学，同时向全国征集民间的书画名迹。

果然是振臂一呼应者云集，各地文人士子争相以前代法书名画奉进。米芾听闻，好比萎靡的身躯被打了一剂强心针，他那消沉的意志立刻被唤醒，旋即响应。他特意以《黄庭》小楷《千字文》上献，并奉上了家藏的王羲之的《王略帖》《快雪时晴帖》和张旭的《秋深帖》等心爱的法书及名画。米芾感叹自己一世蹉跎，这次终于看到了一线光明，为了抓住这最后的机遇，他要投皇帝所好，奋力一搏，因而不惜下了大血本。

徽宗见了，果然龙颜大悦，当即下旨赏赐。

在皇权的推动下，皇家书画院正式挂牌成立，下设书、画两学，每学置博士一员，生员各三十人。成立御前书画所，归国子监管理，编制、房子、经费都给，都参照公务员待遇。米芾被任命为书学博士和画学博士，成了皇家书画院的院长。这一回总算是“专业对口”，量才录用了！

虽然书学、画学博士的官衔很低，只有正八品，但由于此事涉及皇帝，所以这项任命肯定得到了皇帝的首肯。这里面，蔡京发挥了重大作用，否则，仅靠进献的古人法帖和自己的书法及名声，恐怕皇帝未必会单单垂青于米芾这个微官小吏，何况吏部对他一向不看好，言官对他也颇有微词，而且正在弹劾他，要他靠边站。

那么，蔡京是因为与米芾交情深厚并有共同爱好而推荐他的吗？蔡京难道不怕才气和名声极高的米芾被徽宗赏识，危及自己的地位和声誉吗？

蔡京是个奸诈小人，嫉贤妒能，他打压和排挤的人不在少数，为何对米芾另眼相看呢？这是因为，捧得起你，自然也踩得扁你。他太了解米芾了。

米芾虽然在艺术上的成就很高，名震当时，但他在政治上不是廊庙之才，也不懂得官场套路。他虽然恃才狂傲，但没有城府，不会翻脸害人，他的升迁不会对蔡京造成任何的威胁。即使他再牛，徽宗至多会把他当作书画知音对待，而不会授予他要职实权，而且即使要委以重任，也还得看蔡京的态度，因为徽宗已经把朝政大权交给蔡京了，也就是说，米芾的命运完全在蔡京的掌控之中。眼下，这个皇家书画院院长的名字虽然好听，却并不是国家公务员系列，官阶也不大，又没有什么实权，只有米芾担任最合适。与其让别人来鸠占鹊巢，还不如做个顺水人情。蔡京算是把米芾和徽宗都琢磨透了。

崇宁五年（1106 年），五十六岁的米芾回到京师就职。

米芾一生中无数次地赴京，但无论哪一次，都没有这一次这样兴高采烈、这样踌躇满志、这样得意扬扬，甚至是趾高气扬，压抑了很久的闷气和晦气都得到了释放，当年的雄心壮志似乎又回来了。船还是先前的船，里面装载着的却已变成了无限的希望。

船过淮河与汴河交汇之处的虹县时，米芾想起了曾经路过此处时题留的一首诗：

快霁一天清淑气，健帆千里碧榆风。
满船书画同明月，十日隋花窈窕中。

这是一首状物抒情诗，然而此番再过这里，情景大不相同了，心情随着身份而变了。他又题了第二首诗：

碧榆绿柳旧游中，华发苍颜未退翁。
天使残年司笔砚，圣知小学是家风。
长安又到人徒老，吾道何时定复东？
题柱扁舟真老矣，竟无事业奏肤公。

这首诗中明显有了若干的感赋和喟叹，有了怆然的酸楚。幸福就在眼前，然而未免来得太晚了一点。夕阳无限好，只是近黄昏。有点让我来不及享受了。长安又到，使命在身，何时才能达到我理想的事业顶点呢？这是米芾的心声。

米芾把这前后两首诗一起抄书成大字，这就是著名的《虹县诗》帖。全帖一气呵成，老成烂熟，字的枯涩粗细、转折变化都相当丰富，具有一种摄人魂魄之气。

船到长安汴梁之前，米芾还兴致勃勃地写了一首《拜书学博士作》的诗：

昔梦浮生定是非，家山且喜隔年归。
扁舟又出栏潮闸，出处初心老更违。

由于米芾在书法和绘画上的双重成就，所以一人兼任了两个博士，这是十分难得的，也是非常荣耀的，不知是否能拿两份工资？不过，更让米芾感到荣耀的是，他和徽宗有了历史性的会见。原因很简单，这个机构是为皇帝喜爱书画而设的，职务和待遇是皇家给的，皇帝不可能不亲自过问此事。所以，米芾被召见应是早晚的事。

徽宗召见米芾的地方，是在宣和殿。这是一座在艺术界大有名气的宫殿，位于大内的东部，是大中祥符年间建造的。殿名的意思是迎接着朝阳，暄暖而和煦。徽宗喜欢在此活动，把内宫的书画珍品都收藏在这里，后来他干脆以此殿名作为年号，又以此殿名编撰了《宣和书谱》和《宣和画谱》。宣和殿的名字因此而流传千古。

朝见皇帝，是要呈送贡品的。按说米芾应该呈上自己的书画作品，但他拿出来的，却是米友仁所画的《楚山清晓图》。或许他认为，自己已经名满天下，再无所求了，唯一不放心的是儿子的前途，要把他推介出去，所以呈献了他的画作。徽宗看了，大加赞赏，称其画清新可爱，并赐给米友仁御书和御画的扇子各两把，以示褒奖。

徽宗素知米芾的书画声名，便问：朕自爱好翰墨以来，也曾遍习历朝名书。然观圣朝之初，书坛寂寥，有名书家不过一二人而已，且徒有名，而去古人不远。到了当今，书坛方才茂盛，卿试为当今名家一一做个评价。

米芾听了，居然在皇帝面前口无遮拦毫无顾忌地直言道："以臣观之，当今之书家，蔡京不得笔，蔡卞得笔而乏逸韵。蔡襄勒字，沈辽排字，黄庭坚描字，苏轼画字。"如此辞锋锐利，当是书法史上少见的痛快简洁且深刻不凡的见解。

徽宗从来没有听过别人对这些书家有过如此评价，听了米芾这番话，犹如石破天惊，醍醐灌顶。他又追问道："卿书如何？"

米芾大声回答道："臣书刷字！"

徽宗对米芾及其直截了当的评价产生了浓厚的兴趣。他让米芾细细解释这些评价的意思。

米芾说，勒字者，出于颜真卿法也，正襟危坐，中锋命笔，笔笔不苟，中规中矩，字如入石，力透纸背。臣在翰林院中得见君谟笔墨，深摩笔意，体会即是此法。排字者，出于唐人楷书之法，所书皆是大小如一，粗细相当，排列如印刊之版本，等距之算子。描字者，出于虞世南法也，笔笔中法，笔笔送到，不使逾矩。画字者，出于徐诰之法也，磨墨久长，墨稠如糊，边书边思，字形如画，大小有错也。而臣的刷字法，源出于东汉时蔡邕法。蔡邕见瓦匠用刷帚蘸石灰粉墙，所过之处，留有未及之处的痕迹，从而悟到飞白之法，此刷字之始也。后世右军继之，亦羲之法。刷字重在意，信肘而不信腕，信指而不信笔，挥霍迅疾，笔虽不到然神已至，中含枯润，带有力度，臣惯用此法。

这番高论，不管对其他书家的评价是否精准公允，但米芾的自我评价，明里自谦而实点到精要之处，是客观和中肯的。他思维超前，师古不泥古，总是追求个性和创新，书写过程中随遇而变，独出机巧。他的书法作品，大至诗帖，小至尺牍、题跋都表现出痛快淋漓，欹纵变幻，雄健清新的独特风格和特色。从存世的米芾手迹来看，"刷"这一个字活脱脱地表现出了米字的神采。他还发明了很多巧妙优美的笔画，给后世带来了巨大的影响。

米芾娓娓道来，徽宗大笑，连称精辟准确。他又让米芾评价自己的书法，并让他但说无妨。

米芾大着胆子说道：臣见陛下虽然年轻，却是聪明天纵，无论是书还是画，足以卓然成一大家。臣观陛下所书之行、草、正书皆绝，尤擅瘦金体，笔势劲逸，意度天成，瘦硬劲挺，峭然峻拔，非可以形迹求也。陛下之书，据称是出于黄庭坚，以后追溯到唐代的薛稷，然则以臣观之，陛下的笔意之中出于古篆的铁钱，笔画的顿挫起合之间含有隶书之意，结屈盘曲，铜铸铁划，跨越晋唐，直追先秦，亘古以来未有此书也，当与古人比肩，于当世则无可比拟。

徽宗听了大喜，点头称是。说：书法当以尚意为上品，无意则神不存，虽有笔法，然则是俗书，不取也。朕设书学、画学之意，也是为了存祖宗之法，使书画之事与科举之业并存，烦卿为朕为之。说完，徽宗还赋予了米芾可以随时进宫，观赏禁中所藏书画的特权，这对于嗜书画如命的米芾来说，无疑是最称意的事。

根据蔡肇给米芾写的墓志铭中记载，徽宗与米芾的这场会见，竟然从上午一直进行到黄昏。可以想见，这场君臣之间的对话，逐渐演变成为两位艺术家就共同关心的话题深入交换意见了，成了一次彼此互为听众的高峰论坛。

元代的脱脱在《宋史》中提及徽宗时，不禁为之叹息："宋徽宗诸事皆能，独不能为君耳！"

而后人王夫之在提及米芾时也说："居官无官官之事，处事无事事之心。"就是说宋徽宗不适合当皇帝，而米芾也不是个做官的料儿，他们都只适合做书画艺术家。可谓一语中的，鞭辟入里。

然而，命运偏偏把他们推上了政治舞台，让他们干起了不适合他们的事。这其实是一种错位。

但话说回来，艺术家从政就一定会产生错位吗？未必。同样是艺术家的苏轼和蔡京，对于职务和兴趣的关系问题，就比他们两人处理得好。这两人书名很大，官也做得很大，他们在该做官时像官，该弄艺时就弄艺，两者分得很清楚，没有以艺术家之心去从政，也没有从政治角度去从艺，他们没有错位。赵佶和米芾的错位，或许是两人都入“艺”太深不能自拔的缘故吧。

米芾得窥天子龙颜，是蔡京授意赵挺之任命了他的职务才获得了这样的机会。米芾知恩图报，他特意给赵宰相上了一书，写诗表示了忠心：

除书画学博士呈时宰

平生湖海看青山，惯佩苓箵揽辔艰。
晓起初驰朱省路，霜华惭缀紫宸班。
百僚朝处瞻丹陛，五色光中望玉颜。
浪说书名落人世，非公哪得溯天关？

三

徽宗是个专业的书画家，业余的皇帝。他对于书学和画学最为看重，这是他的兴趣所在。其他的事，他都可以交给宰相蔡京和宦官童贯等人去办，唯独书画这事，他必自躬亲，因为这是他最为自诩的特长。皇家书画院的院长名为米芾，实为赵佶，只不过他作为皇帝，不可能自己去兼此事。

书学和画学招收的生员，都是通过全国的考试选取的，等于太学生，相当于现在社科院里的研究生。徽宗有空就过来视察视察，指导指导，这使得官小位卑的米芾比别人更有机会陛见徽宗。

一进了书学、画学，徽宗就卸下了皇帝的伪装，现出了书画家赵佶的原形，与米芾平起平坐，相谈甚欢了。有时，徽宗甚至不顾皇帝的架子，亲自教习生员，出题考试。

徽宗对米芾的信任和放心，让米芾感受到了从未有过的荣宠和得意，虽然还只是一名正八品的官，但毕竟可以陛见皇帝了。虽然排在百官之后，但毕竟位列于百官之中了。

米芾现在是专业人做专业事，又受到皇帝的看重和厚爱，如鱼得水，就顾不得年老体弱，工作起来劲头更足了，正儿八经地办起了公事。他向上级写报告，要求下拨经费，汇报教学大纲，争取人员编制，选定讲课教材，忙得不亦乐乎，一心想把书学和画学办成名副其实的最高艺术研究机构。有一次，他见到了一幅吴道子的画，认为是极品，便上书要求暂时不要上缴入内府，而是作为教材先给生员们观摩之后再上缴。由此可见，米芾的教学态度是相当认真的。

米芾的精彩亮相和表现给徽宗留下了良好印象。有一天，徽宗正在后苑休闲赏花，突然想起了当朝书学博士米芾，便召他来到后苑便殿，令人取出一筒乌丝栏卷轴来，传旨说：朕素知卿善大书，以此卷交付，且为朕把此素写完。米芾叩拜已毕，知道这是炫耀自己本事的时候了，立即振奋精神，挽住袍袖，掭笔抻纸蘸墨，纵笔大书自己的五绝诗一首：

目炫五光开，云蒸步起雷。

不知天近远，亲见玉皇来。

这是对皇上的阿谀奉承之词，徽宗很受用，加之书法又好，当然十分高兴，当即重赏了米芾。

徽宗很欣赏米芾所书的大字，从此之后，只要有机会，就会召他来内宫书画，以作交流。

有一天，徽宗命人在后苑的瑶琳殿里铺好了一幅长宽各有两丈多的绢，让米芾来书写大字。殿内的案几上摆放着金砚盒，里面是玛瑙砚、名匠李廷珪制的墨以及象牙管的笔、玉琢的镇纸和水滴，一切文具都是御用的，极为精致。徽宗为了更清楚地近距离地看米芾书写，研究他的笔法，破例下令撤去帘子，走出来站在米芾身边，看他如何运笔。

米芾见皇上如此宠幸，精神倍增，他把袍袖撸起，反系在背后，拿笔在手，左右跳跃，便捷落笔，下笔如云龙飞动，不一会儿就书写成功。他略看了看，觉得还满意，便回头对着徽宗大声说道："奇绝陛下！"徽宗亲眼见到米芾的书写，更为他出神入化的运笔动作而击节称叹，不禁龙颜大悦，下旨把几案上所有文房四宝都赏赐给他。

专业的书画家对文房四宝是相当讲究的，作为一名普通士人，米芾平时难以得到如此配套齐全而珍贵的文房四宝，也许偶尔会得到。但在接触了徽宗之后，当时最名贵的澄心堂纸、端砚、诸葛笔、李廷珪墨、张滋墨都不稀罕了，徽宗自会随时赐给他。

从一名地方小吏升迁为皇家书画院的双料院长，又经受了这些别人难以企及的殊荣，米芾有些飘飘然了，有些得意忘形了。

一天，徽宗和蔡京在闲谈时召来米芾，令他在一扇大屏风上写书法，作为宫中的收藏。米芾向内侍索要笔砚，徽宗指着御案上的端砚说，就用朕的御砚书之。米芾凝神书完，见砚质极为精良，发墨细腻光亮，便捧起御砚跪到徽宗面前，说：“此砚一经被臣所濡染之后，便不堪陛下御用了，请赐臣下。”这是一个大胆而唐突的无理要求，一般情况下是不会被批准的。但是，徽宗居然同意了！把那方端砚赐给了他。米芾兴奋异常，竟然把砚抱入怀中而退。由于砚上余墨未干，墨汁污了他的袍袖和胸口，他也全然不顾了，只管乐颠颠地跑出门去，仿佛跑慢一点儿，徽宗便会反悔将砚要回去似的。徽宗见到米芾这种颠状神态，笑着对蔡京说：“颠名不虚也！”蔡京回奏说：“芾人品诚高，所谓不可无一，不可有二者也。”说完，君臣相视而笑。蔡京不愧是官场老手，他明白朝廷要的是能够规规矩矩按政策办事的官员，而不是独具个性的癫狂名士。他作出的这一评价是相当正确的。

御用之砚，定是极品。米芾自然是识货的，可没想到，他还胆敢当面向皇上索要！如果不是他的颠，不是徽宗爱他的书法，恐怕凭你是谁也断不可得的。米芾的书帖中有一札《获研帖》是这样说的：

> 仆今日获天下大奇研，世未有也。他日使公钦赏不已。石佳发墨，眼大如钱，大小适中，浑厚古雅，平生收端研未有此也。异日才知不诬也。公家凤池空大，不适用尔。今岁有此奇获，真丙辛天地合也。问九哥可知。

作为一个皇上，对臣子再宠爱，也是难以容忍其“出格”行为的，更不可能把重任交付给他。然而，凡事都有例外，当今皇上偏偏能够容忍米芾的癫狂行为，谁叫他俩都是书画艺术家呢！

有一次，米芾上崇政殿奏公事，徽宗正忙着，就让他把上奏的札子留在椅子上。米芾没听清，回顾殿下的内侍说：“万岁要你们送唾壶去！”这句话在殿上说，显然很不恰当，当下就有言官说他在君前无理，要弹劾他。然而徽宗却没有见怪，而是说：“俊人不可以礼法拘。”

还有一次，米芾应召上殿为一扇御屏风书写《周官篇》。当他得意地写完，顺手把笔往地上一扔，大喊道：“一洗二王恶札，照耀皇宋万古！”他竟然忘了自己身在殿上御前，如此随便，如此自负，如此癫狂。徽宗正在屏风后面看他书写，听到这话，也不理睬他，径直走出来细细观赏。

米芾在徽宗面前多有放纵之言谈举止，或大声叫喊，或失礼冒犯，而徽宗却一再容忍，并没有责罚过他。这是因为，作为艺术家的徽宗懂得米芾书法的审美价值，他太欣赏也太喜欢米芾的书法了。因为喜爱，所以包容。

不过，徽宗也不是完全放任米芾随性而为。一次，徽宗召米芾上殿书写了四扇屏风之后，大加赞赏，当即赐给他十八笏白银。当米芾从内侍手中接过白银之后，如梦方醒，再三地向内侍央求说：“请相公回去禀告万岁，知臣莫若君，臣自知甚明，明白万岁的意思了。”徽宗听了汇报以后，满意地笑了。原来，白银是散碎的，要用纸包卷成长筒状，就像朝臣手中所持的牙笏，一笏为五十两，十八笏就是九百两。在宋朝，九百这个数字相当于“痴”的代名词，也相当于现代人所说的“二百五”。徽宗巧妙地骂了他，让他有所收敛，他心知肚明，坦然地接受了，承认自己确实有点“二”。

在“专业”方面，徽宗给了米芾以极大的信任，有一件事情足以证明。内府的历代书画藏品浩如烟海，然而却是鱼龙混杂，赝品充斥，如此状况，必须进行厘清和鉴别。徽宗特命米芾可以出入内府，观其收藏，去帮助自己做出鉴定。

要知道，一个名副其实的书画“鉴定家”，应该是书画家兼史家、学者，必须具备多方面的修养。既要通晓书画史，熟悉历代名家个人风格，书画纸、绢、装裱材料的产地、品种、颜色、质地、年代、磨损状况、折痕，款识、所钤印章的特征、位置，以及墨色变化、藏家的题跋等，在书画的考证、鉴定过程中也都十分重要。另外，还要能辨别不同时期的衣冠制度、地域文化、习俗差异等等。自古以来，能诗文兼擅书画的人很多，而同时兼擅鉴定的人却不多，书画名家不少，而同时能成为鉴定家的人则屈指可数。米芾正是这屈指可数的人之一。前面提到过，米芾精于鉴定，对细节的观察非常精到，曾在王安石面前露过脸，也在朋友圈中展示过身手，可谓行家里手，法眼如炬。这也说明，米芾能够成为御用首席书画鉴定师，绝非浪得虚名。

经过米芾一番去伪存真的甄别和剔汰，内府数以万计的藏品中真品居然是少数！据蔡京的第四子蔡绦记述，原来所藏，光是唐人所临二王的帖就有三千八百多幅，颜鲁公的墨迹有八百余幅，而欧、虞、褚、薛以及李白、白居易等人的书法则难以胜计。米芾鉴定的结果，认定真正的王羲之的帖只有二百四十二幅，王献之的帖只有八十九幅，颜真卿的帖仅二十八幅，其他等而下之的帖，只选其精者收存。

米芾鉴定完后，徽宗命蔡京在帖后跋尾题字，也有让米芾来题跋的，但他更喜欢自己在画上用瘦金书来题，再盖上“宣和御览”的印章。

正是这番去伪存真、去粗取精的工作，以及重新整理，为日后的《宣和书谱》和《宣和画谱》这两部中国书画史上相当重要的著录的编成做了准备，奠定了基础。

米芾为徽宗立了一大功，他的这一大功也被历史铭记。清代《四库全书提要》认为,《宣和书谱》和《宣和画谱》可能是由蔡京兄弟和米芾三人来定稿的，因为三人都是当时著名的书法家，尤其米芾，因为他的职务就是专业书画家，双料院长，做这批作品的编审非他莫属，何况在此前他已经著录过《书史》《画史》和《宝章待访录》等书了。《四库全书提要》中有言：“宣和之政无一可观，而鉴赏则为独绝。”米芾尤精于鉴别的特长终为徽宗所用，是中国书画史上的一件幸事。遗憾的是，米芾虽然参与了编审工作，却没有来得及看到两部书的出版就去世了。

为皇帝做了这么大的贡献，皇帝应该好好奖赏一下米芾。可是一个皇帝，他认为对臣子最好的奖赏就是提拔他去做官，这已成为沿袭不绝的惯例。但是，有的人是只适宜搞业务而不适宜干行政的。

案牍劳形一生的米芾，暮年似乎终于走进了人世间的最高殿堂，所任的书学博士和画学博士名称听起来相当高大上，得以主持内府书画鉴定看起来也相当荣耀。然而官阶太低，只是个从九品，他一直是以正八品的高阶兼着低职的事，尽管整天出入禁中，与皇帝对话，看起来很威风，然而毕竟只是比画匠高一点点的画师，待遇上确实有些委屈了他。徽宗和蔡京都考虑到了这一点，米芾自己的内心也许会有抱怨，也许深藏着屈辱的痛楚。他在皇帝面前装疯卖傻、假痴假颠，或许是凭着自己的技艺邀宠于皇上。这一时期，他在诗词中流露出了力图超脱现实而不可得的矛盾心态。有一首《诉衷情·思归》写得相当直白：

劳生奔走困粗官，揽镜鬓毛斑。物外平生萧散，微官兴阑珊。奇胜处，每凭栏，定忘还。好山如画，水绕云萦，无计成闲。

大观元年（1107 年），五十七岁的米芾在担任了皇家书画院院长一年之后，被任命为礼部员外郎。这个年龄这样的官已经是很老了，即便是现在也不算年轻了。

礼部的职责是管理皇家的礼仪、祭祀和科举之事，员外郎相当于司一级的官，正七品。礼部位于皇宫之南，所以又称南宫，后人称米芾为“米南宫”就是因为此职，这是他一生中做过的最高的官。

在米芾心里，书学博士和画学博士是他一生之中自认为最合适最胜任的工作，是最理想最满意的差事，也是他一生中最风光最辉煌的官职。他或许想过以此为归宿，然而这却由不得他。

徽宗的本意是想提拔米芾，没想到这是一着昏招。以他的明察，他肯定知道米芾不是个适合做官的人，却硬要把那所谓的浩荡皇恩施舍给一个得非所愿之人。

徽宗的一番好意，直接把米芾送上了死路。

来兮归去

人生两大悲剧：一是万念俱灰，一是踌躇满志。

一年之前，米芾北上京师赴任的时候，是那样踌躇满志，趾高气扬。一年之后，他竟然从风光的山峰跌落谷底，仓皇南归。犹如韩愈的朝荣夕衰："一封朝奏九重天，夕贬潮阳路八千。"这是他万万没有想到的。官场的冷酷无情，官场的瞬息万变，官场的世态炎凉，他都领教过了。

一年以来，米芾是皇上身边的红人，风光耀眼，这些都被文武百官看在眼里，但并不是所有人都替他高兴的，有好多人一直在搜集着他的黑材料，一直拿捏着他的把柄，他们知道他的出身，知道他的性格。那些黑材料就放在他们的档案柜里，随时都可以拿出来整人，之所以还没有发难，是因为米芾写字画画的功夫高，迎合着皇上的喜好，有皇上罩着他。然而，皇上把他放到礼部去，他做官的功夫就远不如别人了，何况还是礼部这种神圣高贵的部门。谁还能罩着他呢？

出身低微，非进士门第出身，在当时官场和文坛都是被歧视的。何况，那些监察御史对米芾的性格和为人了如指掌，知道他那些怪诞不经的行止。因此，他一被任命到礼部，立刻就有言官上疏弹劾，说他“倾斜险怪，诡诈不情，敢为奇言异行，以欺惑愚众。怪诞之事，天下传以为笑，人皆目之以颠。仪曹，春官之属，士人观望则效之也。今芾出身冗浊，冒玷兹选，无以训示四方”。

米芾感到十分愕然，愤而抗诉：我的颠惹着谁啦？并没有耽误工作啊！为此，米芾还专门写了一通《辩颠帖》：

> 久任中外，并被大臣知遇，举主累数十百，皆用吏能为称首，一无有以颠荐者。

然而奇怪的是，形势急转直下，出现了一边倒，没有人出来帮米芾说话，皇帝、宰相也都沉默了。

皇帝赵佶和宰相蔡京这个时候选择沉默，不一定是米芾真的有错或者让他们生厌了，也不一定是他们无力挽回，极有可能是因为米芾只是他们的书画闲友，乃至一个弄臣，他们没有必要为了维护米芾一个人而犯众怒。

于是，米芾只能灰溜溜地卷铺盖走人。

米芾只做了一个多月的礼部员外郎，板凳都还没有坐热，就被罢职，要离开京师了。船出通津门，沿着汴水南下，他回头望一眼渐渐变得模糊的繁华都市汴梁，禁不住悲恨交加，好不凄惨！

回到润州不久，朝廷给米芾又安排了一个职务：淮阳军使。

他十年前就是涟水军使了，后来又权知无为军使，到中央转了一圈，现在还是军使。历史就这样和米芾开了个玩笑。

淮阳军位于徐州以南，古代叫下邳，虽然是一片平原，却是有名的古战场。三国时期，下邳为东部兵家必争的城池。米芾来到淮阳军就任时，生命给予他的时间已经不多了，无论他想有所作为，还是想敷衍塞责，都来不及了。郁结在他胸口的闷气，在他到任不久就爆发了，头上竟然长出一个疮来，又红又肿，延请良医诊治，吃了几服药，不仅不见效，而且全身发烧又发冷，疼痛不止，几乎不能握笔写字了。

大观二年（1108 年）开春，米芾知道大事不好，赶紧给朝廷写信，请求解职回乡，然而朝廷却没有批准。不得已，他便自己给自己安排了后事。

米芾早年学佛，虽未剃度，却已皈依，称为鹿门居士。他早已把生死之事视作轮回，因而并不恐惧。害病期间，他断绝一切荤腥，只是念佛茹素。

米芾预感到死之将至，便告诉下属说，我一月后必死。他让人打了一口楠木棺材，放在官衙里，平时就以它为床榻，饮食和坐卧都在里面，还在棺材里阅文件、草书札，把死亡全不当一回事。但不知出于什么目的，他竟然把自己收藏的晋唐书画和珍玩集中起来付之一炬！让那些宝贝都化作一缕青烟随他而去。或许是烧得不彻底吧，今天的人们还能看到少量幸存的残卷碎片。

在临终前七天，米芾情知大限即到，便更衣沐浴，爬进棺材里，焚香而坐。他把亲友和僚属们都请来，一一话别，还念了一首自作的偈语：

众香国中来，众香国中去。

人欲识去来，去来事如许。

天下老和尚，错和轮回路。

偈语是佛家禅宗惯用的一种文体，一般都隐含有机锋。米芾表达了佛家认为的“死是生的开始”的观念，是那种不生不死、不寂不灭的“涅槃”境界，他泰然自若，类似得道高僧的“入瓮坐化”的做法，表现出不同于世俗的态度和举止。

米芾临终前对大儿友仁说：我一生中最喜欢润州南山中的鹤林寺，曾对当家和尚说，他日我死后必当为寺中之伽蓝，永护该寺。此寺前埋着乃祖父母的尸骨，你今后可常往祭之。

说完，米芾双眼紧闭，坦然坐化。

关于米芾的卒年有多种说法，成了一个谜。这里根据曹宝麟先生的考证以及诸多研究资料，取他是卒于大观二年（1108 年），享年五十八岁。

应米芾长子米友仁的请求，他的挚友蔡肇为他撰写了墓志铭。这篇墓志铭是目前可能找到的关于米芾最全的资料，史料性很强，算是对米芾的盖棺论定。文章相当长，富有激情，考证详而有实：

故南宫舍人米公墓志

左承仪郎敷文阁侍制蔡肇

崇宁五年，甲子六月制诏：今四方承平，百揆时叙。小大之政毕举，增光继志，旷古绝尤。独书画之学，未有高世绝人之风。殆劝励之不至也。其议投试简拔之法，著为律令。建官养徒，庶几异时，彬彬者有纪焉。于是六艺之学，以次开设矣。是时，元章名能书，适官太常。一旦奉诏，以黄庭小楷作《千字文》以献。继进所藏法书名画，赐白金缗钱甚腆。方民间竞以前代笔迹来上，萃于秘府，号《宣和御览》，才及百帙。特诏丞相太师楚国公跋尾，公亦被旨预览，缙绅以为荣遇。已而出知常州，不赴，改管勾洞霄宫。未几，就除知无为军。逾年，复召为书画学博士，便殿赐对询，落逮晷。因上其子所作《楚山清晓图》。既退，赐御制书、画扇各二，遂擢为礼部员外郎。复以言者罢，知淮阳军。弥年，疡生其首。上书谢事，不许。以某年、月、日卒于郡廨，享年五十有七。遗令送终，皆有治命。赙其家以百缣，不以被受文书，官其子，皆特恩也。

公讳芾，字元章。世居太原，后徙襄阳。自其曾、高以上，多以武干官显。父光辅始亲儒嗜学。公生秀颖，六岁日读律诗百首，一再过目辄背诵。稍长，博记治闻。于书务通大略，不喜从科举学。议论断以己意，其说踔厉，世儒不能屈也。刻意文词，不剽袭前人语。经奇蹈险，要必己出，以崖绝魁磊为工。作字遒劲，晚更沉着，杂有晋唐风流。尤善临摹，至能乱真。其画山水、人物自成一家，尺缣寸纸，人以为玩。四方碑榜，咨请踵至。所著诗赋诸文凡百卷，号《山林集》。《宣巳子》《圣度录》《正韵杂说》又数十卷。平居超然，若不能事事。至官下则率职不苟，喜为教戒。吏民初以为烦，已而安之。时亦越法纵舍，有足大者。家故饶财，既仕，悉以分族人。后贫不以为悔。遇古书名画，必极力购取，得之乃已。余昔相遇于都城，败屋僦居，客至烹饮，出诸奇相与把玩，啸咏终日。所至喜览山川，择其胜处立字制名，后来莫之废也。过润，爱其江山，遂定居焉。北固既火，作庵城东，号海岳，日哦其间，为吾州佳绝之观。平生与游多天下士，蜀道刘泾、长安薛绍彭，好奇尚古，相与为忘形交。风神萧散，是其一流人也。举止颉颃，不能与世俯仰，故仕数困踬，冠服用唐人规制，所至人聚观之。性好洁，置水其旁，数頮而不帨，未尝与人同器服。视其眉宇轩然，进趋淡如，音吐鸿畅，虽不识者，亦知为米元章也。少与禅人摹喆游，喆以为得法。其逝不怛，作偈语有伦。

父仕致左武卫将军，赠中散大夫。母阎氏，赠丹阳县太君。既卒，始葬润州黄鹤山，以中散祔。初，宣仁圣烈皇后在藩，与丹阳县君有旧，故公少长邸中，以后恩入仕。初补秘书省校书郎，授浛洸尉。七迁入淮南幕，改宣德郎。知雍丘县，乞监中岳庙。授涟水军使。除发运司勾当公事，蔡河拨发。入奉常为博士。三加勋，服五品。娶许氏，封宁国县君，有贤行。五男，长即友仁也。补将仕郎，辞艺能世其家，余早卒。八女子，适进士乔衮、文禧老、南康军教授段拂、承奉郎吴激，余未嫁。孙男、女各一人。以大观三年六月某日葬丹徒长山下。余元丰初谒荆国王文公于金陵，公以诗篇贽见。文公于人材少所许可，摘取佳句书之便面。余由是始识公，故为之铭。

接下来是一首七言古风，对米芾的人生履历、为官和从艺之路及其成就、个性特征等进行了概括性的述评。因内容与上述文字意思重复，且多生僻字，故省略不录。

米芾在临终之时，上演了一出不同凡响的戏剧，在对待他的墓葬问题上，则采取了与他埋葬父母时同样的做法，即“不封不树，不立墓茔”。因此，他的具体葬地究竟在哪里，一向有多种说法。一种是当地史籍中说的黄鹤山下，一种是蔡肇所说的长山脚下，一种是程俱所说的五洲山之原，后来还有说在广东清远县的秦皇山上的（可能是家族迁居所建）。但不管怎么说，米芾归葬于润州，这是毫无疑义的，而他的墓究竟在润州的何处，则给后人留下了一个千古之谜。上述几个地方都有形似墓地的建筑，有的还建有牌坊、碑刻等，只是建墓时间不同，但都存疑。这只能说明，人们对这位前贤是怀着深深的思念、景仰、爱戴之情的。

米芾去世十八年后，米友仁就经历了靖康之乱，眼看着父亲耗尽一生精力收集的那些稀世珍宝以及法帖古画失散殆尽，他在长叹惋惜之际，好不容易从乱军之中找到了那份被胡乱割裂拼凑的《净名斋记》。而徽宗宫中的藏品则全部在这场战火中被毁，不是被焚之一炬，就是被金人掳去了。对于仓皇而逃的难民来说，那些晋唐故纸算得了什么？那些奇石名砚又有什么用？它们当不了吃喝，当不了衣穿，澄心堂纸擦不干伤口上的血迹，蜀素绢难以包裹被砍破的皮肉。事实证明，没有强大的国家，再灿烂的文化也难以保护传承！

政局平定后，米友仁在杭州朝廷做官，官至兵部侍郎、敷文阁直学士。蒙元灭南宋后，他的后人怕报复，便率族人逃到陕西凤翔府的岐山县塔儿湾避难，隐居于高塬涸壑之间。等到改朝换代之后，元代始有米氏后人回到襄阳建祠，奉祀先祖米芾。米芾终于魂归故里。到了元代的至正年间，原来避难于凤翔的米家九世裔孙携族人返归襄阳，合族团聚。

纵观米芾的一生，虽然当初志趣高远，怀才自负，不甘于流俗，但作为一个出身受到普世价值歧视的低层的卑微小官吏，在那惨烈的“朋党”之争的旋涡中，为苟安身立命，只能随波逐流，奔走逢迎于权贵门下，周旋依违于新旧两党的朋友之间，希望从中寻找到一点生存空间。

进入中年，米芾在屡遭压抑、挫折之后，渐次消磨了傲气和锐气，选择了或者屈从于世俗，甚至在权臣面前摧眉折腰；或者以不合时宜的颠痴佯狂应世行止。然而，在势利的官场中，他那一点聪敏狡狯，却远不足以应付裕如。直到晚年，为在有生之年争得最后的机会，甚至在请托关系时直诉其言：“自负其才，不入党与。今老矣，困于资格，不幸一旦死，不得润色帝业。”（《廷议帖》）内心之压抑、精神之痛苦，可想而知。其情之切，可哀可叹。

米芾的个性好强，志在出人头地，他的初衷是做一个有益于社稷的大官 + 大艺术家，这也是当时社会士人群体追求的目标。然而，理想很丰满，现实很骨感，他在郁不得志的同时，还不得不面对那倒霉的党争！虽然他为了实现抱负也钻营过，但本质是高洁的，他不谙为官之道，不会为非作歹，其为人绝非贪鄙墨吏，更不同于那些政治投机家朋友，如章惇、林希、周穜、蔡京等弄权的奸佞之辈。只是与苏轼、黄庭坚相比，未能免俗。既不能如苏轼那样豁达超脱，也不能像黄庭坚那样处之泰然。不过，米芾虽然仕途坎坷，却从没有遭到过如苏轼、黄庭坚那样的打击。

在政坛官场之外，米芾真是个性情中人，他“以绝伦之姿日接贤士大夫”，平生与游皆“天下士”，如苏轼、黄庭坚、秦观、李公麟、晁补之、贺铸、刘泾、薛绍彭等。在这些志趣相投的朋友之间，他才真正如鱼得水，充分展示其过人的天资才华。

他的一生似乎都是为了艺术而生的，只要把他浸泡在艺术的浓浆之中，其他的一切都可以置之不顾，都可以抛弃。无论是富贵，抑或是贫穷，都不能改变他对艺术的痴迷。真情之所系，他不需要演技。

生物学和心理学的观点是，由于遗传密码的千差万别，成就了每个人的优点特长和缺陷短处，后天教育与环境的差异更是造就了不同的志趣、性格和风采。其中既有迷人之处，又有遗憾之处。当这些“自我”能真实地表露出来时，其魅力一定最动人，一定是人生一道优美的风景线。牵强自己，一味要求自己与令我们羡慕的人看齐，常常会丧失美好的东西，而流于尴尬与痛苦。

如此说来，米芾只需要率性而为，把自己的艺术天赋发挥到极致，就是最美的，千不该万不该去追逐那倒霉的仕途，令自己痛苦莫名。好比一棵小草，即使在最好的环境里也长不成大树，不如把自己培养成名贵花卉。而这样做的前提是，人在出道之前就应该对自己和社会环境有充分的认知，知道自己想要什么，能做什么，应该怎样扬长避短，将来的结局会是什么。这似乎太过于苛求米芾了。

常言道："人贵有自知之明。"可是，把人的自知称为“贵”，可见人是多么不容易自知；把自知称为“明”，又可见自知是一个人智慧的体现。人之不自知，正如“目不见睫”，是一种常态。

能力差的人通常会高估自己的技能水平，这在心理学上属于达克效应。很多人尤其是当官者，认为自己的能力胜任自己的现职绰绰有余，担任更大的职务不在话下，所以总想坐上更高的交椅。如果“原地踏步”时间稍长，或者有看似与自己条件相当的人超越自己了，心中便生出许多的不服与抱怨，凭什么提拔他而不提拔我？我哪里不如他了？撇开选人用人的体制机制和公正性不说，这往往就是不自知的表现。

其实每个人都清楚自己想要什么，但并不是谁都能够“攻其一点，不及其余”。米芾貌似有自知之明，可他往往明知不可为而为之，在他的身上，中国文人的双重性格表现得极为明显，极为强烈。率真和矫饰、狂傲和谦卑、坦诚和隐瞒等首鼠两端的言行他都有过。一方面，自己期望得到他人肯定甚至期望自己有权力，在干着其他职务的时候，抱怨没有专业对口，但在干上了专业的工作之后，又抱怨官职太小，待遇太低。一旦得了志，立刻喜上眉梢，失了势就立刻心灰意冷，或者要隐居归田。另一方面，由于出身“冗浊”，现实中的种种期望得不到满足，巨大的心理落差使其内心始终无法平衡，因而采取了异于常人的言行来向世人表明自己的能力。在一般人看来，米芾的这种行为和言论就是“癫”。这也正是文人米芾的悲哀之所在。

文人米芾的悲哀，说到底是社会的悲哀。试问，米芾为什么迷恋当官？以至于孜孜以求恋恋不舍呢？这是因为，在中国历史上，书法大家基本上是做官的，老百姓几乎没有成为书法大家的，即便书法是大家，也少有记录，更少有慕名追随者。时人往往不以作品的艺术价值论英雄。换句话说，社会制度和社会风气左右甚至决定了文人的行事取向：只有当了官，你的艺术才会被快速认可和传播，官做得越高越大，艺术就传播得越广泛，犹如“火借风势，风助火威”，所谓“居高声自远，非是藉秋风”。米芾为官的初衷，除了报国为民之外，借官声以扬书名或许就是深藏在他心底最沉重的声音。由于米芾始终未能当上高官，他生前的书名远不及他死后的影响也就不难理解了。

人生的剧本并不总是大团圆结局。古往今来，恃才放肆的人都没有好下场。人生也好，生活也罢，严格来说没有一个标准的模式，我们也无须过多的依葫芦画瓢似的白描，更无须照本宣科似的呆板。生活与人生无论是谁，其定义原本就是精彩与美丽。而这种精彩与美丽，不是从一个起点到达一个什么样的终点，而是从起点到达终点的过程之中，你是否选择了一种方式适合自己。

米芾一生，其道德文章均不足为世人楷模，唯有所留翰墨，最终使他能够流芳百世，让人们临纸赞叹，追思其颠逸不羁的风采。

在中国三千年的书法史上，米芾是开一代之风的大师。他生在文艺政策相对宽松的宋朝，虽然大半生都身处下层，却倾尽毕生之力为了书法事业留下了无数的瑰宝，在群星闪耀的天空中大放异彩。他是可以和王羲之、颜真卿、褚遂良、张旭等人比肩的书法大师。在当世就有许多人称他的书法为“天下第一”。明朝的大书法家、米芾的铁杆粉丝董其昌曾这样评论道：“吾尝评米字，以为宋朝第一，毕竟出于东坡之上。即米颠书自率更得之，晚年一变，有冰寒于水之奇。”这句话代表了后人对于米芾最公正的评价，因为董其昌与米芾毫无利害关系，他没有必要吹捧和抬高米芾。

米芾的书名虽然很高，爱米书的不少，但历来学米书者少，学成者更少。这是因为，当世时，世风“唯趋时贵”，先是苏轼人望殷盛，其书流被天下，之后是蔡京书名鹊起，炙手可热。而米芾官职卑微，行为怪异，自然不能与苏、蔡匹敌。宋室南渡后，高宗赵构酷好书法，先学黄庭坚，继学米字，于是“天下翕然学米”，米书得到许多文人的衷心折服和赞许。然而，由于米芾是下过超乎寻常的功夫的，他的书法是在深厚功力的基础上显现其个性，仿效者过于夸张、强调其个性特征，流逸纵恣有余，而功力气韵、典雅蕴藉的内涵大多不足。正所谓“曲高和寡”，你懂得越多，懂你的人就越少。

学米书最得神似的是吴琚，可谓趋步而能逼肖。吴琚字居父，号云壑，高宗吴皇后侄，谦慎儒雅，也曾先后在襄阳和润州做过官，受到过米芾遗爱乡里的文化浸染。董其昌曾评论吴琚“书绝似米元章而俊俏过之”。此外，南宋时习米书成就较大者还有陆游、范成大、张孝祥、张即之等，金朝有王庭筠等。

米芾的行书对元、明以后影响至为深远，赵孟頫、康里子山、杨维桢、徐渭、祝允明等人书风的形成，都于米芾的启示不无获益。米书被摹刻入帖的数量，也是除王羲之之外最多的。

有了至高无上的评价，有了绵延不绝的传承，米芾倘泉下有知，应该能够含笑安眠了。

附 录

米芾大事年表

1051 皇祐三年 辛卯 一岁

米芾出生，初名黻。

1056 至和三年 嘉祐元年 丙申 六岁

日读律诗百首，一再过目辄成诵。

1057 嘉祐二年 丁酉 七岁

初学颜书，字至大一幅，写简不成，慕柳，学柳书《金刚经》。

1060　嘉祐五年　庚子　十岁

写碑。学周越、苏子美札，自作一家。人谓有李邕法，闻而恶之。转而学沈传师。

1062　嘉祐七年　壬寅　十二岁

于镇戎军宋氏见张旭帖石本。书《法华台诗》。

注：镇戎军，今甘肃省固原县。

1067　治平四年　丁未　十七岁

随母阎氏进汴京，出入宫禁。入翰林院观蔡襄《谢御赐书诗》石刻。临颜真卿《争座位帖》。

1068　熙宁元年　戊申　十八岁

随父移居润州丹徒（今江苏镇江）。

1070　熙宁三年　庚戌　二十岁

始字元章。

1071　熙宁四年　辛亥　二十一岁

以任子经铨试授秘书省校书郎，旋补浛洸县尉（今广东英德）。赴任。

1073 熙宁六年 癸丑 二十三岁

在浛洸县尉任。有《尧山》《烟雨楼》等诗作。

赴端州入砚坑观石。

七月，于广州九曜石之药洲石题“药洲”二字，于仙掌石题五言诗一首。

1074 熙宁七年 甲寅 二十四岁

自浛洸尉迁临桂尉（今广西桂林）。

五月，与潘景纯同游桂林龙隐岩（伏波山），题名于石壁。

注：岩间并有米芾画像，子友仁书赞。

作《阳朔山图》并题。

长子米友仁生。初字尹仁，后改友仁。以寅年生，故乳名寅哥、虎儿。

《画史》所记始于此年。

注：《画史》自序中有曰：“余平生嗜此，老矣，此外无足为者。”可知是书成于晚年。

1075 熙宁八年 乙卯 二十五岁

求便养，得长沙掾。入荆湖南路安抚使谢景温幕。

十月望，经浯溪（今湖南祁阳），作五绝《过浯溪》一首，题名于颜真卿碑侧摩崖。

1079 元丰二年 己未 二十九岁

在长沙掾任。

于长沙掾舍真禧道馆作《送吴丈宾州使君》诗。

注：米芾记干支年多有误。《宝晋山林集拾遗》卷二收此诗，记年为“元丰乙未”，元丰无此干支年。《宝晋英光集》此诗记年则为“元丰己丑”，亦非。当是“己未”之误。

三月，作《书吕溱事》。

注：吕溱扬州人，仁宗时翰林学士。神宗时知开封府，终枢密直学士。文见《宝晋英光集》卷八。

获欧阳询《度尚帖》于南昌魏泰。

《三吴帖》《道林诗帖》《法华台诗帖》《砂步诗帖》等帖皆当作于其时。

1080 元丰三年 庚申 三十岁

在长沙掾任。

正月，初一日与广慧道人游岳麓寺。于李邕《岳麓寺碑》侧题名。

正月，为郡牧都监高公绘作《天马赋》。

四月，作《潇湘八景图诗》八首并序。

八月廿八日，跋颜立本《步辇图》。

屡借阅谢景温所藏颜真卿《送辛子序》。

于道林寺观欧阳询《沈传师诗碑》，借留书斋半载习之。

离任时，尽焚前所作诗文。

1081 元丰四年 辛酉 三十一岁

解长沙掾任。

至惠州，访天竺寺净慧法师。作《书海月赞跋》。

十月，十六日游庐山东林寺，于李邕《东林寺碑》题名，并观唐裴休所题寺塔匾额。

1082 元丰五年 壬戌 三十二岁

正月过山阴（今浙江绍兴）。与李公麟说南唐顾闳中《山阴图》，公麟据其说画以赠之，元章题其后。

赴青龙监镇任（今上海市青浦区）。书《隆平寺碑记》。

过吴江，作《吴江舟中诗》。

注：吴江即吴淞江，北宋时由青龙镇入海。诗序“朱邦彦自秀寄纸”，秀州即今浙江省嘉兴市，与诗中之“莺窦湖”，皆与青龙近。

过山阳（今江苏淮安县），获欧阳询《庾亮帖》于中散大夫钟离景伯。

秋至黄州，访苏轼于雪堂。观所藏吴道子画佛。问画竹法，轼作《枯木竹石图》以赠，并劝勉元章书学晋人。

秋在黄州游承天寺，作《承天赋》。

注：王宗稷《东坡先生年谱》：“元丰六年十月十二日夜，至承天寺，寻张怀民。”有散文名《记承天寺游》，故知承天寺在黄州。米芾《承天帖》当作于黄州访苏轼时。对照 1083 之

注，仍难以断定米芾拜访苏轼和王安石的时间先后。

1083　元丰六年　癸亥　三十三岁

应刘庠金陵从事之辟，因刘谪去未果。遂谒王安石于钟山半山堂。谓安石书法学杨凝式。安石叹曰“从无人知晓”。摘取其诗句书于扇。于安石处初识蔡肇。

注：《续资治通鉴长编》神宗元丰四年九月丙戌：“降知江宁府龙图阁直学士朝奉大夫刘庠一官，知滁州。坐所举人犯赃也。”可知金陵应刘庠辟未果，谒王安石事，不应更晚于元丰五年。但《宝晋山林集拾遗》卷二、四库本《宝晋英光集》卷二皆收《萧闲堂诗序》：盖仆于元丰六年赴希道（刘庠字）金陵从事之辟。会公谪不赴，始识荆公于钟山。而六年四月九日已官杭，书《方圆庵记》矣，可知谒安石当在元丰五年末、六年初。

到杭州观察推官任。

四月，九日书杭州龙井山《方圆庵记》，不二禅师撰文。

获张旭《秋深帖》真迹于钱塘沈氏文通之子。

注：米芾自记此事前后相抵牾。分别见于《英光堂帖》和《宝章待访录》。

1084　元丰七年　甲子　三十四岁

在杭州观察推官任。

六月，十九日手装张旭《秋深帖》并跋。

作《张季明帖》。

于苏激（苏舜钦子）得王献之《十二月帖》（即“苏氏宝帖”），并王羲之《快雪时晴帖》。

在钱塘官舍作《论书格》。

三子尹知（友知）出生。

1085　元丰八年　乙丑　三十五岁

丁母忧，去杭州观察推官任。苏轼致书“千万节哀自重”慰问。

扶榇归丹徒，道经苏州。与郡之长老游，各饮酒赋诗，作《九隽老会序》。

1086　元祐元年　丙寅　三十六岁

在润州居母丧。借甘露寺僧舍为暂居之地，取名“净名斋”。

五月，临唐玄宗《鹡鸰颂》。

八月，九日序《宝章待访录》。

作《秋暑憩多景楼诗》。

得《晋贤十三帖》于苏激（志东）。

1087　元祐二年　丁卯　三十七岁

母丧服除，赴京。

六月，过甬上（今安徽宿县）以张萱六画、徐浩二古帖于石扬休之孙夷庚易得《李邕帖》，舟中装之。

居汴京保康门内，出则戴高沿帽，撤轿顶而坐，招摇过市。

与苏轼、苏辙、黄庭坚、蔡肇、李之仪、李公麟、晁补之、张耒、秦观、刘泾等交游，每集于王诜私邸。

注：传所谓十六人西园雅集，李公麟作图、元章作记当即此时。

七月与王涣之（彦舟）于检校太师李玮园中观《晋贤十四帖》，并重装之。

于苏激（志东）得唐摹王献之《范新妇帖》，跋尾诗三首。苏轼、黄庭坚、林希、蒋之奇、刘泾和之。

离汴京东归。作《知府帖》(即《长者帖》)。

赴扬州，入淮南东路长官谢景温幕。

作《致蒋永仲》札（即《相从帖》)。

作《李太师帖》《张颠帖》《好事家帖》等。

1088　元祐三年　戊辰　三十八岁

在扬州淮南路幕中。以“癫狂”名噪扬州。

正月，题苏洎（及之）藏韩干二马“马中神骏”。

借得安师文怀素《胸中刺痛》等三帖，留月余临学。

二月以王维雪景六幅、李王翎毛一幅、徐熙梨花大折枝与苏洎易得褚摹《兰亭》，并作诗跋。

在丹阳，郡守杨杰（次翁）做羹以饭之。曰：“今日为君作河豚。”其实他鱼。元章疑而不食，杨曰：“公可无疑，此赝本耳。”赠诗有“淮海声名二十年”之句。

三月解淮南幕南游。与陈文老、刘泾同游常州文明崇孝寺，题名。

游宜兴、无锡，留居半载。

在苏州得书画加多。与葛藻近居，藻见所临古帖辄收去，装成二十余帖，钤以伪印充真。

应湖州刺史林希邀，作苕、霅之游。

八月，八日作《将之苕溪戏作呈诸友》诗（即《苕溪诗帖》）。

九月，二日经吴门，以王维画《古帝王》与俞献可之孙易得殷令名《头陀寺碑》。翌日，与葛藻检阅审定。

九月，五日作《吴江垂虹亭》诗二首。

九月，重阳前抵湖州，作《入境寄集贤林舍人》《湖守林子中同游道场》《游湖州》《重九会郡楼》诗。

九月，二十三日林希出旧藏蜀素，元章为录近作诗八首。即《蜀素帖》。

九月，作《颜真卿新祠碑阴记》。

得“壶岭”研山，林希赠诗有“壶岭共倾银霅水，墨皇犹展玉楼风”句。

1089　元祐四年　己巳　三十九岁

任润州州学教授。

游扬州。寒食日于倦游阁跋徐浩《谢赐书帖》。

六月，十二日苏轼与张致平同过元章，出所藏二王、张旭、怀素等真迹。

注：元祐四年，苏轼由翰林学士出知杭州。据王宗稷《东坡年谱》：三月内“累章请郡”，七月三日到杭州任。当于六月间过润州，访元章。

与林希、章惇、沈括、张询会于甘露寺净名斋。

得王羲之《尚书帖》于大相国寺僧清道。

苏轼为元章所藏石钟山砚作铭。

苏轼过吴兴，作《范文正公文集序》及跋邢惇夫赋，米元章书。

1090 元祐五年 庚午 四十岁

在润州州学教授任。

以所藏李后主的研山换地，置海岳庵。

于润州丹徒行衙之西构宅，名之曰“西山书院”。

注：炫富之《敝居帖》作于崇宁元年（1102 年），“今十年”者为约数。

冬至，于萧闲外舍装欧阳询《度尚、庾亮帖》，作赞、序。

1091 元祐六年 辛未 四十一岁

正月，十六日与周文之、刘瑞迈、章纵矩游浮玉，作五古一首。

注：浮玉即润州焦山。

四月，与甘露寺僧仲宣、金山僧法芝于焦山观瘗鹤铭下题名。

苏轼过润州，于金山作水陆法会，招元章，因足疮不能往，作诗以寄之。

解润州州学教授任，赴京谒权要，子友仁随行。

六月，黄庭坚丁母忧归分宁，临行赠“元晖”古印予元章子友仁，并以之为名字。

闰八月，二十五日上“门下仆射相公”启，并以《去国之官，谨成拙诗上献相公汲公钧席》诗呈吕大防，东下归润州。

注：“门下仆射相公”启即《闰月帖》。汲公即吕大防。

改名“黻”为“芾”。

岁末又赴京，作《跋东坡木石图》诗。

注：诗中有“四十谁云是，三年不制衣”之语，又，已署“芾”字，是更名以后之作。“四十”之说当为约数。

作《箧中帖》《三馆曝帖》等。

于晁端友处见黄绢本褚临《兰亭》。

注：晁端友是晁补之的父亲。

撰《书评》一卷。

1092　元祐七年　壬申　四十二岁

过扬州，赴东坡邀饮。酒半，元章忽起云：世人皆以芾为颠，愿质之。坡云：吾从众。

得授宣德郎，知雍丘（今河南杞县）令。

1093　元祐八年　癸酉　四十三岁

雍丘令任。

到空桑伊尹庙，问真宗驻跸事，拟建天临殿。

五月，致书苏轼，言县生食麦叶虫。

八月，于京师过访贺铸。

九月，苏轼赴定州任，道经雍丘。元章出迎，款接一日，具饭饷之。对设长案，以精笔佳墨，纸三百列其上。置馔其旁，兴酣各作书。席散相易携去，皆以为平生不及。

注：《续资治通鉴长编》等史料证实，苏轼确于本年九月离京赴任，翁方纲《米海岳年谱》言此事于元祐七年，有误。

十月，贺铸过雍丘夜话。

书《岁丰帖》《依赦帖》（当是本年断案事）。

1094 元祐九年 绍圣元年 甲戌 四十四岁

雍丘令任。

正月，五日作《明道观壁记》。

春，作《章圣天临殿记》《章圣天临殿铭》《天衣怀禅师碑》。

三月，子友仁赴京师应试，作《送大郎应举》诗。

闰四月，苏轼以左朝奉郎知英州。赴任，道经雍丘。元章时患痢疾，扶病相见。

建殿之事被吕升卿诬告。

夏税时与常平官争执，诉讼于朝。

乞监庙，得嵩山崇福宫。离雍丘赴京。

作《监斗帖》《韶使帖》。作《求监祠》诗、《催租》诗。

九月，十一日于李太师（玮）得观王羲之黄素本《黄庭经》。

作《拜中岳命作帖》呈吕大防告别，登舟东归。

十月，过扬州，作《淡墨秋山诗帖》。

1095　绍圣二年　乙亥　四十五岁

监嵩山崇福宫，闲居润州。

夏，作《逃暑帖》。

八月，十八日观潮于浙江亭，赋七律。归游苏州。

作《方回帖》致贺铸。

1096　绍圣三年　丙子　四十六岁

闲居润州。

三月，与润守周穜（仁熟）试御赐小龙团茶于甘露寺。泛舟金山谒佛印，作《满庭芳》词。

1097　绍圣四年　丁丑　四十七岁

监庙任满，赴京。

得涟水军使，赴任。子友仁随行。

注：涟水军，今江苏省涟水县。

在涟水建“海岱楼”“宝月观”等名胜。

作《宝月观赋》等诗词。

作《自涟水寄薛绍彭诗》，邀其来涟游。

七月，于海岱楼柱刻米、刘“二颠”诗。

作《真龙行》赠林希。

十一月，二十五日作《伯充帖》。

跋王羲之《快雪时晴帖》及李邕帖。

1098　绍圣五年　元符元年　戊寅　四十八岁

在涟水军任。

正月，元日于瑞墨堂跋《晋贤十三帖》。

注：此帖获自苏激（志东）。

夏，作《云山图》。款识：元符元年夏 襄阳漫士米芾。

八月，望日于嘉瑞堂作《净名斋图》并书《净名斋记》。

注：《宝晋山林集拾遗》卷四收《净名斋记》，署“太常博士米某”，可能是崇宁二年任太常博士后又书一本。

八月，中秋作《登海岱楼》诗、蝶恋花词《海岱楼玩月》。

十月，作《尚书礼部侍郎墓志》。

1099　元符二年　己卯　四十九岁

在涟水军任。

元旦，作《元日帖》。

三月，十日在海岱楼作《壮观图》并作赋。

注：米芾《壮观赋》自注“壮观在真州北原上”。疑赴真州任后作。

作《云山图卷》。

六月，去涟水任，作《涟水》诗。归润州。

1100 元符三年 庚辰 五十岁

甘露寺大火，寺中所藏晋唐名迹尽毁，海岳庵幸存。作《甘露寺诗》。

至京师谒权要。妻病，失小女。

在京得魏泰诗，不及见，作诗奉和。

得江、淮、荆、浙等路制置发运司管勾文字职，任所在真州（今江苏仪征市）。

作《乐圃先生墓表》（朱长文）。

作《庭议帖》《衰老帖》《司勋帖》。

以越竹制纸，名之曰“金版”。

蔡京被贬，提举洞霄宫，至真州。元章与贺铸往见。蔡京作“龟山”二大字。后米芾书其侧曰“山阴贺铸刻石”。

1101 建中靖国元年 辛巳 五十一岁

在真州发运司任。

正月，作《向太后挽辞》。

二月，十日得谢安《八月五日帖》于蔡京，作跋。

于故相王随孙瓛得《褚遂良摹兰亭序》(黄绢本)。

夏，在泗州与贺铸等盘桓十日，作《淮山避暑杂咏》。

六月，初一日，苏轼由儋州北归至真州，与元章晤于白沙东园。东坡因酷暑冷食得疾，夜暴下。元章为手煎麦门冬饮。又过江至润州，避暑于西山书院南窗。元章出太宗草书，新得谢安《八月五日帖》等名迹求跋，因“不敢于病中草草题跋”，遣还。前后畅叙十余日。东坡由润州去常州，苏过读《宝月观赋》，未半，东坡跃起曰：“元章不久当有大名，不劳我辈说也。”

八月，中秋，闻苏轼七月二十八日于常州毕世，作《苏东坡挽词》五首。

作《跋山信帖》《紫金研帖》等。

于东园清燕堂寄五古一首与广西经略使程节。

于润州焦山石壁题名“建中靖国米芾”六字。

1102　崇宁元年　壬午　五十二岁

在真州发运司任。

三月，三日作《新恩帖》(致蔡京)。

四月，月末以上皇山樵人“洞天一品石”移至西山书院宝晋斋前。

五月，五日与二子摹唐刻《兰亭》，米友仁跋，善工十日刻成。世谓《三米兰亭》。十七日在宝晋斋致爽轩手装《三米兰亭》原帖。

五月，十五日在宝晋斋重装“苏氏宝帖”，作《王献之苏氏宝帖赞跋》。

注："苏氏宝帖"即王献之《十二月帖》，米芾于元丰七年得之于苏舜钦子苏激（志东）。

丁非生母忧。归润州。

八月，十五日作《研山图》并铭，刻石于海岳庵。

作《敝居帖》《多景楼诗》等。

八月，二十六日宝晋斋舫手装《褚摹兰亭帖》并跋（此原王文惠公藏黄绢本《兰亭》）。

服除，至京求职。得蔡河拨发。

1103 崇宁二年 癸未 五十三岁

于颍州公库得见杜牧摹顾恺之《维摩百补图》，题"米芾审定，是杜牧之本"，以"拨发司印"印之。

使西京。还，得王羲之《王略帖》于苏之纯家。

注：《王略帖》即《桓公破羌帖》，西京即洛阳。

三月，转太常博士。

三月，九日于太常寺玉堂竹斋手装王羲之《王略帖》并作叙、赞。

以能书名奉诏，献《黄庭》小楷《千字文》。继进所藏法书名画，赐白金缗钱甚腆。

被旨预观《宣和御览》。

跋《羲、献帖》。

三子友知卒。

被"白简逐出"太常寺，回润州。

自谓此年始作画。

起复。出知常州，不赴。改提举洞霄宫。未几除知无为军州事。

注：作《太平洲芜湖县新学记》署“无为守米芾”，当时下半年获此职。

作《彦和帖》《值雨帖》《清和帖》等。

1104 崇宁三年 甲申 五十四岁

作《戴公之碑》，并篆书赞辞。

注：戴公即南朝刘宋画家戴颙，隐居于润州南山。

七月，复官告到润，除知无为军。

写《复官帖》《适意帖》《丹阳帖》等。

1105 崇宁四年 乙酉 五十五岁

在无为军任。子友仁随往。

修缮“射堵”，命名为“仰高堂”，作《仰高堂记》。子友仁篆额。

在无为州书“墨池”二字、“宝藏”二字，皆径二尺许，勒石。

临王羲之《王略帖》。刻所藏《王略帖》、谢安《八月五日帖》、王献之《十二月帖》于官舍。

注：南宋咸淳四年，无为通判曹之格摹刻三帖及米书为《宝晋斋法帖》。

1106 崇宁五年 丙戌 五十六岁

四月，除书画两学博士。

注："书、画两学博士"之任，应在"御前书画所"，而非崇宁三年所置之"书画学"。翁方纲《米海岳年谱》所记有误。

赴书画两学博士任，过金陵，经泗州，作《虹县诗》。

过访张大亨之南山别业，题名于石壁，并有诗《题泗滨南山石壁曰第一山》。

便殿赐对询，进子米友仁《楚山清晓图》。既退，赐御书画扇。

作《除书学博士呈时宰》诗。

五月，进《论书学》札。

注：此为米芾于书画两学博士任奏事之书札。

七月，于国子监书"题宝珠阁""焦山铭"并诗、杂文四纸。

八月，旦日跋欧阳修《集古录》。

跋蔡襄《谢赐御书诗》。

为亦虚临智永《真草千字文》。

1107 大观元年 丁亥 五十七岁

正月，十二日作《书院帖》致蔡肇。

擢为礼部员外郎。以言者弹其"出身冗浊，冒玷兹选，无以训示四方"而罢。出知淮阳军。

五月，初一日书《无为章吉老墓表》。

注：《墓表》署衔："承议郎，行书学博士，飞骑尉，赐飞

鱼袋。”有纪年。按宋官制，兼摄某官则署“行”字，故知仍兼书学博士职。

用鸡林纸为张大亨录“杂记”二十六，即《海岳名言》。

十二月，作《腊雪帖》《公衮帖》。

1108 大观二年 戊子 五十八岁

在淮阳军任。

开春，上章谢事，不允。

疡生于首，某日卒于军廨。卒前一月，作书别亲友。尽焚所好书画奇物，造香楠棺，饮食坐卧书判其中。前七日不茹荤，更衣沐浴。临逝作偈，合掌而逝。朝廷特恩赙赠百缣。

子友仁以恩荫出仕，时年三十五岁。

1109 大观三年 己丑

六月，归葬丹徒西南长山下。蔡肇为其撰墓志铭。

1141 绍兴十一年 辛酉

高宗赵构刻米芾书法于禁中。十卷，篆隶楷行皆备，即《绍兴米帖》。

1201 嘉泰元年 辛酉

嗣孙米宪集遗文为《宝晋山林集拾遗》八卷，并跋。

1232 绍定五年 壬辰

岳珂编《宝晋英光集》成书，作序。

1268 咸淳四年 戊辰

曹之格刻《宝晋斋法帖》。

后 记

这本书是受襄阳市政协和襄阳市书画家联谊会的委托，历时三年完成的。

我原本对米芾知之甚少，又不擅书画，不懂收藏和鉴赏，也没有考证和研究过米芾的生平、作品，对他的为人、从政和从艺的经历及其风格特点，只有道听途说得来的人云亦云。所以，接此“烫手的山芋”，委实是情非得已，勉为其难。而当我钻进资料堆的时候才发现，逸事轶闻虽多，确切可信的史料却很缺乏。米芾这个人，一生都是谜，不仅他的生卒年月、籍贯父母，就是他的经历和作品也时有讹误，历代学者的考证和研究也未能完全厘清真相。那些资料犹如氤氲朦胧的米家云山，真幻莫辨，时近时远。我即使站在巨人的肩膀上，也实难拨云见日，一箭中的。

米芾在书法、绘画、收藏、艺术评鉴、诗赋等各方面的修养和成就都为本书的写作带来了难度，甚至是障碍，因为那些专业知识是必不可少和绕不开的，然而却不是如我等外行能够轻易了解掌握的。所以，我在写作时如临深渊，如履薄冰，只能小心对付，唯恐做出误判和有失偏颇的解读。最终，在对搜集到的每一部史料记载、每一份研究成果、每一个故事及细节都进行仔细辨析和反复推敲之后，进行了引用、推导和演绎。

本书重点参考了《米芾研究》（罗勇来、衡正安合著，文物出版社）、《癫书狂画·米芾传》（王川著，作家出版社）、《中国书法全集·米芾》（莫武著，河北教育出版社）、《米襄阳传》（魏平柱著，湖北科学技术出版社）等著作，同时还查阅了部分史书、米芾生活过的地方的文献和文史档案，吸纳了一些传说故事以及宋万里先生等文友收集提供的资料，姚景灿先生为本书拟定了各章节标题，在此一并致谢！王川先生书中部分章节的描述言之凿凿，分析头头是道，令人深信不疑，所以，本人也效仿米芾，做了一番临摹。

水平所限，加之资料搜集不全，研读不精，错讹和疏漏之处在所难免，恳请方家大雅批评指正，不吝赐教！

吴新兵

2020 年 12 月

编后记

襄阳人文历史丛书——《千古智圣诸葛亮》《田园诗魂孟浩然》《书画奇才米芾》带着浓浓的墨香，与广大读者见面了。

襄阳历史悠久、文化底蕴深厚。为用活历史资源，擦亮历史名片，助力文化襄阳建设，2017年11月，市政协召集襄阳社科、文史、高校等方面专家学者，聚焦襄阳人文历史中最具代表性的“智圣诸葛亮、诗襄阳孟浩然、书襄阳米芾”开展专题研讨，制定“一圣两襄阳”课题研究工作方案，并成立工作专班，指导开展工作。

2018年2月，专题研究编撰工作正式启动。在市政协组织协调下，委托湖北文理学院襄阳历史文化研究院、湖北文理学院唐诗与襄阳研究所、市书画家联谊会及相关专家学者组成三个团队，确定编撰工作方向，制定专题研究大纲和方案。三年来，市政协多次组织召开会议，听取进展情况汇报，探讨解决丛书研究编撰中遇到的困难和问题。各团队充分吸收历史和当代研究成果，经深入挖掘，潜心钻研，精益求精，由甘忠银执笔撰写的《千古智圣诸葛亮》、曹远超执笔撰写的《田园诗魂孟浩然》、吴新兵执笔撰写的《书画奇才米芾》终于面世，呈现在读者面前。这套丛书定位清晰，特色鲜明，论述详实，雅俗共赏。丛书立足为时代服务，为读者服务，致力凸显襄阳地方特色文化。在丛书编撰中，注重突出重点，把握好宏观布局与微观构思关系、人物主次关系、环境与时空关系、襄阳与外地关系、学术性与可读性关系；以史实为依据，对三位重要历史人物的人生轨迹进行综合分析、合理推演，深入挖掘人物个性魅力，充分展示了三位重要历史人物在智慧文化、诗歌文化、书画文化等方面所取得的成就和人物思想品格带给世人的启迪。

丛书研究编撰工作得到襄阳市社科联、襄阳市民间文艺家协会等单位的大力支持，张灵超为本丛书撰写序言。在此，一并表示衷心感谢！

囿于编撰者水平，丛书虽数易其稿，尚有待商榷之处，恳请读者指正。

编　者

2020 年 12 月

图书在版编目（CIP）数据

书画奇才米芾 / 襄阳市政协文化文史和学习委员会编 . -- 北京 : 中国文史出版社 , 2020.12

ISBN 978-7-5205-2760-6

Ⅰ . ①书… Ⅱ . ①襄… Ⅲ . ①米芾（1051-1107）— 传记 Ⅳ . ① K825.72

中国版本图书馆 CIP 数据核字（2020）第 250548 号

责任编辑：梁　洁　　装帧设计：杨飞羊

出版发行：中国文史出版社
社　址：北京市海淀区西八里庄路 69 号　邮编：100142
电　话：010-81136606　81136602　81136603（发行部）
传　真：010-81136655
印　装：廊坊市海涛印刷有限公司
经　销：全国新华书店
开　本：710mm × 1000mm　1/16
印　张：18.75　插页：16
字　数：195 千字
版　次：2022 年 1 月北京第 1 版
印　次：2022 年 1 月第 1 次印刷
定　价：59.00 元